丛书主编：戴 琼

北京注协中小会计师事务所发展促进委员会系列丛书

基本建设项目竣工财务决算审核操作实务

JIBEN JIANSHE
XIANGMU JUNGONG
CAIWU JUESUAN SHENHE
CAOZUO SHIWU

于淑君 ○ 主编

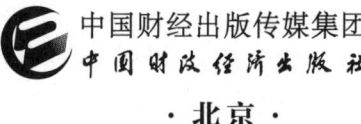

中国财经出版传媒集团
中国财政经济出版社
·北京·

图书在版编目（CIP）数据

基本建设项目竣工财务决算审核操作实务 / 于淑君主编. -- 北京 : 中国财政经济出版社, 2025. 8.
(北京注协中小会计师事务所发展促进委员会系列丛书).
ISBN 978-7-5223-4158-3

Ⅰ. F285

中国国家版本馆CIP数据核字第20252VC085号

责任编辑：温彦君　　　　责任校对：张　凡
封面设计：智点创意　　　　责任印制：史大鹏

基本建设项目竣工财务决算审核操作实务
JIBEN JIANSHE XIANGMU JUNGONG CAIWU JUESUAN SHENHE CAOZUO SHIWU

中国财政经济出版社 出版

URL：http://www.cfeph.cn
E-mail：cfeph@cfeph.cn

（版权所有　翻印必究）

社址：北京市海淀区阜成路甲28号　邮政编码：100142
营销中心电话：010-88191522
天猫网店：中国财政经济出版社旗舰店
网址：https://zgczjjcbs.tmall.com
北京中兴印刷有限公司印刷　各地新华书店经销
成品尺寸：170mm×240mm　16开　20.5印张　295 000字
2025年8月第1版　2025年8月北京第1次印刷
定价：75.00元
ISBN 978-7-5223-4158-3
（图书出现印装问题，本社负责调换，电话：010-88190548）
本社质量投诉电话：010-88190744
打击盗版举报热线：010-88191661　QQ：2242791300

编 委 会

丛书顾问： 方　宇

丛书主编与编委会主任委员： 戴　琼

编委会副主任委员： 王凤波　黄玉珍

编委：（按姓氏笔画排序）

　　　于淑君　王凤波　吴丽莉　李海涛　李春莉

　　　杨争媛　黄玉珍　常　卿　戴　琼

前　言

为深入贯彻党的二十大精神，落实《国务院办公厅关于进一步规范财务审计秩序 促进注册会计师行业健康发展的意见》（国办发〔2021〕30号）文件要求，推动中小会计师事务所的高质量发展及人才战略布局，分析中小会计师事务所在发展过程中遇到的痛点、难点、堵点问题，并提出相应的改革创新建议，促进中小会计师事务所之间的经验交流，分享先进经验；经北京注册会计师协会第八届理事会三次会议审议通过，决定成立中小会计师事务所发展促进委员会（以下简称"中小所促进委员会"）。中小所促进委员会成立后，持续致力于强化中小会计师事务所执业规范、解决执业过程中遇到的难题，提升执业人员执业质量，培养事务所核心竞争能力，推动中小会计师事务所的专业化、精细化、特色化发展，全面践行"专精特新"发展战略。

鉴于中小型会计师事务所以专项审计为主要业务的现状，为贯彻落实注册会计师执业规范和具体审计指引、提升会计师事务所专项审计的专业水平、不断培养专项审计领域的专业人才，努力推动注册会计师行业的进步，积极助力国家诚信体系的建设；中小所促进委员会联合资深的专家学者、在专项审计领域拥有丰富经验的领军人才以及一线实际执业人员，对科研项目（课题）结题审计、高新技术企业认定专项审计、领导干部经济责任审计、基本建设项目竣工财务决算审核、民非组织专项审计、财政资金预算绩效审计等中小型会计师事务所广泛参与的业务领域，从理论发展、执业经验、具体操作等方面进行研究与总结，适时编辑出版。旨在以此进一步推动注册会计师行业专项审计的专业化、规范化、标准化、精细化发展。

本书基于于淑君、李海涛、吴丽莉三位长期从事基本建设项目竣工财务决算专项审核工作的经验总结，依据《财政性基本建设资金投资项目工程预决算审查操作规程》《基本建设项目竣工财务决算管理暂行办法》等文件规定，结合中国注册会计师执业准则体系的相关要求，通过对基本建设项目竣工财务决算审核的基本理论、业务流程、审核重点以及底稿编制的全面阐述，旨在为从事基本建设项目竣工财务决算审核工作的注册会计师及相关人员提供一本实用的操作手册，从而提高基本建设项目竣工财务决算审核的效果和效率。

本书编写具体分工如下：于淑君编写了第一章、第五章、第七章，以及第六章（六）以外部分；李海涛编写了第二章、第三章；李海涛、吴丽莉共同编写了第四章；杨争媛编写了第六章（六）。戴琼和王凤波对全书进行了审阅和完善。在资料的搜集与整理方面，各位编委提供了大力支持，并进行通力合作。

本书致力于审计经验的交流与分享，囿于编委会成员的学识，书中难免存在疏漏甚至错误，敬请同仁批评指正！

本书的出版，得益于北京注册会计师协会领导的直接关心与支持，得益于中国财政经济出版社领导和编辑的大力支持，在此一并致谢！

编委会

2025 年 6 月

特别说明

本书提供的底稿示例，特别是关于"交付使用资产明细表"底稿示例，多以交通运输业项目审核为蓝本。为便于实际应用，对底稿示例的编制及使用说明如下：

1. 工作底稿依据《中国注册会计师其他鉴证业务准则第3101号——历史财务信息审计或审阅以外的鉴证业务》及其应用指南的要求编制，在确定重要性水平时考虑了竣工财务决算审核项目的相对较高的保证程度。

2. 在工作底稿设计中，基于审计理论框架与项目管理实践的双重逻辑，对风险评估和控制测试底稿，在遵循风险导向审计理论前体下，聚焦内部控制的有效性，根据建设项目管理流程及其核心内容，涵盖项目立项及前期程序管理、招标投标管理、合同管理、建设资金管理、验工计价与结算管理以及建设成本管理等六个方面；而实质性测试底稿的设计，则基于认定层次审计目标，聚焦合规性与数据真实性，涵盖项目基本建设程序执行合规性的审核、项目概（预）算执行情况的审核、竣工财务决算报表体系相关项目的认定审核，以及项目资产形成和交付的审核等四个方面。目的是通过"流程控制＋结果数据验证"的双重校验，一方面满足合规性审计对程序合法合规的要求，另一方面实现财务审计对结果真实完整的核查，以符合建设项目"过程关口与结果导向并重"的管理逻辑。

3. 对实质性工作底稿体系的考虑：

（1）基本建设项目建设程序合规性审核底稿。本部分底稿涉及对建设项目立项、初步设计及概（预）算审批、招标投标、合同签订、工程验收等关键环节的实质性审核流程，旨在为审核报告中对履行基本建设程序，并符合国家有关建设管理制度要求的审核结论提供支撑。

（2）基本建设项目竣工财务决算报表审核底稿。依据《财政部关于印发〈基本建设项目竣工财务决算管理暂行办法〉的通知》（财建〔2016〕503号），竣工财务决算表涵盖了建设项目财务核算的多个方面，包括资金计划与筹集、投资计划与基建支出、资金预算与使用等。竣工财务决算报表审核底稿主要基于项目竣工财务决算表（1-2）的报表项目来确定，在底稿编制及审核的过程中，同时完成资金情况明细表（1-3）和待摊投资明细表（1-6）的审核工作。竣工财务决算的审核期间通常从建设项目的立项阶段开始，直至项目满足文件规定的竣工财务决算编制条件（包括项目交工验收、超概算情况下调整概算获得审批、项目资金全额到位、工程结算审核完成并出具审核报告、尾工工程及预留费用不超出项目概算总投资的5%）为止。

（3）基本建设项目概算执行情况审核底稿。本部分底稿涉及基本建设项目竣工财务决算编制和资产交付方面基础数据，按照财建〔2016〕503号文中"项目概况表""项目竣工财务决算审核汇总表"的相关要求，通过对建设项目批复概算、工程支出、尾工工程及预留费用以及预备费等使用情况的梳理及审核，确定建设项目分章节、分费用类别的概算金额，并与经审核的基本建设支出情况进行对比确定。

（4）基本建设项目工程数量、资产形成及交付审核底稿。本部分底稿旨在核实建设项目的实际完成工程量、尾工工程量，以及交付资产的实际数量。在此基础上，对交付资产价值的合规性、合理性、真实性和准确性进行审核。同时，完成交付使用资产总表（1-4）、交付使用资产明细表（1-5）、待核销基建支出明细表（1-7）以及转出投资明细表（1-8）的审核工作。

4. 审核底稿示例的使用说明：

（1）本书中审核底稿的示例，旨在为注册会计师及其所在事务所在执行基本建设项目竣工财务决算审核业务时提供参考，注册会计师及其事务所应依据项目的具体情况来评估项目风险，并据此执行审核程序，合理调整与编制审核工作底稿；底稿中的风险提示仅供参考，不能取代注册会计师的专业判断。

（2）注册会计师在执行基本建设项目竣工财务决算审核任务时，由于工作环境和角色定位的特殊性，其审核的重点和内容与内部审计及政府审计存在显著差异，当注册会计师接受内部审计或政府部门的委托，承担特定职责的审计工作时，必须遵循相应的审计要求，同时扩展其职责范围内的审计内容和审计程序。

（3）在执行项目全过程跟踪审计、专项审计或项目期间特定审计业务时，注册会计师应根据不同的审计阶段、内容和时期对审核底稿进行相应的调整。

目　录

第一章　绪论 …………………………………………………………（ 1 ）
　一、基本建设项目内涵及其决算审核的特殊性 ……………………（ 1 ）
　二、基本建设项目财务管理制度的演变 ……………………………（ 5 ）
　三、注册会计师参与基本建设项目审核（审计）的发展历程 ……（ 7 ）
　四、基本建设项目竣工财务决算审核的现状与展望………………（ 10 ）

第二章　初步业务活动 …………………………………………………（ 13 ）
　一、初步业务活动目标及程序 ………………………………………（ 13 ）
　二、业务承接评价 ……………………………………………………（ 16 ）
　三、独立性声明 ………………………………………………………（ 28 ）
　四、业务约定书 ………………………………………………………（ 30 ）
　五、被审核单位需提供资料清单 ……………………………………（ 34 ）

第三章　计划审核工作 …………………………………………………（ 37 ）
　一、总体审核策略 ……………………………………………………（ 37 ）
　二、具体审核计划 ……………………………………………………（ 48 ）
　三、审核过程中对计划的更改 ………………………………………（ 50 ）

第四章　风险评估及应对 ………………………………………………（ 55 ）
　一、了解被审核单位及其环境 ………………………………………（ 56 ）

二、了解和评价与基本建设项目相关的内部控制……………（68）
　　三、识别和评估重大错报风险…………………………………（96）
　　四、风险应对……………………………………………………（105）

第五章　控制测试……………………………………………………（113）
　　一、项目立项及前期程序控制测试……………………………（114）
　　二、招标投标管理控制测试……………………………………（120）
　　三、合同管理控制测试…………………………………………（123）
　　四、建设资金控制测试…………………………………………（127）
　　五、验工计价与结算控制测试…………………………………（130）
　　六、建设成本控制测试…………………………………………（132）

第六章　实质性审核程序……………………………………………（136）
　　一、基本建设程序执行合规性审核……………………………（137）
　　二、项目竣工财务决算表审核…………………………………（160）
　　三、尾工工程和预留费用审核…………………………………（224）
　　四、项目概（预）算执行情况审核……………………………（228）
　　五、基本建设项目资产形成及交付审核………………………（232）
　　六、利用专家的工作……………………………………………（245）

第七章　完成审核工作………………………………………………（258）
　　一、业务完成阶段实施的审核程序……………………………（258）
　　二、整理、评价审核证据………………………………………（261）
　　三、整理、复核审核工作底稿…………………………………（262）
　　四、编制和出具审核报告………………………………………（286）
　　五、项目档案归档………………………………………………（312）

参考文献………………………………………………………………（316）

第一章

绪　论

基本建设涉及国民经济各部门，旨在通过固定资产的扩大再生产来促进生产发展。它是建筑、购置和安装活动的总和，涵盖了如公路、铁路、桥梁、学校以及各类工业和民用建筑等工程的新建、改建、扩建和恢复活动。此外，还包括机器设备、车辆和船舶的购置、安装及相关活动。

基本建设作为国民经济的重要组成部分，对经济社会发展具有基础性、先导性和战略性作用，是促进社会生产发展和提高人民生活水平的重要手段。

基本建设的工程周期往往较长，需要在较长时间内占用和消耗大量的生产资料、生活资料和劳动力资源。因此，在经济建设过程中，必须高度重视合理规划建设规模，审慎选择投资方向，注重效益，以确保基本建设能够充分发挥其应有的积极作用。

一、基本建设项目内涵及其决算审核的特殊性

（一）基本建设内涵

1. 基本建设的概念

"基本建设"这一术语源自俄文"планстроительства"。在 20 世纪 20

年代初，苏联首次采用这一概念，用以指代社会主义经济体系中那些基础性的、需要巨额资金和劳动力投入的固定资产建设活动，以此与流动资产的投资和形成过程进行区分。中华人民共和国成立后，在推进社会主义经济建设的过程中，也采纳了这一术语。1952年，国务院明确：固定资产的扩大再生产，包括新建、改建、扩建、恢复工程以及相关联的工作，均属于基本建设范畴。

基本建设的核心内容涵盖多个方面，包括但不限于建筑安装工程、设备购置、勘察、设计、科学研究实验、征地、拆迁、试运转、生产职工培训以及建设单位的管理工作等。基本建设可从两个维度来划分：一是按照建设项目的性质，可以分为新建项目、扩建项目、改建项目、迁建项目以及恢复项目；二是按照建设项目的经济用途，可以划分为生产性基本建设和非生产性基本建设。

2. 基本建设的作用

（1）基本建设是形成固定资产的主要方式。所谓固定资产①，指的是在有效使用期限内可重复使用而不改变其物理形态的主要劳动资料。它是生产活动不可或缺的物质条件。基本建设反映了物质资料生产的动态过程，涉及将特定的物资、材料、机器设备通过购置、建造和安装等手段转化为固定资产，从而构建新的生产能力或提升使用效益的建设活动。

（2）基本建设是推动社会生产力发展和提升民众生活质量的关键途径。它可为国民经济的各个领域带来新的固定资产和生产能力，对于有计划地发展新兴产业、调整现有经济结构、合理布局生产力、采用先进技术改造国民经济、加快生产发展速度，以及为社会提供住宅、科研、文化教育卫生设施和城市基础设施，改善民众物质文化生活等，都发挥着至关重要的作用。

---

① 这里的固定资产与会计学上的内涵不一致。会计学上的"固定资产"是指同时具有下列特征的有形资产：为生产商品、提供劳务、出租或经营管理而持有（非出售目的）；使用寿命超过一个会计年度（非一次性消耗）。

（二）基本建设项目特点及其审核的特殊性

基本建设项目是指根据建设单位的总体设计要求，在一个或多个场地实施的所有工程项目之和。这些项目完成后，将形成一个完整的系统，具备独立的生产能力或使用功能。根据建设项目分解管理的需求，建设项目通常可以细分为若干单项工程、单位工程、分部工程以及分项工程。单项工程指的是那些可以独立设计、完成后具备独立生产能力或使用功能的工程，一个基本建设项目可能包含多个单项工程，或者仅由一个单项工程构成。单位工程则是指那些可以独立设计并组织施工的工程，其本身不具备独立的生产能力或使用功能，而是构成单项工程的一部分。分部工程是单位工程的进一步细分，通常根据结构部位、路段长度或施工特点将其划分为若干个项目单元。分项工程则是分部工程的更小组成部分，它们根据不同的施工方法、材料、工序以及路段长度等进行划分，可以使用适当的计量单位来计算其消耗量和单价，涉及具体的建筑或安装工作。

1. 基本建设项目的特点

（1）从项目的前期准备来看，为确保项目的顺利进行，必须通过全面的规划或设计，对拟建项目的建设规模、主要建筑物及其结构、各类配套设施以及平面布局等进行周密的规划和合理安排。

（2）从项目管理的角度来看，建设项目是以工程建设为核心载体，旨在产出建筑物或构筑物，这需要投入相应的费用，并遵循特定的程序，在既定的时间内完成，同时满足相应的质量标准。

（3）从项目用途来看，建设项目是社会再生产过程中不可或缺的一种特殊产品。这类产品通常涵盖楼宇、厂房等各类建筑物，以及道路、桥梁、隧道、水坝等各类构筑物。

（4）从项目的建设周期与受影响因素来看，建设项目的周期往往跨越多个财务年度，有的甚至长达数年甚至数十年，在此期间，项目会受到多种外部因素以及环境的影响与制约。

（5）从项目的影响力来看，项目建设通常投资巨大、周期漫长，需要消耗大量资源，且项目参与方众多，他们各自的重大经济利益都与项目息息相关，因此，对投资方的资本运作以及宏观经济、区域经济乃至国民经济效益会产生显著影响。

2. 基本建设项目审核的特殊性

（1）全过程审核。注册会计师在进行基本建设项目竣工财务决算审核时，通常会覆盖项目从启动到完成的全过程。该过程通常涵盖项目建议、可行性研究、立项决策、报批报建、设计（包括初步设计、技术设计（如有）、施工图设计）、建设准备（如三通一平、招标等）、建设实施、竣工验收、后评价等多个阶段。根据项目的规模和行业特点，不同建设项目的阶段划分可能会有所合并或细分，但总体工作内容大致相同。注册会计师对项目建议、可行性研究、立项决策、报批报建、设计等阶段的审核，主要是进行合规性检查；审核的重点一般在建设准备、建设实施、竣工验收等阶段。虽然后评价[①]不直接包含在项目竣工财务决算审核中，但它可以成为注册会计师行业的一项独立业务。

（2）审核成果唯一。建设项目通常具有一次性特征或称独特性，与批量生产的工业产品或重复进行的其他生产过程不同，每个建设项目都是独立报批、独立设计、独立施工、独立进行工程价款的结算，不存在任务完全相同的两个项目。因此，注册会计师面对的项目审核也是独一无二的，依据审核成果出具的审核报告也具有独特性。

（3）审核周期跨越会计年度。在进行基本建设项目竣工财务决算审核时，注册会计师不应仅限于单一会计年度，而应将项目从立项至竣工验收的整个过程视为审核周期。在此期间，注册会计师需对所有与项目建设相关的经济活动进行审核，并执行适当的审核程序，获取充分且适当的审核证据，确保所出具的审核报告具有充分的审核证据支撑。

---

① 项目竣工并投入使用后，一般在运营1—2年后，需要进行一次全面的项目后评价。后评价的主要内容包括：影响评价——评估项目投产后对各方面的影响；经济效益评价——对项目的投资、国民经济效益、财务效益、技术进步和规模效益、可行性研究深度等进行评价；过程评价——对项目的立项、设计施工、建设管理、竣工投产、生产运营等全过程进行评价。

二、基本建设项目财务管理制度的演变

我国基本建设项目财务管理制度的变迁,是国家财政体制改革、投资模式创新与市场化进程的缩影。随着财税体制、投资体制和财务会计制度的改革,基本建设财务管理政策也在不断演进。

(一) 计划经济时期(1949—1978 年)

1952 年 1 月 9 日,中华人民共和国中央人民政府政务院财政经济委员会发布《基本建设工作暂行办法》,首次系统规范了基本建设管理框架,提出了"限额以上"和"限额以下"项目分类管理,明确了基本建设计划编制、设计文件审批、资金拨款程序等要求。明确了基本建设资金由国家预算拨款,建设银行负责监督拨付,初步确立了财政拨款与银行监管结合的模式。

(二) 市场化探索期(1979—1997 年)

为了适应基本建设管理体制改革的需要,用经济办法管理基本建设,提高基本建设投资效果,加快社会主义现代化建设。国务院于 1979 年 8 月 28 日,发布了《基本建设贷款试行条例》,通过将基本建设投资由财政拨款改为银行贷款,充分发挥银行信贷的经济杠杆作用,促使建设单位和施工企业重视投资效益,加强经济核算,提高管理水平。该条例是 1979 年"拨改贷"改革的配套制度,通过强化银行监管,推动基建投资从行政指令向经济核算转型。为解决计划经济向市场经济过渡中的评价标准空白,推动项目决策从行政主导转向经济理性,1987 年 10 月,国家计划委员会、建设部联合发布了《建设项目经济评价方法与参数》,首次提出"影子价格""社会折现率""基准收益率"等关键参数,规范了项目可行性研究报告的经济评价章节编写要求,成为各级政府和企业投资决策的重要依据;为利用外资(如世界银行贷款项目)提供了与国际接轨的评价框

架，促进了中外项目评估标准的衔接。

（三）法制化建设期（1998—2018年）

1998年2月23日，财政部发布了《基本建设财务管理若干规定》（财基字〔1998〕4号），明确了基本建设财务管理的基本任务，为基本建设投资财务管理提供了明确的规范和指导。

2002年9月27日，财政部发布了修订后的《基本建设财务管理规定》（财建〔2002〕394号），该规定对于加强基本建设财务管理、有效节约建设资金、控制建设成本、提高投资效益起到了至关重要的作用；2003年12月10日，财政部发布了《关于解释〈基本建设财务管理规定〉执行中相关问题的通知》（财建〔2003〕724号），对规定执行过程中涉及的建设单位管理费用开支的起止时间、计算基数等具体问题进行了明确的阐释。

为规范基本建设财务行为，强化基本建设财务管理，提升财政资金的使用效率，确保财政资金的安全，2016年4月26日，财政部发布了《基本建设财务规则》（财政部令第81号）。该规则对行政事业单位以及使用财政资金的国有及国有控股企业的基本建设财务行为进行了明确规范。涵盖了项目核算、建设资金的筹集与使用、预算编制、建设成本控制、基建收入管理、工程价款结算、竣工财务决算、资产交付使用、结余资金处理以及绩效评价等多个方面。为促进各部门、各地区进一步强化基本建设项目竣工财务决算的管理，提高资金使用效率，财政部于2016年6月30日根据《基本建设财务规则》，印发了《基本建设项目竣工财务决算管理暂行办法》（财建〔2016〕503号）。该办法对项目决算前的准备工作、项目竣工财务决算的核心内容、项目竣工决（结）算审核报告的要素、以及项目竣工财务决算审核批复的要求等方面进行了详细规范。为指导各部门和各地区加强基本建设项目成本核算，规范成本管理，提高资金使用效率，财政部于2016年7月6日根据《基本建设财务规则》印发了《基本建设项目建设成本管理规定》（财建〔2016〕504号）。该规定详细阐述了基本建设项目的成本构成、组成要素以及控制标准。三项部门规章自2016年9

月 1 日起正式实施，为行政事业单位、国有企业以及国有控股企业使用财政资金进行基本建设项目的财务管理奠定了制度框架。此后，多个部门和地区陆续出台了相应的规章制度。例如，交通运输部于 2018 年 9 月 30 日发布了《交通运输部基本建设项目竣工财务决算编审规定》（交办财审〔2018〕126 号），明确了交通运输部本级及其下属单位在竣工财务决算的编制、审核和审批过程中的具体要求。

（四）数字化转型的战略升级期（2019 年至今）

2019 年召开的中央经济工作会议，首次明确提出要大力发展数字经济，强调技术创新与产业融合，标志着我国数字化转型进入战略升级阶段。为规范政府投资行为，确保政府投资的科学性、合理性，提高资金使用效率，防范风险，2019 年 4 月 14 日国务院发布了《政府投资条例》，该条例的出台，标志着我国政府投资管理进入"有法可依"的新阶段。此外，为规范 PPP[①]项目的会计处理，财政部于 2019 年发布了《政府会计准则第 10 号——政府和社会资本合作项目合同》等。

基本建设项目财务管理的演变始终紧扣"财政资金安全、投资决策科学、管理流程规范"核心，从计划经济的行政统管到市场经济的法治监管，再到数字时代的精准治理，不仅构建了中国特色基建财务管理制度体系，而且通过制度创新驱动了投资效率提升与国家治理现代化。

三、注册会计师参与基本建设项目审核（审计）的发展历程

我国注册会计师参与基本建设项目审核（审计）的发展历程，是国家经济体制改革与市场化进程的微观反映，其角色从早期的辅助性服务逐步

[①] 政府和社会资本合作模式，也称 PPP 模式。PPP 模式旨在向社会资本开放基础设施建设和公共服务项目，是一种公共部门与私营部门为提供公共产品或服务而建立的长期合作模式，核心在于风险共担、利益共享和资源优化配置。

演变为全流程风险管控的核心力量。

(一) 计划经济时期(1949—1978 年)

这一阶段,基建审计由财政、建设银行等行政部门主导,主要聚焦资金拨付合规性审查,未形成独立的第三方审计机制。审计标准以行政指令为主,缺乏市场化评估工具,注册会计师尚未参与基建项目的专业审核。

(二) 市场化探索期(1979—1997 年)

1979 年"拨改贷"改革推动基建投资从财政拨款转向银行信贷,催生了对经济效益评估的需求。随着 1993 年《中华人民共和国注册会计师法》的颁布,注册会计师行业恢复重建,确立了注册会计师的法律地位。注册会计师参与竣工结算审计,核查工程量、定额套用及取费标准,逐步替代了行政部门的直接监管。1987 年《建设项目经济评价方法与参数》发布后,注册会计师开始运用"影子价格""基准收益率"等工具,为项目可行性研究提供专业意见;此外,注册会计师陆续参与世界银行、亚洲开发银行贷款项目审计,引入国际通行的风险导向审计方法,推动了国内审计标准与国际接轨。1996 年《基本建设施工预决(结)算审计验证规则(试行)》明确基本建设施工预决(结)算审计是注册会计师的审计业务,标志着市场化审计机制的初步形成。

(三) 法制化建设期(1998—2018 年)

随着 1998 年《基本建设财务管理若干规定》、2016 年《基本建设财务规则》等一系列法规的出台,强化了基本建设项目全生命周期的财务管理。政府投资规模快速扩张,审计需求从合规性向效益性延伸。

1998 年 11 月 11 日财政部印发的《关于加强建设项目工程预(结)算竣工决算审查管理工作的通知》(财基字〔1998〕766 号)明确指出,各级财政部门拥有直接审查重点项目预算和决算的权利;此外,它们可以成立专门的审查机构,或者授权具有审计资质的社会中介机构来承担审查任务。

1999年1月7日财政部发布的《财政部门委托审价机构审查工程预（结）算、竣工决算管理办法》（财基字〔1999〕1号）明确指出，财政部门将负责组织实施委托审价机构对工程预（结）算、竣工决算的审查工作。

为了规范和指导财政部门在审查财政性基本建设资金投资项目工程预、决算方面的工作，财政部于1999年3月11日发布了《财政性基本建设资金投资项目工程预决算审查操作规程》。该操作规程对项目前期工作、工程预算、工程招标标底、工程价款结算以及工程竣工财务决（结）算等关键审查内容进行了明确规范。

1999年8月5日财政部发布的《会计师事务所从事基本建设工程预算、结算、决算审核暂行办法》（财协字〔1999〕103号），进一步明确了要充分发挥社会中介机构在基本建设工程预算、结算、决算编报与审核等投资监督体系中的作用。该办法赋予会计师事务所对基本建设工程预算、结算、决算及其相关资料进行审查与复核，并发表审核意见的职责。

2000年7月12日，财政部印发了《财政性投资基本建设项目工程概、预、决算审查若干规定》，旨在进一步规范财政委托投资评审流程，强化基本建设财政财务管理，确保基本建设资金的使用效益最大化。2001年8月1日审计署发布的《审计机关国家建设项目审计准则》明确了社会审计与政府审计的分工，以及注册会计师承担社会投资项目的主体审计责任。

2016年印发的《基本建设项目竣工财务决算管理暂行办法》明确提出财政部门和项目主管部门对项目竣工财务决算实行先审核、后批复的办法，可以委托预算评审机构或者有专业能力的社会中介机构进行审核，并出具独立审核报告，标志着注册会计师的竣工财务决算审核成为法定程序。与此同时，注册会计师开始了工程项目绩效审计探索，引入"投入—产出—效果"分析框架，评价项目社会效益与环境效益，如生态修复工程的长期效益评估；参与PPP项目合同审核、融资方案设计，识别项目全周期风险点，避免财政风险。

（四）数字化转型的战略升级期（2019年至今）

2019年《政府投资条例》实施，要求政府投资项目"概算控制预算、预算控制决算"，强化审计监督。数字化技术（BIM、区块链、AI）的广泛运用，重塑了审计模式，推动注册会计师审计从风险审计向"智慧审计"发展。

2020年《建设项目审计处理暂行规定》废止，要求注册会计师强化职业判断，避免过度依赖行政指令。

这一阶段，注册会计师参与了基本建设项目的全生命周期审计，从立项到运营，覆盖可行性研究、招标采购、施工管理、竣工决算等各环节。注册会计师还广泛参与了基本建设项目的风险预警与合规管理，运用大数据分析识别潜在风险；融合"双碳"目标，评估项目绿色效益，积极参与绩效与ESG审计[①]；主导PPP专项债项目物有所值（VFM[②]）评价、财政承受能力论证，注册会计师通过财务模型优化政府付费机制，降低财政负担等。

四、基本建设项目竣工财务决算审核的现状与展望

（一）竣工财务决算审核报告具有普遍性

基本建设项目竣工财务决算是正确核定项目资产价值、反映竣工项目建设成果的文件，是办理资产移交和产权登记的依据，包括竣工财务决算报表、竣工财务决算说明书以及相关材料。项目竣工财务决算的审核工作涉及对项目竣工财务决算报表、项目建设流程以及各项技术经济活动的详

[①] ESG审计，指的是对一个组织的环境、社会和治理绩效、披露和管理实践的独立验证和评估过程。针对的是非财务信息（ESG信息），以确保这些信息的可靠性、准确性、完整性和一致性。

[②] "VFM"通常指Value for Money（物有所值/资金价值）。这是一个广泛应用于公共部门、政府采购、项目管理、审计和商业决策的核心概念，评估资源（尤其是公共资金）的使用是否达到了最优的经济性、效率性和效果性。

细审查。通过这一过程，可以对项目建设管理活动的真实性、合法性以及效益性进行监督和评价，确保项目财务决算数据的真实性和完整性。这些审核结果为项目的竣工验收以及相关单位或部门批复竣工财务决算提供了重要的参考依据。依据《基本建设财务规则》（财政部令第81号）的相关规定，目前各行业主管部门普遍要求在项目竣工验收前或竣工财务决算审批前，提交竣工财务决算审核报告或委托中介机构进行评审后方可进行审批。例如，根据财政部印发的《中央基本建设项目竣工财务决算审核批复操作规程》（财办建〔2018〕2号），中央基本建设项目竣工财务决算审批部门必须遵循"先审核后批复"的原则；根据交通运输部发布的《交通运输部基本建设项目竣工财务决算编审规定》，竣工财务决算审批部门必须遵循"先审核后批复"的原则，同时规定竣工财务决算也可委托具有资质的第三方专业机构进行评审；广东省财政厅《关于印发〈广东省财政厅关于基本建设财务管理的实施办法〉及配套制度的通知》（粤财规〔2022〕2号）规定项目竣工财务决算实行先审核、后批复的办法。财政部门可以委托财政投资评审机构或者有专业能力的第三方专业机构进行评审；项目主管部门可以委托有专业能力的第三方专业机构进行评审。

（二）审核方式将变得更加多样化，执业过程将更加规范化

目前，不同行业和部门对项目竣工审核（审计）的要求不尽相同。对于那些投资额巨大、建设周期漫长、社会影响深远的项目，通常会在建设初期就聘请第三方专业机构进行全过程跟踪审计。同时，也有项目选择在建设期间进行审计，而不仅仅是项目竣工后进行财务决算审核。注册会计师行业能够提供包括基本建设项目咨询服务、全过程跟踪审计服务、竣工财务决算审核业务以及经营性基本建设项目税收筹划服务等在内的多样化服务。围绕基本建设项目，注册会计师行业拥有更广阔的服务领域和更多业务拓展的可能性。

随着注册会计师业务领域的持续拓展，加之外部监管环境日趋严格，对注册会计师所从事的鉴证业务和咨询业务，将会提出更为严苛和细致的

标准。基本建设项目审核（审计）的理论研究将迈向更深层次，预计相关准则或指引也将陆续出台，以填补行业中的空白。注册会计师在执行基本建设项目审核（审计）方面的具体要求也将逐步规范化、标准化；注册会计师在基本建设项目审计中的职能定位也从早期聚焦合规性审查，转向当前的风险管控与决策支持，进而要求注册会计师具备整合财务、工程、法律、ESG等多维度专业能力。未来，注册会计师需在"制度＋技术"双轮驱动下，持续提升专业能力，为基建项目的高质量发展提供全流程智力支持，成为国家经济安全的"守护者"与价值创造的"催化剂"。

第二章

初步业务活动

基本建设项目竣工财务决算审核业务属于特殊目的审计,是注册会计师提供的鉴证服务业务。根据《中国注册会计师鉴证业务基本准则》对鉴证业务的分类,可以判断基本建设项目竣工财务决算审核业务属于基于责任方认定的业务。责任方对鉴证对象进行评价或计量,即建设单位管理层对基本建设项目资金来源、运用、结余及投资完成、资产形成情况等进行确认、计量和列报(评价或计量),形成竣工财务决算报表。该决算报表可为预期报表使用者获取,注册会计师针对此决算报表的准确性及相关资料的真实性、合法性、完整性进行审核,对竣工项目财务状况及其建设成果发表注册会计师的审核意见。基本建设项目竣工财务决算审核业务中,要求注册会计师对审核后的历史财务信息提供合理保证。

在基本建设项目竣工财务决算审核业务中,要求注册会计师将审计风险降至可接受的低水平,为确保业务全过程风险可控,在承接业务时,注册会计师应当针对客户关系和承接具体业务,实施相应的质量管理程序。

一、初步业务活动目标及程序

(一)初步业务活动目标

开展初步业务活动的目的是帮助事务所确定是否接受业务委托,并确保在计划审核工作时达到下列要求：

1. 注册会计师已具备执行业务所需要的独立性和专业胜任能力；

2. 不存在因管理层诚信问题而影响注册会计师承接或保持该项业务意愿的情况；

3. 与被审核单位不存在对业务约定条款的误解。

（二）初步业务活动需实施的程序

在竣工财务决算审核业务的初步业务活动中，需要明确是否为首次接受该项目的审核委托。基本建设项目竣工财务决算审核业务通常为首次接受委托，如果是首次接受委托，应与被审核单位的管理层或相关负责人进行面谈，就审核目标、审核范围、具体审核要求等关键事项予以沟通，初步了解客户基本信息、客户环境、事务所及项目团队等的独立性和专业胜任能力并在工作底稿中恰当记录了解的信息，经过综合分析评价，以得出恰当的结论。

是否接受基本建设项目竣工财务决算审核业务委托时，会计师事务所及注册会计师应当至少考虑下列事项：

1. 了解有关基本建设项目概况，包括程序上的合规性、管理规范性以及过程中各参与单位情况等；

2. 与基本建设项目管理单位讨论有关竣工财务决算审核可能存在的重大问题，包括这些重大问题对总体审核策略和具体审核计划的影响；

3. 全面评估事务所及现有人员的专业胜任能力和独立性，确保具备相关经验、资源以及足够的专业人员，同时避免任何可能影响独立性的利益冲突；

4. 根据会计师事务所有关接受竣工财务决算审核业务委托的质量管理制度规定需要实施的其他程序。

在审核实践中，注册会计师需要执行的审核程序参见示例 2-1。

示例 2-1：初步业务活动审核程序表（见表 2-1）。

表 2–1　　　　　　　　初步业务活动审核程序表

索引号：

被审核单位及建设项目名称：×××××××　　编制：　　　　日期：20××年××月××日

项目决算基准日：20××年××月××日　　　　复核：　　　　日期：20××年××月××日

初步业务活动目标：

确定是否接受业务委托；如接受业务委托，确保在计划审核工作时达到下列要求：

（1）注册会计师已具备执行业务所需要的独立性和专业胜任能力；

（2）不存在因管理层诚信问题而影响注册会计师承接或保持该项业务意愿的情况；

（3）与被审核单位不存在对业务约定条款的误解。

初步业务活动程序	索引号	执行人
1. 通常为首次接受该项审核委托，实施下列程序： （1）与被审核单位相关人员面谈，讨论下列事项： 　①审核的目标； 　②审核报告的用途； 　③管理层对竣工财务决算说明的责任； 　④审核范围； 　⑤执行审核工作的安排，包括是否需要阶段性的审核、出具审核报告的时间要求； 　⑥审核报告格式和对审核结果的其他沟通形式； 　⑦管理层提供必要的工作条件和协助； 　⑧注册会计师不受限制地接触任何与审核工作有关的记录、文件和所需要的其他信息； 　⑨利用专家或内部审计人员工作的程度（必要时）； 　⑩审核收费。 （2）初步了解被审核单位及其环境，并予以记录。 （3）如存在被审核单位委托其他注册会计师或其他机构编制竣工财务决算，则讨论与其他注册会计师的沟通。		
2. 评价是否具备执行该项审核业务所需要的独立性和专业胜任能力。		
3. 完成业务承接评价表。		
4. 签订审核业务约定书。		

二、业务承接评价

（一）初步了解客户基本信息及建设项目概况

在承接竣工财务决算审核业务时，初步了解客户的基本信息及项目概况是确保业务顺利进行的关键步骤。确认委托方或客户的基本信息，包括但不限于单位性质、所属行业、股权结构、涉诉事项及风险信息等，通过与客户访谈、查看国家相关信息系统、监管部门网站、公司网站或其他渠道，收集对单位财务、经营影响的相关风险或信息，更好地理解其财务结构和潜在风险点，分析对业务承接的影响。

对于基本建设项目的概况，需要初步了解项目性质、类别、规模、承建方式、进度、资金来源等信息。这些信息可以通过客户提供的项目可行性研究报告、施工合同、进度报告等文件获取。了解项目的具体情况有助于制订合理的审核计划，并确保审核工作的针对性和有效性。

在了解客户基本信息的同时，还需要明确客户最初接触事务所的途径，例如是否通过本所职工引荐、外部人员引荐或其他方式。这一信息有助于评估业务承接的可行性和潜在风险。

与客户沟通其要求提供审核服务的目的以及出具审核报告的时间节点安排，是确保双方期望一致的重要步骤。明确这些需求有助于合理安排工作进度，避免后续出现时间冲突或误解。

了解客户的关键人员，包括决策层和主要管理人员，是确保审核过程中沟通顺畅的重要环节。可以通过要求客户提供组织架构图，并记录关键人员的姓名和职位来完成这一步骤。同时，了解客户的主要财务人员及其职责分工，有助于在审核过程中进行有效的沟通和协调。这些信息可以通过客户提供的财务部门人员名单获取。

此外，了解客户的上级主管部门信息，包括名称和联系方式，有助于在必要时进行沟通和协调。对于客户的法律顾问或委托律师，也需要记录其机构名称、经办人姓名和联系方式，以便在审核过程中处理可能涉及的法律问题。同样，了解客户的常年会计顾问信息，包括机构名称、经办人姓名和联系方式，有助于在审核过程中处理会计相关问题。

通过以上步骤，可以全面掌握客户的基本信息和项目概况，为竣工财务决算审核业务承接与否及后续是否可顺利开展奠定基础。确保所有信息的准确性和完整性，是业务承接成功的关键，同时也为后续的审核工作提供了清晰的指导方向。

在审核实践中，注册会计师需要编制的审核工作底稿格式参见示例2-2。

示例2-2：初步了解客户基本信息及项目概况表（见表2-2）。

表2-2　　　　　　　　初步了解客户基本信息及项目概况表

索引号：

被审核单位及建设项目名称：××××××××	编制：	日期：20××年××月××日
项目决算基准日：20××年××月××日	复核：	日期：20××年××月××日

1. 客户名称（中/英文）：

2. 客户地址：

电　　话：　　　　　　　　　　　　　联系人：

电子信箱：　　　　　　　　　　　　　网　址：

3. 客户性质（国有/合资/其他）：

4. 客户所属行业、业务性质与主要业务：

5. 基本建设项目概况（重点记录）：

6. 最初接触途径（详细说明）：
(1) 本所职工引荐：
(2) 外部人员引荐：
(3) 其他（详细说明）：

续表

7. 客户要求我们提供审核服务的目的以及出具审核报告的日期：

8. 客户关键人员（姓名、职位及联系方式）：

姓　名	职位	联系方式

9. 主要财务人员（姓名、职位及联系方式）：

姓　名	职位	联系方式

10. 上级主管部门基本信息：

11. 客户法律顾问或委托律师（机构、经办人、联系方式）：

12. 客户常年会计顾问（机构、经办人、联系方式）：

（二）初步了解客户及其环境

注册会计师通过了解客户及其环境，对客户的诚信及具体业务的审核风险进行综合评估。

对客户的诚信评估可以通过多种信息来源进行，例如，与为客户提供专业会计服务的现任或前任人员进行沟通，了解客户的历史合作情况；向会计师事务所其他人员、监管机构、金融机构、法律顾问以及客户的同行等第三方询问,获取客户的背景信息;还可以从相关数据库中搜索客户的行业比较指标信息,进一步了解客户的行业地位和声誉。在评估客户诚信时,需要考虑多个因素,包括客户主要股东、关键管理人员、关联方及治理层的诚信状况;客户的经营性质是否合法合规;客户主要股东、关键管理人员及治理层对建设项目管理的重视程度;客户是否过分压低会计师事务所的收费水平;是否存在工作范围受到不适当限制的迹象;客户是否可能涉及违规行为;以及关键管理人员是否频繁更换等。这些因素的综合评估有助于判断客户是否存在潜在的诚信风险。

注册会计师对竣工财务决算审核业务风险的评估同样依赖于多种信息来源,例如,从相关数据库中搜索客户的背景信息,了解其历史财务数据和行业表现。在考虑审核风险时,需要重点关注以下几个方面:项目建设程序是否缺乏规范性,是否存在投资完成计划的压力,资金筹措是否存在困难,管理层是否倾向于异常或冒不必要的风险,以及工程过程管理是否规范等。这些因素会直接影响审核工作的复杂性和风险水平。例如,如果项目建设程序不规范或资金筹措困难,可能会导致财务数据的准确性和完整性受到影响,从而增加审核风险。

注册会计师根据对客户诚信和审核风险的综合评估,确定客户的风险级别。风险级别可以分为高风险和一般风险两类。高风险客户通常存在较多的诚信问题或审核风险,需要采取更为严格的审核程序和风险控制措施;而一般风险客户则相对较为规范,审核工作可以按照常规程序进行。通过上述步骤,可以全面了解客户及其环境,为后续的竣工财务决算审核工作提供清晰的指导方向,并有效降低审核风险。

在审核实践中,注册会计师需要编制的审核工作底稿格式参见示例2-3。

示例2-3:初步了解客户及其环境记录表(见表2-3)。

表 2-3　　　　　　　初步了解客户及其环境记录表
（以企业为例）

索引号：

被审核单位及建设项目名称：×××××××	编制：	日期 20××年××月××日
项目决算基准日：20××年××月××日	复核：	日期 20××年××月××日

根据对客户及其环境的了解，记录下列事项：

客户的诚信
信息来源： 例如： · 与为客户提供专业会计服务的现任或前任人员进行沟通，并与其讨论； · 向会计师事务所其他人员、监管机构、金融机构、法律顾问和客户的同行等第三方询问； · 从相关数据库中搜索客户的背景信息以及行业比较指标信息； ……
考虑因素： 客户上级单位或部门、主要股东、关键管理人员、关联方及治理层等： · 客户的经营性质； · 客户上级单位或部门、主要股东、关键管理人员及治理层对建设项目管理的重视程度； · 客户是否过分考虑将会计师事务所的收费维持在尽可能低的水平； · 工作范围受到不适当限制的迹象； · 客户可能涉及的违规的迹象； · 关键管理人员是否更换频繁； ……
审核风险
信息来源： 例如：从相关数据库中搜索客户的背景信息。
考虑因素： · 是否涉及项目建设程序缺乏规范性； · 是否存在投资完成计划压力； · 是否存在资金筹措困难； · 管理层是否倾向于异常或冒不必要的风险以及工程过程管理情况等； ……

续表

财务状况
信息来源：
考虑因素： · 现金流量或营运资金是否能够满足经营、债务偿付等的需要； · 是否存在对发行新债务和权益的重大需求； · 是否涉及重大关联方交易； · 是否存在复杂的会计处理问题； · 是否经常发生重大异常交易； · 是否对持续经营能力产生怀疑； ……
客户的风险级别（高/一般风险）：＿＿＿＿＿＿＿＿＿＿

（三）事务所情况评估

根据事务所人员及业务管理，需考虑项目组[①]的时间和资源、项目组的专业胜任能力以及事务所对项目质量的管理和独立性等方面的内容。

1. 项目组的时间和资源

注册会计师在实施基本建设项目竣工财务决算审核业务的初步业务活动中，评估项目组的时间和资源是确保审核工作顺利开展的关键一步。首先，需要根据事务所当前的人力资源情况，判断是否拥有足够数量且具备必要素质和专业胜任能力的人员来组建项目组。项目组成员不仅需要熟悉基本建设项目的财务决算审核流程，还应具备处理复杂问题的能力。如果内部资源不足，可能需要借助外部专家或顾问的支持。其次，需评估项目组是否能够在客户要求的最后期限内完成审核工作并提交报告。这需要考虑项目的规模、复杂程度以及客户提供资料的完整性和及时性。若时间紧迫或资料不完整，需与客户进行充分沟通，明确时间节点并合理分配任

---

① 指执行某项审计业务的所有合伙人和员工，以及为该项业务实施审计程序的所有其他人员。

务。此外，还需关注项目组的工作负荷，避免因同时承担多个项目而导致资源分散，影响审核效率和质量。通过合理配置资源、优化工作流程，确保审核工作高效完成并满足客户需求。

2. 项目组的专业胜任能力

基本建设项目竣工财务决算审核需要会计师事务所具备多方面的专业胜任能力，拥有涉及以下领域的人员或专家资源。

财务会计领域：熟悉基本建设项目的会计核算规则，能够准确审核项目成本、费用分摊、资产结转等财务数据，确保决算报表的真实性和完整性。

工程造价领域：了解工程造价的构成和核算方法，能够审核工程合同、变更签证、结算资料等，确保工程造价的合理性和准确性。

审计领域：具备审计理论和实务经验，能够按照鉴证准则实施审核程序，包括内部控制测试、实质性程序等，发现可能存在的财务风险或问题。

税务领域：熟悉与基本建设项目相关的税收政策，能够审核项目涉及的税务处理是否合规，避免税务风险。

法律法规领域：了解与基本建设项目相关的法律法规，如《基本建设财务管理规定》《中华人民共和国招标投标法》等，确保审核过程符合法律要求。

信息技术领域：具备数据处理和分析能力，能够运用审计软件或工具对大量财务和工程数据进行高效审查。

项目管理领域：了解项目管理流程，能够审核项目进度、合同执行情况等，确保项目管理的规范性和决算数据的可靠性。

综上所述，竣工财务决算审核需要一支多学科背景的团队，涵盖财务、工程、审计、税务、法律和信息技术等领域，以确保审核工作的全面性和专业性。

事务所需结合现有人员配备情况，考虑以下因素：

（1）初步确定的项目组关键人员是否熟悉相关行业或业务对象；

（2）初步确定的项目组关键人员是否具有执行类似业务的经验，或是否具备有效获取必要技能和知识的能力；

（3）在需要时，是否能够得到专家的帮助，特别是存在对工程实际完成数量等方面存在疑虑时。

3. 事务所对项目质量的管理

会计师事务所应考虑内部政策和监管要求，基于对风险的评估以及对业务复杂性和重要性，权衡风险与成本，综合考虑业务是否需要增加项目质量复核，以确保业务质量并维护职业声誉。事务所需评估项目的风险水平，包括客户行业的风险特征、财务数据的复杂性、内部控制的有效性以及是否存在重大错报或舞弊的可能性等方面。如涉及重大基建项目、可能存在重大争议、项目团队的经验不足、涉及新兴领域的，通常会增加项目质量复核作为额外的保障措施，以降低风险。

如果需要项目质量复核的，事务所是否具备符合标准和资格要求的项目质量复核人员。首先，项目质量复核人员通常需要具备丰富的行业经验和专业知识，特别是在基本建设项目、财务会计、工程造价及审计领域，能够全面理解项目的复杂性和风险点。其次，复核人员应熟悉相关法律法规、会计准则和审计准则，确保复核过程符合职业规范和监管要求。最后，复核人员还需具备较强的职业判断能力和独立性，能够客观、公正地评估项目团队的工作成果，识别潜在问题并提出改进建议。事务所还需确保复核人员具备相应的资质，如注册会计师、造价工程师等专业资格，并定期接受培训以保持专业胜任能力。如果事务所内部缺乏符合要求的复核人员，可能需要借助外部专家或与其他事务所合作，以确保项目质量复核的有效性和合规性。

4. 独立性

独立性是审计鉴证业务的灵魂，是确保审核结果客观、公正和可信的基石。会计师事务所及项目团队、质量复核人员必须在实质上和形式上始终保持高度的独立性，以维护职业声誉和公众信任。

首先，在经济利益方面，事务所及项目组成员需严格避免与客户之间存在任何可能损害独立性的经济利益。例如，事务所不得与客户存在专业服务收费以外的直接经济利益或重大的间接经济利益，如持有客户的股票或其他投资；同时，事务所应避免对某一客户收费的过度依赖，以防止因经济利益关系影响职业判断。此外，与客户的密切经营关系、潜在的雇佣关系以及与该审核业务相关的或有收费（即收费与特定结果挂钩）也需严格禁止，以确保审核工作的独立性和客观性。

其次，在自我评价方面，事务所及项目组成员需避免任何可能导致自我评价损害独立性的情形。例如，项目组成员不得曾在客户处担任董事、经理或其他关键管理职务，也不能为客户提供直接影响竣工决算报表的服务，如编制决算报表或生成相关原始资料。这些行为可能导致审核人员对其自身工作成果的评价，从而影响独立性和客观性。

在关联关系方面，事务所需确保项目组成员及其近亲属与客户之间不存在可能损害独立性的关联关系。例如，项目组成员的近亲属不得在客户处担任董事、经理或其他关键管理职务，客户的关键管理人员也不得是事务所的前高级管理人员。此外，事务所还需避免与客户长期交往或接受其利益诱惑，如接受贵重礼品或超出社会礼仪的款待，以防止因情感或利益因素影响独立性。

最后，在外界压力方面，事务所及项目团队应坚决抵制来自客户或其他方面的不当干预。例如，在重大会计、审计问题上与客户存在意见分歧时，事务所不得因客户解聘威胁而妥协；同时，事务所应避免因客户降低收费的压力而不恰当地缩小审核范围或减少必要的审核程序。此外，事务所还需警惕来自有关单位或个人的不恰当干预，确保审核工作不受外界压力的影响。

综上所述，独立性是鉴证业务的核心价值，事务所及项目团队、质量复核人员必须在经济利益、自我评价、关联关系和外界压力等方面严格把控，确保在实质上和形式上均保持独立性。只有这样，才能有效维护审核工作的公信力，为利益相关者提供可靠、高质量的鉴证服务，并最终实现鉴证业务的根本目标。

在审核实践中,注册会计师需要编制的审核工作底稿参见示例2-4。

示例2-4:承接时本所情况评估表(见表2-4)。

表2-4　　　　　　　　　承接时本所情况评估表

索引号:

被审核单位及建设项目名称:××××××××	编制:	日期:20××年××月××日
项目决算基准日:20××年××月××日	复核:	日期:20××年××月××日

根据本所目前的情况,考虑下列事项:

项目组的时间和资源
考虑因素:
· 根据本所目前的人力资源情况,是否拥有足够的具有必要素质和专业胜任能力的人员组建项目组;
· 是否能够在提交报告的最后期限内完成业务。
项目组的专业胜任能力
考虑因素:
· 初步确定的项目组关键人员是否熟悉相关行业或业务对象;
· 初步确定的项目组关键人员是否具有执行类似业务的经验,或是否具备有效获取必要技能和知识的能力;
· 在需要时,是否能够得到专家的帮助,特别是存在对工程实际完成数量存在疑虑时。
事务所对项目质量的控制
· 如果需要项目质量复核,事务所是否具备符合标准和资格要求的项目质量复核人员。
独立性
经济利益
考虑因素:
本所或项目组成员是否存在经济利益对独立性的损害:
· 与客户存在专业服务收费以外的直接经济利益或重大的间接经济利益;
· 过分依赖向客户收取的全部费用;
· 与客户存在密切的经营关系;
· 过分担心可能失去业务;
· 可能与客户发生雇佣关系;
· 存在与该项审核业务有关的或有收费。

续表

自我评价
考虑因素：
本所或项目组成员是否存在自我评价对独立性的损害：
·项目组成员曾是客户的董事、经理、其他关键管理人员或能够对本业务产生直接重大影响的员工；
·为客户提供直接影响竣工决算报表的其他服务；
·为客户编制用于生成竣工决算报表的原始资料或其他记录；
……
关联关系
考虑因素：
本所或项目组成员是否存在关联关系对独立性的损害：
·与项目组成员关系密切的家庭成员是客户的董事、经理、其他关键管理人员或能够对本业务产生直接重大影响的员工；
·客户的董事、经理、其他关键管理人员或能够对本业务产生直接重大影响的员工是本所的前高级管理人员；
·本所的高级管理人员或签字注册会计师与客户长期交往；
·接受客户或其董事、经理、其他关键管理人员或能够对本业务产生直接重大影响的员工的利益诱惑（包括贵重礼品或超出社会礼仪的款待）；
……
外界压力
考虑因素：
本所或项目组成员是否存在外界压力对独立性的损害：
·在重大会计、审计等问题上与客户存在意见分歧而受到解聘威胁；
·受到有关单位或个人不恰当的干预；
·受到客户降低收费的压力而不恰当地缩小工作范围；
……
预计收取的费用及可回收比率
预计审核收费：
预计成本（计算过程）：
可回收比率：

（四）业务承接评价与结论

注册会计师在得出业务承接评价结论时，需要全面了解客户及其环境，包括客户的基本信息、项目概况、诚信状况以及审核风险等。通过对客户上级管理部门或主要股东、关键管理人员、治理层的诚信评估，以及项目建设程序、资金筹措、管理层风险倾向等因素的分析，判断客户是否存在重大风险。同时，评估项目组的时间和资源是否充足，确保具备足够的专业胜任能力，并能够在客户要求的最后期限内完成审核工作。在此基础上，结合事务所内部管理流程，尤其是事务所质量管理领导层或类似机构的审批意见，综合判断是否承接业务。最终结论应基于对上述所有因素的全面分析，确保业务承接符合风险控制要求，并能够高质量完成审核任务。这一过程体现了审核工作的严谨性和系统性，是确保业务顺利开展的重要保障。

在审核实践中，注册会计师需要编制的审核工作底稿格式参见示例 2-5。

示例 2-5：业务承接评价结论表（见表 2-5）。

表 2-5　　　　　　　　　　业务承接评价结论表

被审核单位及建设项目名称：×××××××	编制：	索引号： 日期：20××年××月××日
项目决算基准日：20××年××月××日	复核：	日期：20××年××月××日

该项业务是否已经事务所质量管理领导层成员批准：
我们接受/不接受此项业务。
项目合伙人初步评价：
签名：　　　　　　　　　　　　日期：
最终结论：

三、独立性声明

项目组全体成员签署独立性声明书是确保审核工作独立性和质量的核心内容。通过明确承诺遵守职业道德和保持形式与实质上的独立，项目组成员能够有效防范利益冲突，维护审核工作的公正性和客观性。声明书应全面、真实地反映所有可能影响独立性的情形，并由全体成员亲笔签署，注明日期。

项目组全体成员独立性声明书的签署并非仅仅是形式上的程序，而是要求项目组成员在实际操作中切实进行独立性调查，确保不存在任何可能影响独立性的利益关系或关联情形。在执业过程中，全体成员必须严格遵守独立性约定，始终保持形式上和实质上的独立。为确保审核工作的严谨性，独立性声明书最好在进驻现场前完成签署，以便在项目启动前明确各方的独立性要求，为后续工作奠定坚实的基础。

在审核实践中，项目组全体成员需签署的独立性声明书格式参见示例 2-6。

示例 2-6：项目组全体成员独立性声明书。

项目组全体成员独立性声明书

索引号：

××会计师事务所：

  本人接受委派，对××××（建设单位）××项目竣工财务决算进行审核，现就本人在接受委派前及执行该项业务过程中有关独立性作出如下声明：

  1. 本人承诺在执行该项业务过程中遵守中国注册会计师执业准则的相关规定，遵守会计师事务所职业道德守则相关政策与程序，恪守独立、客观、公正的原则，保持应有的职业谨慎、专业胜任能力及应有的关注，勤勉尽责，并对执行该项业务过程中获知的信息保密。

  2. 本人承诺在执行该项业务过程中保持形式上和实质上的独立，不因任何利害关系影响客观、公正的立场。

  3. 本人承诺未兼任与所执行的业务不兼容的其他职务。

4. 本人承诺在执行该项业务时，做到实事求是，不为他人所左右，也不因个人好恶影响分析、判断的客观性。

5. 本人承诺在执行该项业务时，做到正直、诚实，不偏不倚地对待有关利益各方。

6. 本人承诺本人或与本人关系密切的家庭成员与该客户及其关联方之间不存在及不发生以下可能损害独立性的情况和关联关系：

（1）曾是该客户及其关联方的董事、经理、其他关键管理人员或能够对该项业务产生直接重大影响的员工；

（2）为该客户及其关联方提供直接影响该项业务对象的其他服务；

（3）为该客户及其关联方编制属于该项业务对象的数据或其他记录；

（4）与该客户及其关联方长期交往，存在超越业务范围的私人关系；

（5）接受该客户及其关联方或其董事、经理、其他关键管理人员或能够对该项业务产生直接重大影响的员工的利益诱惑（包括贵重礼品或超出社会礼仪的款待）；

（6）购买该客户及其关联方的股票或对其拥有股权投资；

（7）与该客户及其关联方存在其他紧密的合资与合作关系；

（8）向该客户及其关联方贷款或作为该客户及其关联方借款的担保人，或从该客户及其关联方处取得贷款，或由该客户及其关联方担保而取得贷款；

（9）受托或代理该客户及其关联方的资产或业务并获得经济利益；

（10）在执行业务过程中利用该客户关系购买该客户提供的产品或劳务；

（11）其他损害独立性的情况和关联关系（如存在，请具体列示；如不存在，请填写"无其他损害独立性的情况和关联关系"字样）。

7. 本人承诺在接受委派及执行该项业务过程中将注意到的违反独立性要求或对独立性造成威胁的情况和关系及时告知会计师事务所。

8. 本人承诺对在执行该业务过程中获知的全部非公开信息予以保密，不与任何无关人员（包括会计师事务所与该业务无关人员）谈及相关信息。

9. 本人承诺一旦本人有计划或寻求在该客户及其关联方任职，本人将立即停止执行该项业务并报告该项目负责人。

10. 本人确信上述声明不存在任何虚假、误导性陈述或重大遗漏，并对其内容的真实性负责。

项目组全体成员（签名）：

声明日期：　　年　　月　　日

四、业务约定书

在作出接受或保持客户关系及具体业务的决策后,会计师事务所应与委托人就基本建设项目竣工财务决算审核的目的与范围,双方的责任与义务等事项进行商议,达成一致意见,并签订审核业务约定书。

业务约定书的订立、效力、履行及违约责任等内容,必须严格遵循《中华人民共和国民法典》合同篇及相关法律法规的规定,确保其合法合规性。约定书应通过双方充分协商达成一致,内容需具体明确,涵盖业务范围、审核目标、甲乙双方的权利义务、审核收费、审核报告的使用等关键条款,避免任何模糊或歧义性表述。同时,双方应建立高效的沟通机制,确保工作协调顺畅,并在项目执行过程中根据实际情况及时更新或充实约定书内容,以灵活应对可能的变化,为项目的顺利推进提供坚实的法律保障和合作基础。

在审核实践中,需签订的基本建设项目竣工财务决算审核业务约定书格式参见示例 2-7。

示例 2-7:基本建设项目竣工财务决算审核业务约定书。

××项目
竣工财务决算审核业务约定书

编号:

委托方(甲方):××××××

受托方(乙方):××××会计师事务所

为明确双方权利义务关系,依照《中华人民共和国民法典》及相关法律法规的规定,根据××项目(根据实际工程项目名称填写)的实际情况,兹由甲方委托乙方对该项目竣工财务决算进行审核,经双方协商,达成以下约定:

一、项目概况

××××。

二、业务范围与审核目标

(一)乙方接受甲方委托,对甲方按照《企业会计准则》/《政府会计准则》……

《基本建设财务规则》（根据单位性质及实际执行的准则填写）及……的法律法规编制的[根据实际工程项目名称填写]基本建设工程竣工财务决算及有关的文件资料进行审核，具体为：

1. 审核工程项目决策、审批环节，履行基本建设程序情况。

2. 审核工程项目招标投标过程及管理环节。

3. 审核工程项目合同签订及执行情况。

4. 审核工程项目概算执行情况。有无计划外建设项目，有无扩大建设规模和提高建设标准的情况，各项工程建设支出是否合法，共同费用分摊是否合理，有无未完工程、未建工程和报废工程。

5. 审核工程项目资金来源、支出及结余等财务情况。

6 审核资产形成及交付情况。交付使用资产、转出投资、待核销基建支出是否符合条件以及是否真实，有无虚报完成及虚列应付债务或转移基建资金等情况。

7. 审核工程项目往来账款是否真实、准确。

8. 有必要审核的其他事项。

（二）审核的目标是对甲方编报的项目竣工财务决算的真实性、合法性、完整性进行审核，在上述审核的基础上，对工程项目实际造价及建设成果发表审核意见，为项目竣工财务决算审批提供参考依据。

三、甲方的责任与义务

（一）甲方的责任

1. 甲方的责任是建立可靠的内部控制系统，保护资产的安全及保证会计信息的真实性、合法性和完整性。

2. 确保工程竣工财务决算按照相关的法律、法规编制，在所有重要方面，真实、公允地反映××工程项目的建设情况。

（二）甲方的义务

1. 及时为乙方的审核工作提供其所要求的全部××工程竣工财务决算资料，包括但不限于项目初步设计概算及批复文件、招投标文件、工程项目施工合同、材料和设备采购合同、工程竣工验收报告、工程结算资料、会计账簿、会计凭证、报表等，并保证所提供资料的真实性和完整性。

2. 确保乙方不受限制地接触任何与审核有关的记录文件和所需的其他信息。

3. 甲方管理层对其作出的与审核有关的声明予以书面确认。

4. 为乙方派出的有关工作人员提供必要的工作条件和协助，主要事项将由乙方于外勤工作开始前提供清单。

5. 按本约定书的约定及时足额支付审核费用以及乙方人员在审核期间的交通、食宿和其他相关费用。

四、乙方的责任和义务

（一）乙方的责任

1. 乙方的责任是依据中国注册会计师执业准则、财政部《会计师事务所从事基本建设工程预算、结算、决算审核暂行办法》出具审核报告，并保证审核报告的真实性和合法性。

2. 乙方需要合理计划和实施审核工作，以使乙方能够获取充分、适当的审核证据，为甲方工程竣工财务决算是否不存在重大错报获取合理保证。

3. 由于测试的性质和审核的其他固有限制，以及内部控制的固有局限性，不可避免地存在某些重大错报在审核后可能仍然未被乙方发现的风险。

4. 乙方有责任在审核报告中指明所发现的甲方在某重大方面没有遵循相关法律法规编制工程竣工财务决算且未按乙方的建议进行调整的事项。

5. 乙方的审核不能减轻甲方及甲方管理层的责任。

（二）乙方的义务

1. 按照约定时间完成审核工作，出具审核报告。乙方应于20××年××月××日前出具审核报告。

2. 除下列情况外，乙方应当对执行业务过程中知悉的甲方信息予以保密：（1）取得甲方的授权；（2）根据法律法规的规定，为法律诉讼准备文件或提供证据，以及向监管机构报告发现的违反法规行为；（3）接受行业协会和监管机构依法进行的质量检查；（4）监管机构对乙方进行行政处罚（包括监管机构处罚前的调查、听证）以及乙方对此提起行政复议。

五、审核收费

1. 本次审核服务的收费是以乙方各级别工作人员在本次工作中所耗费的时间为基础计算的。乙方预计本次审核服务的费用总额为人民币××万元。

2. 甲方应于本约定书签署之日起××日内支付××%的审核费用，其余款项于［审核报告草稿完成日］结清。

3. 如果由于无法预见的原因，致使乙方从事本约定书所涉及的审核服务实际时间较本约定书签订时预计的时间有明显的增加或减少时，甲、乙双方应通过协商，相应调整本约定书第五条第1项下所述的审核费用。

4. 如果由于无法预见的原因，致使乙方人员抵达甲方的工作现场后，本约定书所涉及的审核服务不再进行，甲方不得要求退还预付的审核费用；如上述情况发生于乙方人员完成现场审核工作，并离开甲方的工作现场之后，甲方应另行向乙方支付人民币××元补偿费，该补偿费应于甲方收到乙方的收款通知之起××日内支付。

六、审核报告的使用

（一）乙方向甲方致送审核报告一式××份。

（二）本次审核仅为甲方［报告使用目的］使用，甲方有责任确保审核报告的合理使用，未经乙方书面同意，不得用作其他用途，对任何因审核报告使用不当产生的后果，乙方不承担责任。

七、本约定书的有效期间

本约定书自签署之日起生效，并在双方履行完毕本约定书约定的所有义务后终止。但其中第四（二）2、五、六、九、十、十一项并不因本约定书终止而失效。

八、约定事项的变更

如果出现不可预见的情况，影响审核工作如期完成或需要提前出报告时，甲、乙双方均可要求变更约定事项，但应及时通知对方，并由双方协商解决。

九、终止条款

1. 如果根据乙方的职业道德及其他有关专业职责、适用的法律法规或其他任何法定的要求，乙方认为已不适宜继续为甲方提供本约定书约定的审核服务时，乙方可以采取向甲方提出合理通知的方式终止履行本约定书。

2. 在终止业务约定的情况下，乙方有权就其于本约定书终止之日前对约定的审核服务项目所做的工作收取合理的审核费用。

十、违约责任

甲、乙双方按照《中华人民共和国民法典》的规定承担违约责任。

十一、适用法律和争议解决

本约定书的所有方面均应适用中华人民共和国法律进行解释并受其约束。本约定书履行地为乙方出具审核报告所在地，因本约定书所引起的或与本约定书有关的任何纠纷或争议（包括关于本约定书条款的存在、效力或终止，或无效之后果），双方选择以下第____种解决方式：

1. 向有管辖权的人民法院提起诉讼；

2. 提交××仲裁委员会仲裁。

十二、双方对其他有关事项的约定

本约定书一式四份，甲、乙方各执两份，具有同等法律效力。

联系人：						联系人：

电话：						电话：

传真：						传真：

甲方地址：					乙方地址：

邮政编码：					邮政编码：

甲方：××××××（公章）			乙方：××××会计师事务所（公章）

法定代表人或授权代表：（签章）		法定代表人或授权代表：（签章）

　　年　月　日					　　年　月　日

五、被审核单位需提供资料清单

签订项目竣工财务决算审核业务约定书后，为方便后续开展审核工作，审核人员可根据需要整理出资料清单，与委托方或被审核单位沟通获取。这些资料涵盖了工程项目从立项到竣工的全过程及其财务核算，包括立项、审批、设计、施工、验收、财务核算等诸多方面。为了全面了解项目的建设情况、资金使用情况以及合规性，编制科学合理的审核计划、确保审核工作的全面性和准确性，审核人员应当获取被审核单位基本建设工程决算及其编制所依据的以下资料：

1. 经批准的可行性研究报告、初步设计、施工图设计、设计变更、概（预）算调整等文件；

2. 招投标文件、政府采购文件、合同（协议）、工程结算等管理资料；

3. 历年下达的年度投资计划、支出预算；

4. 会计核算、年度财务决算及财务管理资料；

5. 工程项目交工验收、各专项验收、质量验收等有关文件；

6. 工程结算书和工程结算审核报告；

7. 有关证照；

8. 项目竣工财务决算报表及说明；

9. 其他项目有关资料。

在审核实践中，注册会计师提供给被审核单位准备资料清单参见示例 2-8。

示例 2-8：项目竣工财务决算审核资料清单。

项目竣工财务决算审核资料清单

致：××××（建设单位全称）

为顺利完成贵单位［根据实际工程项目名称填写］基本建设工程竣工财务决算审核工作，本所诚望贵单位提供以下必须的有效文件与资料，具体资料移交可与本所审核人员×××对接。

联系方式：

邮箱：

需提供资料清单如下：

1. 项目实施机构成立文件、组织管理体系及人员花名册。

2. 工程项目批准建设、监理、质量验收等有关文件，包括项目立项批复文件、可行性研究报告及批复、初步设计文件及批复、监理合同及监理报告、工程质量验收报告、工程质量验收记录、分部分项工程验收记录、单位工程竣工验收报告、工程质量监督报告、竣工验收备案表、竣工验收会议纪要等。

3. 概算资料及招标投标文件，包括项目概（预）算书及调整批复、招标公告、招标文件及澄清函补遗书等、投标文件、评标报告及中标通知书。

4. 合同、协议，包括工程施工合同、分包合同、设备采购合同、服务合同（如设计、监理、咨询等）、合同变更、补充协议等所有合同性质文件；合同（协议）登记台账及履行情况。

5. 有关证照，包括土地使用证、规划许可证、施工许可证、房屋所有权证、车辆所有权证等。

6. 专项验收文件，包括环保验收文件、水保验收文件、消防验收文件、档案验收文件等项目所有验收文件。

7. 专项评估（价）文件，包括水土保持、环境保护、地质灾害、压覆矿产资源、使用林地、工程建设用地等前期评估评价批复或核准文件。

8. 项目竣工财务决算的财务资料，包括项目竣工财务决算报表、说明及相关文件，会计账簿（总账、明细账、日记账）、会计凭证（原始凭证、记账凭证）。

9. 尾工工程及预留费用依据、计算过程、金额，预计完成日期等。

10. 预备费动用相关资料（如有）。

11. 年度投资计划、预算（资金）等文件。

12. 所有贷款合同（如有）。

13. 项目所有工程结算书及结算审核报告。

14. 项目历次审计、检查、审核、稽查意见及整改落实情况。

15. 项目管理内控制度，包括工程管理制度和财务管理制度。

16. 工程量和材料消耗统计资料。

17. 征地拆迁所有文件，包括土地管理部门的批复文件、征地拆迁协议、征地拆迁资金的支付等资料。

18. 剩余工程物资的账面价值、变价收入、变现费用和变现净值。

19. 转出投资相关文件（如有）。

20. 其他项目有关资料。

上述各项资料将随本所对贵单位（根据实际工程项目名称填写）基本建设工程进一步深入了解会有所增减变化，我们将及时补充，以期获取充分的资料，高效率地完成审核工作。

第三章

计划审核工作

编制科学合理的审核计划,不仅是确保审核工作顺利开展的基础,更是保障审核质量、实现审核目标的重要前提。审核计划的制订能够帮助事务所项目团队明确工作方向,合理分配资源,识别高风险领域和关键环节,从而有针对性地实施审核程序,确保审核工作高效、有序地进行。

审核计划的重要性还体现在其对风险控制的积极作用。通过预先评估项目可能存在的财务、合规及管理风险,审核计划能够为项目团队提供清晰的应对策略,降低审核过程中的不确定性和潜在问题,确保审核程序符合相关法律法规和行业标准,为出具客观、公正的审核意见奠定坚实基础,提升审核结果的可信度和权威性。

审核计划分为总体审核策略和具体审核计划两个层次。注册会计师应当针对总体审核策略中所识别的不同事项、制订具体审核计划,并考虑通过有效利用审核资源以实现审核目标。

一、总体审核策略

在编制基本建设项目竣工财务决算审核的总体审核策略时,项目合伙人及项目组关键成员应当参与其中,在了解被审核单位及项目概况等的基础上,从审核范围、时间安排、重要性确定、人员安排、资源调配和审核方向等方面进行综合考虑。通过科学合理地制定审核策略，建立与建设单位、主管部门、施工单位、出资方等项目相关方的沟通机制，确保审核工作的高效开展，为项目竣工财务决算的真实性、完整性和合规性提供有力保障。

（一）审核范围

审核范围的确定是总体审核策略的基础。项目组需要根据适用的准则、制度以及相关法律法规，明确审核的具体范围和重点。

首先，在确定审核范围时，应明确所适用的法规要求，涵盖会计准则（根据被审核单位执行情况确定），以及财政部关于基本建设工程预算、结算、决算审核的相关规定（如财协字〔1999〕103号文），并结合《基本建设财务规则》（财政部令第81号）、《基本建设项目竣工财务决算管理暂行办法》（财建〔2016〕503号）、《基本建设项目建设成本管理规定》（财建〔2016〕504号）等文件，确保审核工作符合政策要求。

其次，在确定审核范围时，项目组还需考虑项目的具体情况。如项目规模、建设周期、验收情况以及建设期间政策的变化因素。例如，对于规模较大、建设周期较长的项目，审核范围可能需要扩展到多个年度或阶段；对于存在委托代建单位或不同建设单位的情况，审核范围还需涵盖各单位的财务和工程资料。

最后，项目组还需关注项目组织管理的复杂程度，如标段数量、决算编制基础工作协调难度等问题，确保审核范围的全面性和针对性。

（二）审核业务时间安排

审核业务的时间安排是确保审核工作按时完成的前提。项目组需要根据建设项目上级管理单位或委托单位的时间要求，合理制订审核计划，确保按时提交审核报告。时间安排至少应包括以下阶段：计划阶段、现场审核阶段（可根据情况分阶段开展）和报告编制阶段（最终审核）。

现场审核阶段（必要时可分阶段开展）是审核工作的核心环节，项目组需要根据审核范围,合理安排财务审核和工程结算审核的并行推进,确保审核工作高效进行。报告编制阶段(最终审核)则是对审核结果的汇总、分析及反馈,项目组需要确保审核报告的准确性和完整性。

此外,项目组还需进行沟通的时间安排,包括与建设项目管理单位的沟通会议、项目组内部会议(如预备会和总结会)、与专家或有关人士的沟通,以及与其他注册会计师的沟通。通过有效的沟通,项目组可以及时解决审核过程中遇到的问题,确保审核工作的顺利进行。

(三)影响审核业务的重要因素

在制定总体审核策略时,项目组需要充分考虑影响审核业务的重要因素,包括重要性、重要的组成部分和报表项目等。

1. 重要性水平

项目组需要结合项目的投资计划、概(预)算批复、投资完成情况及项目总体风险情况等,从定性和定量两个方面综合考虑重要性水平的确定。

在定性方面,项目组需要关注可能存在的重大错报风险,如资金使用不规范、工程变更未按规定程序审批等问题。

在定量方面,通常以建设项目的总投资额为基准,结合项目总体风险情况,可考虑按总投资额的一定比例来确定重要性水平(如0.5%—1%),一般情况下按照重要性水平的50%—75%确定实际执行的重要性水平(可容忍错报)。

实际执行过程中可根据不同标段或施工单位完成投资的比率分别确定,征地补偿拆迁费用则以报批区域支出额为基准测算。此外,还需关注特定类别的交易、账户余额或披露的重要性水平,以及明显微小错报的临界值(通常为重要性水平的5%—10%)。

在审核过程中,若发现重大变化或风险因素,可能需要对重要性水平进行调整,并相应修改审核程序的性质、时间安排和范围。

2. 识别重要的组成部分和报表项目

项目组需要识别项目中的重要组成部分和关键报表项目。例如,项目资本金、基建借款、交付使用资产、在建工程等通常是审核的重点。对于存在委托代建核算的情况,项目组还需明确各组成部分的审核范围,并针对性地选择需要重点关注的项目。通过识别重要组成部分及重要报表项目,有侧重地分配项目组的审核资源,确保审核工作的针对性和有效性。

(四)人员安排与资源调配

人员安排和资源调配是确保审核工作顺利开展的重要保障。项目组需要根据审核范围和时间安排,合理配置审核人员,明确各成员的主要职责。例如,项目负责人负责总体协调和审核报告的最终审定,财务审核人员负责资金使用情况的审核,工程审核人员配合财务审核人员进行工程结算审核报告结果的确认,对存在重大疑虑的交付使用资产数量等的审核。此外,对重大项目或风险较高的项目,项目组还需考虑与项目质量复核人员的沟通安排,确保审核工作的质量符合要求。

对于复杂或专业性较强的内容,项目组可能需要利用专家或其他注册会计师的工作。例如,对于征地拆迁、工程结算审核等专业性较强的内容,项目组可以借助外部专家或其他专业服务机构的意见,确保审核结果的准确性和权威性。

(五)审核方向的确定

审核方向的确定是总体审核策略的重要组成部分。项目组需要根据项目的具体情况和审核目标,明确审核的重点方向。例如,对于项目资本金,审核方向可能包括资金来源的合法合规、资金是否及时足额到位;对于资金使用情况,审核方向可能包括资金拨付的合规性、资金使用的真实性以及是否存在挪用等问题;对于存在重大疑虑的工程量和工程变更,审核方向可能涉及工程量计算的准确性、工程变更程序的合规性以及变更费用的合理性。

通过明确审核方向,项目组可以确保审核工作有的放矢,避免资源浪费和审核盲区。同时,项目组还需根据审核过程中发现的问题,及时调整审核方向，确保审核工作的全面性和有效性。

在审核实践中，注册会计师需要制定的总体审核策略参见示例3-1。

示例3-1：总体审核策略（见表3-1）。

表3-1　　　　　　　　　　总体审核策略

索引号：

被审核单位及建设项目名称：×××××××　　编制：　　日期：20××年××月××日

项目决算基准日：20××年××月××日　　　　复核：　　日期：20××年××月××日

一、审核范围

报告要求	列举
适用的准则、制度等	企业会计准则/政府会计准则……
适用的准则	《中国注册会计师其他鉴证业务准则第3101号——历史财务信息审计或审阅以外的鉴证业务》； 《会计师事务所从事基本建设工程预算、结算、决算审核暂行办法》（财协字〔1999〕103号）。
与竣工财务决算报告相关的法律法规及相关规定	《基本建设财务规则》（财政部令第81号）； 《基本建设项目竣工财务决算管理暂行办法》（财建〔2016〕503号）； 《基本建设项目建设成本管理规定》（财建〔2016〕504号）； 《中央基本建设项目竣工财务决算审核批复操作规程》（财办建〔2018〕2号）等。
制定审核策略需考虑的其他事项	(1) 项目具体情况，如规模、建设期间、项目验收情况以及建设期间政策的变化因素等。(2) 建设管理情况，如是否存在委托代建单位或不同的建设单位等。(3) 项目组织管理的难易程度，如是否存在标段众多、决算编制基础工作协调困难以及计划提交上级审批决算的时间限定等。 (4) 在组织实施审核时要考虑财务审核、工程实际完成量审核两方面同时并行审核，在时间及人员安排上亦需充分考虑。
……	

提示：适用的准测和制度除上述外，还要执行相应行业管理部门或上级单位制定的有关规定。

续表

二、审核业务时间安排

（一）对外报告时间安排：

| |
| |

提示：一般来说，管理较规范的基本建设项目竣工财务决算完成时间具有明确的要求，审核需要考虑建设项目上级管理单位时间的要求，合理组织实施以达到按时上报审核报告的要求。

（二）执行审核时间安排

执行审核时间安排	时 间
1. 计划阶段	
（1）制定总体审核策略	
（2）制订具体审核计划	
……	
2. 现场审核阶段 （可根据情况分阶段开展）	
3. 报告编制阶段（最终审核） ……	

（三）沟通的时间安排

所需沟通	时 间
与建设项目管理单位沟通的会议	
项目组会议（包括预备会和总结会）	
与专家或有关人士的沟通	
与其他注册会计师的沟通	
其他计划沟通事项	

续表

三、影响审核业务的重要因素

(一) 重要性

提示:竣工决算项目整体的重要性由于项目审核的保证程度较高,在设定项目重要性水平时,需要充分考虑项目的审核风险各影响因素,以及整个项目决算报表各项目的重要程度,从重大错报的定性及定量方面考虑确定。

(二) 可能存在较高重大错报风险的领域

可能存在较高重大错报风险的领域	索引号

(三) 重要的组成部分和报表项目

重要组成部分和报表项目	索引号
1. 识别出的重要组成部分	
2. 重要的报表项目	
项目资本金	
基建借款	
交付使用资产	
在建工程	
……	

提示:若基建项目中存在委托代建的,计划审核工作时需考虑审核范围、重要组成部分的确认,同时有针对性地选择需要重点关注的项目,并在时间及人员分工安排时综合考虑。

续表

四、人员安排

（一）项目组主要成员的责任

职位	姓名	主要职责

（二）与项目质量复核人员的沟通（如适用）

沟通内容	负责沟通的项目组成员	计划沟通时间

五、对专家或有关人士工作的利用（如适用）

（一）对内部审计工作的利用

主要项目	拟利用的内部审计工作	索引号

（二）对其他注册会计师工作的利用

其他注册会计师名称	利用其工作范围及程度	索引号

续表

(三) 对专家工作的利用

主要报表项目	专家名称	利用专家工作的原因	索引号

(四) 对被审核单位使用服务机构的考虑

主要项目	服务机构名称	服务机构提供的相关服务及其出具的报告意见及日期	索引号

提示：利用项目建设过程中各项审价的结果，如征地拆迁、工程结算审核等。

在审核实践中，注册会计师确定项目重要性水平底稿格式参见示例3-2。

示例3-2：重要性水平确定（见表3-2）。

表3-2　　　　　　　　重要性水平确定

索引号：

被审核单位及建设项目名称：××××××××　　编制：　　日期：20××年××月××日

项目决算基准日：20××年××月××日　　　　复核：　　日期：20××年××月××日

一、竣工决算项目整体的重要性

基准	基数	比率（%）	重要性水平参考值
请选择恰当的基准			
选择基准时考虑的因素			
确定的决算项目整体的重要性			
选择此分析方法的原因			

续表

提示：竣工决算项目整体的重要性由于项目审核的保证程度较高，在设定项目重要性水平时，需要充分考虑项目审核风险的各影响因素，以及整个项目决算报表各项目的重要程度，从重大错报的定性及定量方面考虑确定。

二、实际执行的重要性（可容忍错报）

占重要性的比例			
实际执行的重要性			
项目		金额	说明
建设单位管理费，按明细项发生的比率来确定重要性水平。			
征地补偿拆迁费用按现行法规属地报批征用的原则，按不同报批区域报批征用土地发生的征地补偿拆迁费支出额为基准来确定重要性水平。（如适用）			
尾工工程和预留费用，按分项工程和分类费用分别确定。（如适用）			

三、特定类别的交易、账户余额或披露的一个或多个重要性水平

是否存在特定类别的交易、账户余额或披露，其发生的错报金额虽然低于决算项目整体的重要性，但合理预期可能影响决算项目使用者决策的事项			是/否
如是，完成以下内容：			
交易、账户余额或披露	较低的重要性水平	较低的实际执行的重要性水平	考虑的因素

四、明显微小错报的临界值

比率（%）	明显微小错报的临界值	说明

续表

五、修改重要性

1. 修改决算项目整体的重要性

最初确定的决算项目整体的重要性	修改后的决算项目整体的重要性	说明

2. 修改特定类别的交易、账户余额或披露的重要性水平

交易、账户余额或披露	最初确定的特定类别的交易、账户余额或披露的重要性水平	修改后的特定类别的交易、账户余额或披露的重要性水平	说明

3. 修改决算项目整体的实际执行的重要性

最初确定的决算项目整体的实际执行的重要性	修改后的决算项目整体的实际执行的重要性	说明

4. 修改特定类别的交易、账户余额或披露的实际执行的重要性

交易、账户余额或披露	最初确定的特定类别的交易、账户余额或披露的实际执行的重要性水平	修改后的特定类别的交易、账户余额或披露的实际执行的重要性水平	说明

六、修改重要性对之前确定的进一步审核程序的性质、时间安排和范围的影响

二、具体审核计划

总体审核策略通常无法替代具体审核计划，注册会计师应根据建设项目的实际情况，有针对性地确定审查重点。在制订具体审核计划时，需综合考虑是否有效利用第三方工作成果、是否需要进行现场查勘核实，以及如何高效收集相关证据资料。此外，还应合理规划对项目组成员的指导与监督，明确对其工作进行复核的性质、时间安排和范围，以确保审核工作的全面、准确和高效。

（一）识别基本建设工程项目竣工财务决算审核重点

审核人员在审核基本建设工程竣工财务决算时，应当在基本建设工程结算审查事项的基础上，重点审查以下事项：

1. 工程项目概算执行情况，被审核单位是否有计划外建设项目，有无自行扩大投资规模和提高建设标准的情况；

2. 工程项目资金的来源、支出及结余等财务情况；各项费用支出是否合法，有无混淆生产成本和建设成本的情况；

3. 交付使用资产情况，交付使用资产是否符合条件，有无虚报完成及虚列应付债务或转移基建资金等情况；

4. 历年的各项基本建设拨款数额和结余资金是否真实、准确，应收回的设备材料以及拆除临时建筑和原有建筑的残值是否作价收回，对器材的盘盈、盘亏及销售盈亏是否按照有关规定及时处理；

5. 报废工程是否经主管部门审批；

6. 竣工投产时间是否符合国家相关规定；

7. 基本建设收入是否按照国家财务、会计制度的有关规定处理；

8. 有无隐匿、截留或拖延不交应交财政部门的竣工结余及各项收入；

9. 尾工工程的预留工程款及建设情况；

10. 有必要审查的其他事项。

(二) 计划现场查勘核实内容及时间安排

审核人员在审核基本建设工程竣工财务决算过程中,必要时,应通过委托人会同建设单位、施工单位,对以下项目进行现场查勘核实:

1. 分部或分项工程;
2. 实际施工用料偏离结算的工程项目;
3. 变更设计的工程项目;
4. 必须丈量的工程项目;
5. 交付使用的资产;
6. 预留的尾工工程;
7. 需要查勘的其他事项。

(三) 利用专家工作或第三方成果

评价并拟利用专家工作或第三方出具的结算报告,若对相关工程结算资料存在疑虑的,需对结算相关事项予以审查,重点审查以下事项:

1. 工程实施过程中发生的设计变更和现场签证;
2. 工程材料和设备价格的变化情况;
3. 工程实施过程中的建筑经济政策变化情况;
4. 工程索赔情况;
5. 补充合同的内容。

(四) 考虑特别风险所需获取的证据资料

审核人员在审核基本建设工程竣工财务决算遇到以下情况时,应当获取适当的证据:

1. 变更工程设计;
2. 建设单位提供材料和设备;
3. 变更不同资质的施工企业;
4. 改变工程项目的性质;

5. 提高或降低建设标准；

6. 计划外工程项目；

7. 其他应当获取证据的情况。

三、审核过程中对计划的更改

计划工作并非一个孤立的阶段，而是一个持续且不断修正的过程，贯穿整个业务的始终。例如，注册会计师在风险评估阶段可能初步评估建设成本管理内部控制风险水平较低，但在实施控制测试时获取的证据资料却无法支持这一评估结果。此时，注册会计师应当及时修改审核计划，并设计新的审核程序以应对实际情况的变化。

审核过程通常分为多个阶段，前一阶段的工作结果往往会对后续阶段的工作计划产生重要影响。同时，在后续阶段的工作中，可能会发现需要对已制订的计划进行更新和修改。这些更新和修改通常涉及较为重要的事项，可能包括审核程序的调整、审核资源的重新分配等。

如果注册会计师在审核过程中对审核计划作出重大更改，应当记录重大更改及其理由，并说明对导致此类更改的事项、条件或审核程序结果所采取的应对措施。

通过这种持续的计划调整和优化，注册会计师能够更有效地应对审核过程中出现的各种风险和挑战，确保审核工作的高质量和准确性。

在审核实践中，注册会计师编制具体审核计划底稿参考示例3-3。

示例3-3：××项目竣工财务决算审核具体审核计划。

××项目竣工财务决算审核
具体审核计划

一、项目建设基本情况

项目概况信息简要介绍：包括项目名称、建设地点、建设单位、项目批复情况（如立项批复、概算批复等）、建设规模及内容（如建筑面积、设备数量等）、投资总额及资金来源、建设周期（开工日期、竣工日期）、项目当前状态（是否竣工或验收）、主要参建单位（如设计、施工、监理单位等）。

提示：若项目有特殊或需要特别关注的事项（如征地拆迁、环保要求等）也一并列示。通过简要介绍，可以为后续审核工作提供必要的背景信息，帮助审核人员更好地理解项目的整体情况。

二、审核目标

本次竣工财务决算审核的主要目标是全面验证项目竣工财务决算的真实性、准确性和合规性，确保项目资金使用符合国家相关法律法规及项目批复文件的要求。通过审核，评估项目资金使用效率，发现并纠正可能存在的重大错报或违规行为，如资金挪用、虚报工程量、工程变更程序不合规等问题。最终，为项目竣工验收提供可靠的财务依据，确保项目顺利交付使用，并为后续资产管理奠定基础。

三、审核范围

本次审核的时间范围涵盖项目的整个建设周期，从项目筹建之日起至项目竣工财务决算20××年××月××日止。审核内容主要包括以下几个方面：

1. 项目投资计划执行情况，检查实际投资是否与批复的概（预）算一致；

2. 资金使用情况，包括资金来源、拨付及使用的合规性和真实性；

3. 工程量及工程变更情况，核实工程量计算的准确性及变更程序的合规性；

4. 资产交付使用情况，检查交付资产的完整性及价值合理性；

5. 待摊投资及其他费用，审核其合理性和合规性。

6. 相关财务报表及凭证，如项目竣工财务决算表、资金情况明细表、交付使用资产总表、待摊投资明细表等。

四、审核依据

本次审核工作严格依据国家相关法律法规、政策文件及行业标准进行，主要包括：中国注册会计师执业准则、财政部《会计师事务所从事基本建设工程预算、结算、决算审核暂行办法》等。同时，审核工作还将参考项目立项批复文件、概算及预算批复文件、项目合同及协议等，确保审核工作有据可依。此外，审核过程中将结合行业建设标准及财务规范，确保审核结果的权威性和准确性。

五、审核重点

本次审核的重点主要包括以下几个方面：

1. 资金来源及到位情况：

工程项目资金的来源、支出及结余等财务情况；各项费用支出是否合法，有无混淆生产成本和建设成本的情况；

确认资金来源的合法性、合规性，核实资金是否及时足额到位，是否存在资金缺口。

重点审查历年基本建设拨款数额和结余资金是否真实、准确，以及应收回的设备材料、拆除临时建筑和原有建筑的残值是否作价收回。

2. 资金使用情况：

检查资金拨付的合规性，核实是否存在挪用、浪费或超支现象，并确保资金使用与实际支出一致。重点审查各项费用支出是否合法，是否存在混淆生产成本和建设成本的情况，以及是否存在隐匿、截留或拖延不交应交财政部门的竣工结余及各项收入。

3. 资产交付情况：

交付使用资产是否符合条件，检查交付使用资产的完整性、准确性及资产价值的合理性。重点审查交付使用资产是否符合条件，是否存在虚报完成及虚列应付债务或转移基建资金等情况。

4. 待摊投资及其他费用：

审核待摊投资及其他费用的合理性和合规性，确保相关费用符合项目实际情况。

5. 工程项目概算执行情况：

审查工程项目概算的执行情况，核实是否存在计划外建设项目、自行扩大投资规模或提高建设标准的情况。

6. 尾工工程及预留工程款：

审查尾工工程的预留工程款及建设情况，确保尾工工程资金使用合理，项目整体完成情况符合要求。

7. 报废工程是否经主管部门审批；

8. 竣工投产时间是否符合国家相关规定；

9. 基本建设收入是否按照国家财务、会计制度的有关规定处理；有无隐匿、截留或拖延不交应交财政部门的竣工结余及各项收入；

10. 其他必要审查事项：

根据项目实际情况，审查其他有必要关注的事项，如器材的盘盈、盘亏及销售盈亏是否按规定处理等。

六、审核方式方法

审核方式方法主要为初步调查审核、实质性审核、分析性程序、现场核查等。

一是初步调查审核，收集项目相关资料，包括立项批复、预算批复、合同协议等，了解项目基本情况，评估审核风险；

二是实质性审核，核对财务报表与原始凭证的一致性，检查资金使用是否符合预算和合同约定，审查资产交付的完整性和准确性；

三是分析性程序，通过对比分析、趋势分析等方法，发现异常情况；

四是现场核查，必要时进行现场勘查，核实工程量和资产交付情况，确保审核结果的真实性和可靠性。

……

七、审核程序

1. 初步调查与计划阶段，收集项目相关资料，包括立项批复、预算批复、合同协议等，了解项目的基本情况，评估审核风险；

2. 控制测试阶段，通过控制测试，了解被审核项目的控制活动，测试控制运行的有效性，根据测试结论，确定对实质性程序的性质、时间安排和范围的影响；

3. 实质性审核阶段，核对财务报表与原始凭证的一致性，检查资金使用是否符合预算和合同约定，审查资产交付的完整性和准确性等；

4. 分析性程序阶段，通过对比分析、趋势分析等方法，发现异常情况或潜在风险；

5. 必要时进行现场勘查，核实工程量和资产交付情况，获取第一手证据，验证书面资料的准确性；

6. 在问题汇总与沟通阶段，汇总审核中发现的问题，并与建设单位、施工单位等相关方进行沟通，核实问题并确定审核结果；

7. 审核报告编制阶段，根据审核结果编制审核报告，包括审核发现问题分析、整改建议及结论。

……

八、审核人员及分工

为确保审核工作高效开展，审核团队分为三个小组：一是财务审核组，负责资金使用情况、资金来源及到位情况的审核；二是工程审核组，配合财务审核组进行工程结算审核报告结果的确认，对存在重大疑虑的交付使用资产数量等的审核；三是法律合规组，负责审核项目合规性及合同执行情况。各小组分工明确，协同合作，确保审核工作全面覆盖项目的财务、工程和管理等方面。

具体人员及工作内容详细分工如下：

……

九、时间安排

本次审核工作的时间安排如下：

1. 计划阶段（20××年××月××日—20××年××月××日），主要任务是收集资料，制订总体审核策略和具体审核计划；

2. 现场审核阶段（20××年××月××日—20××年××月××日），开展实质性审核及现场核查；

3. 报告编制阶段（20××年××月××日—20××年××月××日），汇总审核结果，编制审核报告；

4. 档案整理归档阶段（20××年××月××日—20××年××月××日），在规定时间内整理项目档案，并提交给档案管理部门归档。

通过合理的时间安排，确保审核工作按时完成。

十、审核风险及应对措施

本次审核工作可能面临以下风险：一是资料缺失或不完整，可能导致审核工作无法顺利进行；二是资金使用不规范，可能存在挪用或浪费现象；……。

针对这些风险，审核团队将采取以下应对措施：一是提前与项目单位沟通，确保资料齐全；二是加强资金流向的追踪，核实每一笔支出的真实性；……。通过有效的风险应对措施，确保审核工作的顺利进行。

十一、审核报告

审核报告是本次审核工作的重要成果，其内容主要包括基本建设程序批复执行及建设管理情况、工程完成投资审核情况、竣工财务决算审核情况、项目概（预）算执行情况、审核结论及意见等。报告应确保内容清晰、结构完整。审核报告将作为项目竣工验收的重要依据，为项目竣工财务决算审批和后续资产管理提供参考依据。

十二、后续跟进

为确保审核成果的有效落实，审核团队将制订整改跟踪计划，对审核中发现的问题进行跟踪，确保问题得到及时整改。同时，审核团队将对整改情况进行复核，确保问题彻底解决。通过后续跟进工作，确保项目竣工财务决算的真实性、准确性和合规性，为项目顺利交付使用提供保障。

（提示：后续跟进根据签署的审核业务约定书确定是否需要实施。）

第四章

风险评估及应对

随着被审核单位经营环境的日益复杂和审计期望差距的扩大,传统审计方法的局限性日益凸显,鉴证类业务的实施需将风险导向审计方法论贯穿审核全过程,以起到降低审计风险、提高审核质量和效率的作用,并更好地满足社会公众对注册会计师行业的期望。

风险导向审计方法论要求注册会计师实施风险评估程序,了解被审核企业及其环境、适用的竣工决算报告编制基础和内部控制体系各要素,并识别和评估决算报表层次及认定层次的重大错报风险,为设计和实施总体应对措施和进一步审计程序,应对评估的重大错报风险提供依据。

风险评估程序应当包括:询问管理层、适当的内部审计人员(如有),以及注册会计师判断认为可能掌握有助于注册会计师识别由于舞弊或错误导致的重大错报风险信息的被审核企业内部其他人员;分析程序;观察和检查。注册会计师应当考虑在客户接受或保持过程中获取的信息是否与识别重大错报风险相关。应当注意的是,风险评估程序本身并不足以为发表审核意见提供充分、适当的审核证据,注册会计师还应当在实施风险评估程序的基础上设计和实施进一步审核程序,包括实施控制测试(必要时或决定测试时)和实质性程序,获取充分、适当的审核证据,得出合理的审核结论,作为形成审核意见的基础。

一、了解被审核单位及其环境

注册会计师通过了解被审核单位及其环境，以识别和评估可能影响基本建设竣工决算报告披露相关的重大错报风险（包括因舞弊或错误导致的错报）。具体包括：

（一）行业状况、法律环境与监管环境以及其他外部因素

审核人员需要全面了解被审核项目所处的行业环境、政策法规要求及外部监管情况。这些因素直接影响项目建设的合规性和财务决算的准确性，是风险评估的重要基础。

审核人员需要关注项目的建设背景和实施情况，了解项目建设实际规模、工期与批复的符合性，了解重大变更审批手续；项目建设管理单位组织架构、人员资质及配备情况；建设期间管理单位变更情况，包括变更原因、移交手续及账务衔接。特别关注擅自调整建设内容、频繁更换管理人员、移交资料不全等风险信号。对政府机构改革或企业改制导致的变更，需核查相关批文及资产划转文件。

在法律法规和监管要求方面，审核人员必须熟悉项目适用的财务决算编制规范和相关行业标准。需要重点核查项目是否取得各职能部门要求的批准文件，包括用地审批、环境影响评价、文物保护等各类行政许可。对于尚未完成的审批事项，要评估其对项目竣工决算可能产生的影响。同时，各项法定验收程序的完成情况也需要逐一核实，包括工程质量验收、消防验收、规划验收等专项验收，未完成的验收程序可能会影响资产的正常交付使用。

外部环境因素对项目建设的影响同样不容忽视。宏观经济政策的调整、行业监管要求的变化都可能对项目产生直接影响。此外，自然灾害、突发事件等不可抗力因素也需要纳入考量范围。审核人员需要通过查阅项目资料、实地考察、访谈相关人员等方式，全面收集相关信息，准确评估

各类外部因素可能带来的风险，为后续审核工作提供明确方向，确保能够及时发现可能存在的重大错报风险。

了解行业状况、法律环境与监管环境以及其他外部因素时，可以实施的风险评估程序示例如下：

1. 系统检查项目前期取得的各项行政许可文件，包括但不限于建设用地规划许可证、环境影响评价批复、建筑工程施工许可证等，并关注是否存在行政处罚记录。

2. 通过结构化访谈方式，向项目管理层了解行业特性、政策执行情况及监管重点，必要时向相关行政主管部门进行合规性咨询确认。

3. 对比分析项目主要技术经济指标与行业基准数据的差异，评估原材料价格波动对工程造价的影响程度，核查资金到位进度与工程建设进度的匹配性。

4. 系统梳理可能对项目产生实质性影响的外部环境因素，包括政策调整、市场变化等，并初步评估其潜在风险等级。

（二）被审核单位的性质

审核人员需要了解被审核单位的法律组织形式与所有权结构，查看被审核单位工商登记信息，包括其注册类型、上级单位或股东构成以及实际控制人情况等法律组织形式，并了解项目投资主体的所有权结构。对于政府投资项目，要明确主管部门与实施单位之间的权责关系。

审核人员需了解被审核单位内部设置的项目建设管理机构，包括工程、预算、财务等关键部门的职能划分和人员配置。特别要注意是否存在临时组建项目指挥部等特殊组织形式，以及各职能部门之间的协作机制是否健全。

了解项目建设管理模式，采用的是传统的建设单位自管模式，还是代建制、工程总承包等新型管理模式。不同的管理模式将会有不同的责任划分和风险承担方式，这将直接影响竣工决算中各参建单位的工作界面划分和费用确认标准，同时关注项目管理团队的专业资质和实际履职能力。

在业务特征方面，需要了解被审核单位的主营业务特点和行业属性、建设项目的功能定位、建设规模和预期效益等，分析其在被审核单位整体业务布局中的战略地位。不同类型的建设项目，如基础设施、产业园区或公共建筑等，其建设标准和财务处理要求都存在显著差异。

了解项目投资的资金来源构成，包括财政拨款、银行贷款、自筹资金等各类资金的到位比例和使用情况。同时要关注项目债务的承担主体和偿还责任，特别是对于采用PPP等融资模式的项目，更要厘清各方的财务权责关系。

另外，关联方关系是需要特别关注的领域，审核人员应当了解被审核单位与设计、施工、监理等参建方之间可能存在的股权、人事或其他利益关系，了解项目建设过程中发生的重大关联交易，包括材料采购、服务委托等环节，这些可能会成为财务舞弊的重大风险领域。

了解被审核单位的性质时，可以实施的风险评估程序示例如下：

1. 查阅、查询被审核单位资料，包括但不限于营业执照（法人证书）、章程等，分析治理层和管理层结构。

2. 获取部门职责文件，访谈关键岗位人员，核查组织架构与实际管理是否一致。

3. 通过访谈或查阅合同协议、重大事项决策记录等，了解项目管理模式。

4. 查看银行流水、借款协议，了解资金来源渠道与到位情况、项目债务承担主体。

5. 获取关联方清单、抽查重大交易合同、分析交易的公允性，排查异常利益输送。

（三）对会计政策的选择和运用

审核人员需要了解被审核单位采用的会计政策是否符合所执行的会计制度和《基本建设财务规则》等规定，包括工程物资的计量方法、固定资产初始计量政策、在建工程成本归集方法等关键会计政策的选用，并应关注会计政策变更的审批程序是否合规,变更后的账务调整是否符合准则要求。

结合被审核单位所属行业,了解其是否存在特殊的政策,以及重大和异常交易的会计处理方法是否恰当;了解被审核单位对新颁布会计准则、法律法规的执行时点及财务影响,重点关注准则变更的衔接处理是否合规、追溯调整是否恰当。

了解被审核单位关于会计政策的选择和运用时,可以实施的风险评估程序示例如下:

1. 核对单位会计政策与会计准则、基建财务规则的符合性,如固定资产暂估入账、待摊投资分摊等高风险领域政策的合规性,记录存在的政策差异并评估其对决算数据的影响程度。

2. 重大业务抽样测试。选取 3—5 项典型业务(如征地拆迁补偿、甲供材核算、工程价款结算等)的账务处理是否符合政策。

3. 检查会计政策变更的审批程序及账务调整情况,评估变更对决算数据的累积影响金额。

4. 验证行业特殊政策的执行依据,如铁路联调联试批复及验收标准。

(四)被审核单位的目标及相关经营风险

审核人员需要了解建设单位的目标及其建设项目的经营风险,并在审核过程中实施针对性的应对程序。

建设单位通常基于财务报告可靠性、法规遵从性及资产保全性等方面设定具体管理目标。如在财务报告层面,确保竣工决算真实、完整地反映项目建设成本和形成的资产价值,符合《基本建设财务规则》等法规的披露要求;在合规性层面,确保项目全周期建设活动符合国家法律法规及行业监管规定;在资产管理层面,准确确认和计量形成的各类资产,规范资产交付流程,合理处置结余资金和物资等。

建设项目管理过程中,可能会涉及多方面的经营风险。如成本超支,因设计变更、物价上涨导致实际支出超概算,以及成本归集错误或人为虚报等问题；资产计量不准确，包括暂估入账依据不足、征地资产权属不清、交付资产不完整；资金管理违规，建设资金被挪用、配套资金不到位或专项资金使用不合规；基建程序违规，未批先建、概算控制失效、招投标不规范、设计变更违规、施工许可缺失、验收手续不全；政策变动风险：行业监管、税收、环保等政策调整带来的额外成本或返工风险等。

在竣工决算审核中，审核人员需了解被审核单位的风险评估过程。了解单位是否建立完善的风险评估机制，包括定期识别、分析和应对各类经营风险；关键风险管控措施的实际执行情况，如成本超支的预防机制、资金支付的审核流程，以及项目验收的合规性控制；是否存在对重大风险的预警系统以及责任追究制度的有效性，确保单位具备应对特殊风险的能力。

了解被审核单位的目标及相关经营风险时，可以实施的风险评估程序示例如下：

1. 查阅被审核单位的风险管理制度和流程文件，评估其覆盖范围和适用性。

2. 查看项目前期形成的风险评估报告，关注已识别出的重大风险类型、评估依据及采取的应对措施是否合理有效。

3. 将项目实际执行数据与预期指标进行对比分析，识别是否存在重大偏差及潜在风险因素。

4. 与项目管理人员座谈，了解其对项目风险的认知程度、日常风险评估方法及风险应对策略。

（五）对财务业绩的衡量和评价

基本建设项目的财务业绩指标涉及投资计划、资金管理、成本控制、资产交付及合规性等多个关键领域，包含定量与定性指标。设计科学的指标体系既能确保合规运营，又能提升管理效率、防控风险，并发挥积极的绩效引导作用。

基本建设项目财务业绩衡量指标、作用及可能存在的风险点如表4-1所示。

表4-1　　　　　　　　　财务业绩衡量指标

指标类别	指标名称	作用	风险点评价
投资计划执行	投资完成率	衡量年度或整体投资计划的执行进度	完成率低→进度滞后或资金问题
	概算执行偏差率	评估项目总成本是否超概算	偏差超±10%可能需调整审批，或反映管理不善
资金管理	资金到位率	检查资金来源（财政、自筹等）的及时性	到位率低→工程款拖欠、停工风险
	建设资金合规率	核查资金是否专款专用，避免挪用、挤占	合规率低→违规使用资金，可能面临审计处罚
成本控制	单位工程成本超支率	分析单项工程（如土建、安装）的成本控制效果	超支率高→预算编制不合理或施工浪费
	待摊投资分摊合理性	确保间接费用（管理费、征地费）合理分摊至资产	分摊不当→资产价值虚增或虚减，影响后续折旧
资产交付与效益	资产交付率	评估项目建成后转为固定资产的效率	交付率低→验收滞后或产权纠纷，影响运营
	静态投资回收期（经营性项目）	初步测算项目回本周期（适用于盈利性项目）	回收期过长→投资效益差，可行性存疑
合规性	建设程序合规率	核查关键程序（招标、验收等）是否合法合规	程序缺失→项目合法性风险，可能被责令整改
	工程结算审减率	反映施工单位高估冒算风险，体现造价控制力度	审减率高→结算水分大，需加强过程监管
……			

审核人员需了解被审核单位关于基本建设相关的财务业绩指标设计的合理性，特别警惕可能诱发舞弊的设计缺陷，如过度强调进度指标、设置不切实际的目标或存在可操纵性指标，以防范财务造假风险。通过查阅决算报表、访谈、现场核查等方式获取信息，并分析财务业绩指标，有助于审核人员识别与项目管理相关的潜在风险点，进而为确定审核重点提供参考依据。

在对财务业绩衡量和评价时，可以实施的风险评估程序示例如下：

1. 通过复核业绩考核制度，分析指标设计的合理性与项目特性的匹配度，评估是否存在易被操纵的缺陷指标。

2. 抽样验证业绩数据的真实性，执行分析程序识别异常波动。

3. 对比实际完成值与考核目标，调查重大差异原因，评估调整依据是否充分适当。

4. 了解绩效考核与奖惩的关联性，分析管理层压力因素。

5. 收集行业基准数据，比较关键指标差异，评估偏离度的商业合理性。

在审核实践中，注册会计师需要编制的审核工作底稿格式参见示例4-1。

示例4-1：了解被审核单位及其环境（不包括内部控制、以企业为例）（见表4-2）。

表4-2　了解被审核单位及其环境（不包括内部控制、以企业为例）

被审核单位及建设项目名称：×××××××	编制：	索引号： 日期：20××年××月××日
项目决算基准日：20××年××月××日	复核：	日期：20××年××月××日

一、注册会计师的目标

通过了解被审核单位及其环境，识别和评估可能影响基本建设竣工决算报告披露相关的重大错报风险（包括因舞弊或错误导致的错报）。

二、行业状况、法律环境与监管环境以及其他外部因素

（一）实施的风险评估程序

风险评估程序	执行人	执行时间	索引号
1. 检查项目前期取得的各项行政许可文件，关注是否存在行政处罚记录。			
2. 访谈项目关键人员，了解行业特性、政策执行情况及监管重点。			
3. 对比分析项目主要技术经济指标与行业基准数据的差异。			
4. 梳理可能对项目产生实质性影响的外部环境因素，包括政策调整、市场变化。			
……			

续表

(二) 了解的内容和评估出的风险

1. 项目建设状况、项目建设管理单位状况以及历经变更或撤并情况等

> 提示：需了解项目建设实际规模、工期与批复的符合性，了解重大变更审批手续；项目管理单位资质、组织架构及人员配备情况；建设期间管理单位变更情况，包括变更原因、移交手续及账务衔接。特别关注：擅自调整建设内容、频繁更换管理人员、移交资料不全等风险信号。对政府机构改革或企业改制导致的变更，需核查相关批文及资产划转文件。

2. 法律环境及监管环境

（1）适用的财务报告编制基础和行业特定惯例（国家以及行业关于竣工决算编制的法律法规以及规范性文件及要求）。

> 提示：明确项目决算适用的法规（如《基本建设项目竣工财务决算管理暂行办法》）、行业规范（如铁路项目的动态/静态验收标准），确保决算报告符合编制基础要求。

（2）对工程建设项目实施过程中各职能部门监管情况（土地管理、环水保、文物等部门监管的结果以及遵守情况进行了解）。

> 提示：检查土地、环评、文物等职能部门的验收或处罚记录，识别未解决的合规问题（如未取得环评批复）可能导致的财务风险。

（3）对于建设项目实施达到预定可使用状态时各项验收的了解（如动态验收、静态验收等）。

> 提示：核实项目是否完成所有法定验收（如消防、环保等），若存在未完成项，需评估其对资产结转或后续支出的影响。

3. 其他外部因素

> 提示：关注宏观经济政策（如财政拨款调整）、行业特殊要求或不可抗力对项目成本、工期及决算金额的潜在影响。

三、被审核单位的性质

（一）实施的风险评估程序

风险评估程序	执行人	执行时间	索引号
1. 查阅、查询被审核单位资料，如营业执照（法人证书）、章程，分析治理层和管理层结构。			

续表

风险评估程序	执行人	执行时间	索引号
2. 获取部门职责文件，访谈关键岗位人员，核查组织架构与实际管理是否一致。			
3. 通过访谈或查阅合同协议、重大事项决策记录等，了解项目管理模式。			
4. 查看银行流水、借款协议，了解资金来源渠道与到位情况、项目债务的承担主体。			
5. 获取关联方清单、抽查重大交易合同、分析交易条款公允性，排查异常利益输送。			
……			

（二）了解的内容和评估出的风险

1. 被审核单位的法律组织形式与所有权结构

> 提示：了解被审核单位的性质（国有/民营/外资等）、法人治理结构及股权构成、与上级主管部门的隶属关系等。

2. 被审核单位内部设置的项目建设管理机构。

（1）获取或编制被审核项目建设管理单位组织管理结构图。

（2）对图示内容作出详细解释说明。

> 提示：了解项目建设管理的组织体系、各职能部门的分工与职责、关键管理人员的任职情况等。

3. 项目建设管理模式

> 提示：了解项目法人责任制执行情况、采用的工程管理模式（自营/代建/EPC等）、主要参建单位的角色定位等。

4. 业务活动特征

> 提示：了解主营业务范围与行业特性、项目建设的具体内容与规模、项目在单位整体业务中的定位等。

5. 资产结构与资金来源

> 提示：了解项目投资的构成比例、资金来源渠道与到位情况、项目债务的承担主体等。

续表

6. 关联方关系

提示：了解与各参建单位的关联关系、重大关联交易的识别、利益输送风险的评估等。

四、对会计政策的选择和运用

（一）实施的风险评估程序

风险评估程序	执行人	执行时间	索引号
1. 核对单位会计政策与会计准则、基建财务规则的符合性。			
2. 抽查重大业务（如征地拆迁补偿、甲供材核算、工程价款结算）的账务处理是否符合政策。			
3. 检查会计政策变更的审批程序及账务调整情况。			
4. 验证行业特殊政策（如铁路联调联试支出）的执行依据。			
……			

（二）了解的内容和评估出的风险

1. 被审核单位选择和运用的会计政策

重要的会计政策	被审核单位选择和运用的会计政策	对会计政策选择和运用的评价
工程物资的计量	按实际成本计量（含买价+运杂费） 甲供材单独建账核算 每季度末进行减值测试	符合《基本建设财务规则》要求 需关注乙供材与甲供材核算界面的清晰性 减值测试方法需与行业特性匹配
固定资产的初始计量政策	竣工验收后按暂估价入账 12个月内完成竣工决算调整 联合试运转支出全额资本化	暂估比例合理性需验证 决算调整时限应符合财建〔2016〕503号文要求 资本化处理需与税务政策协调
在建工程成本归集政策	建安工程按监理确认的进度结算 设备投资按到货验收单入账 待摊投资按实际发生额分摊 超概算部分单独标注报批	进度结算需与支付凭证交叉核对 设备入账时点严格匹配验收流程 超概算处理程序需检查审批完整性

续表

重要的会计政策	被审核单位选择和运用的会计政策	对会计政策选择和运用的评价
竣工决算编制政策	采用"实际成本法"编制交付资产表 待摊投资按各单项工程概算比例分摊 预留费用不超过总投资的5%	分摊方法选择需说明合理性 预留费用比例需对照行业惯例（如铁路项目通常为3%） 需检查资产分类的准确性
特殊交易处理政策	停缓建期间费用直接计入当期损益 征地拆迁费按补偿协议资本化 建设期利息按实际发生额资本化（不超过批准概算）	停缓建处理需与《企业会计准则解释第15号》衔接 拆迁补偿需查验权属文件 利息资本化金额需与金融机构对账

2. 会计政策变更的情况

原会计政策	变更后会计政策	变更日期	变更原因	对变更的处理（调整、列报等）	对变更的评价

3. 对重大和异常交易的会计处理方法

4. 新颁布的会计准则、法律法规的执行时点及财务影响

五、被审核单位的目标及相关经营风险

（一）实施的风险评估程序

风险评估程序	执行人	执行时间	索引号
1. 查阅被审核单位的风险管理制度和流程文件，评估其覆盖范围和适用性。			
2. 查看项目前期形成的风险评估报告，关注已识别出的重大风险类型、评估依据及采取的应对措施是否合理有效。			

续表

风险评估程序	执行人	执行时间	索引号
3. 将项目实际执行数据与预期指标进行对比分析，识别是否存在重大偏差及潜在风险因素。			
4. 与项目管理人员座谈，了解其对项目风险的认知程度、日常风险评估方法及风险应对策略。			
……			

（二）了解的内容和评估出的风险

1. 目标

> 提示：建设单位通常基于财务报告可靠性、法规遵从性及资产保全性等方面设定具体管理目标。

2. 相关风险

> 提示：建设项目管理过程中，可能会涉及多方面的经营风险。如成本超支、资产计量不准确、资金管理违规、基建程序违规及政策变动风险等。

3. 被审核单位的风险评估过程

> 提示：重点关注被审核单位的风险管理体系，如是否建立完善的风险评估机制，关键风险管控措施的实际执行情况，是否存在对重大风险的预警系统以及责任追究制度的有效性等。

六、对财务业绩的衡量和评价

（一）实施的风险评估程序

风险评估程序	执行人	执行时间	索引号
1. 检查指标设计是否合理，防止可操纵漏洞。			
2. 对比目标完成情况，分析重大差异。			
3. 评估考核压力，排查舞弊动机。			
4. 参照行业标准，判断业绩合理性。			
……			

（二）了解的内容和评估出的风险

1. 关键业绩指标设定及目标值

> 如：投资完成率、概算执行偏差率、资金到位率、建设资金合规率、单位工程成本超支率、待摊投资分摊合理性、资产交付率等指标的设定。

续表

2. 业绩指标的完成情况及分析比较

3. 管理层和员工业绩考核与激励性报酬政策

4. 指标设定合理性分析及潜在的风险点评价

二、了解和评价与基本建设项目相关的内部控制

基本建设项目竣工财务决算审核的对象是建设项目。一个建设项目往往涉及多个主体，常见的主体包括建设单位（业主）、设计单位、施工单位、监理单位，以及政府部门、供应商等。建设单位是项目发起人，对建设项目承担的责任和管理贯穿项目立项、设计、招标、施工、验收的全过程，承担核心决策责任及质量安全首要义务，也是项目最终效益的归属者，需对投资回报和风险负责。可见，建设单位是建设项目成败与否最关键的主体，是建设项目的决策者和全面管理者，也是最终建设项目竣工决算的编报者。因此，建设单位良好的内部控制通过制度约束、流程规范、风险防控、监督问责等，为建设项目竣工财务决算审核提供系统性保障。注册会计师在竣工财务决算审核风险评估阶段，应当对建设单位相关的内部控制进行了解，评价这些控制的设计并确定其是否得到执行。

建设项目的内部控制体系普遍采用内部控制的五要素框架，这一框架不仅是理论共识，也是我国内部控制基本规范的要求。注册会计师需要针

对建设单位的内控五要素,即:控制环境、风险评估、信息与沟通、控制活动、内部监督来了解和识别与建设项目竣工财务决算审核相关的内部控制。了解与竣工财务决算审核相关的控制具体包括:

(一)了解和评价建设单位控制环境

内部环境作为基础要素,建设单位需建立明确的组织结构、权责分工和制度文化。通过规范治理结构和政策执行,确保项目目标与战略一致性。良好的内部环境能够促进权责分明,提升效率,和谐合作。

1. 了解建设单位控制环境,通常包括:

(1)诚信与道德价值观。建设单位需对诚信和道德价值观做出承诺,确保管理层和员工在日常工作中遵守这些原则。管理层的风险意识、诚信度及对内部控制的重视程度直接影响控制环境。建设单位需通过高层管理强化内部控制的重要性,并在组织各层级以及其他参建主体(设计、施工、监理单位及物资供应商等)贯彻这种要求。例如,在招标环节设立独立监督机构以避免利益冲突。

建设单位企业文化的塑造应与项目目标和战略一致。建设项目具有一次性和不可逆转性,建设过程对质量、安全、进度和投资成本控制要求很高,因此建设单位文化建设往往需注重员工的责任感、协作意识、质量意识及成本控制意识,如是否强调质量至上、安全为本、协作共赢、诚信履约等价值观。

(2)建设单位组织形式和架构。建设单位应依据相关法律法规,建立规范的法人治理结构。建设单位的组织形式和架构是控制环境的基础,其合理性、科学性和灵活性直接影响内控体系的有效性与建设效率和效果。

我国建设单位常见的组织形式主要有项目法人制、代建制、工程指挥部模式、项目管理公司模式、单位自营建设等,它们有各自的特点和适用范围。建设单位常见的组织形式、特点及适用范围如表4-3所示。

表4-3　　　　　　　　　　建设单位组织形式

组织形式	特　点	适用范围
项目法人制	（1）全过程责任主体：项目法人对项目的策划、资金筹措、建设实施、生产经营、债务偿还和资产保值增值实行全过程负责。 （2）产权关系明晰：以现代企业制度为基础，明确产权所有者与管理者的职责划分，形成市场化运作机制。 （3）风险约束机制：通过法人责任制强化投资风险约束，严格执行招投标、监理、合同管理等制度。 （4）法律地位明确：项目法人需具备独立法人资格，依法承担法律责任，接受政府监管。	（1）经营性项目：如能源、交通、工业等需自负盈亏的国有大中型项目。 （2）政府重点工程：如基础设施、公共工程（如奥运场馆）等，通过法人招标引入社会资本。 （3）市场化运作要求高的项目：需平衡融资、建设、运营全周期效益的项目。
代建制	（1）专业化管理：由专业代建单位负责建设实施，代行业主职能，控制投资、质量、工期。 （2）权责分离：使用单位与代建单位分离，避免"三超"（超概算、超工期、超投资）问题。 （3）合同约束：代建单位需提交履约保函（约为工程概算的10%），强化责任履行。 （4）适用范围分层：根据投资规模（如3000万元以上）或项目性质（非经营性）强制推行。	（1）政府非经营性项目：如学校、医院、保障性住房等公益性项目。 （2）业主管理能力不足的项目：使用单位缺乏专业团队时，委托代建单位全过程管理。 （3）分散性工程：如农田水利等需协调多方关系的项目，但需注意农村矛盾协调难、管理费用高等问题。
工程指挥部模式	（1）行政权威性：由政府主管部门牵头组建，依靠行政手段协调征地、拆迁等外部关系。 （2）临时性组织：项目完成后指挥部解散，人员返回原单位，难以积累管理经验。 （3）工期导向：注重快速推进，但易忽视成本控制和质量提升。 （4）半军事化管理：适用于大型集中攻坚项目，如电力、桥梁等。	（1）国家战略工程：如高铁、核电站等需集中资源快速建设的项目。 （2）紧急抢险工程：如灾后重建、疫情防控设施。 （3）政府主导的复杂项目：需跨部门协调的市政工程（如城市轨道交通）。

续表

组织形式	特 点	适用范围
项目管理公司模式	(1) 专业化服务：项目管理公司提供全过程或分阶段管理，优化设计与施工衔接。 (2) 集成化管理：统一协调设计、采购、施工，减少变更与矛盾。 (3) 风险分担：业主通过合同将管理责任转移给项目管理公司，但需承担费用失控风险。 (4) 灵活适用性：可定制服务内容（如前期咨询、施工管理）。	(1) 技术复杂的大型项目：如石化、航空航天等需高度专业化的工业项目。 (2) 国际融资项目：需协助融资和风险管理的跨境工程。 (3) 业主资源有限的项目：如房地产开发商同时运作多个项目时，委托项目管理公司提高效率。
单位自营建设	(1) 业主自主管理：自行组织施工力量，全程控制设计、采购、施工。 (2) 灵活性高：适用于特殊技术要求（如煤矿掘进）或分散的小型项目。 (3) 成本与效率矛盾：集中管理但专业化水平低，易导致资源浪费。 (4) 会计处理复杂：需归集直接材料、人工及间接费用，增加了财务管理难度。	(1) 生产配套工程：如企业自建厂房、生产线升级。 (2) 零星工程：规模小、分布散的项目（如乡村道路维修）。 (3) 特殊技术要求项目：如军事设施、保密工程等。

不同模式的选择需综合考虑项目性质（经营/非经营）、规模、技术复杂度、业主能力及政策要求。例如：政府非经营性项目优先采用代建制，兼顾效率与规范；国家战略性工程适用工程指挥部模式，发挥行政协调优势；市场化大型项目推荐项目法人制或项目管理公司模式，保障全周期效益；零小项目、配套工程等一般采用单位自营建设。注册会计师应充分了解建设单位采取的组织形式及采取该组织形式的适用性，并与建设单位组织结构和权责分配相结合。

（3）组织结构和权责分配。健全的治理结构、科学的内部机构设置及合理的权责分配是控制环境的重要组成部分，有助于实现有效的分工和制衡机制。包括决策层（如董事会、管理层）的职责分工、项目管理部门的设置及权责匹配,如,建设项目中明确归口管理部门并建立审核审批制度,是否存在不相容岗位分离(如招标与评标岗位分离),以及是否通过组织架构设计形成制衡机制。

建设单位典型部门设置与职能划分(以大型基建项目为例)如表 4-4 所示。

表 4-4　　　　　　　　建设单位部门设置及职能

部门名称	主要职能
工程技术部	技术方案制定、施工规范执行、技术问题解决
安全质量部	安全监督、质量检查、事故预防与处理(需专职设置,不可兼职)
计划合同部	预算编制、招标管理、合同履行监督
物资设备部	材料采购、设备调度与维护
财务部	资金管理、成本核算、付款审核
综合办公室	行政支持、法律事务、对外协调

根据建设项目特点,可能有些职能需要拓展,设置独立的部门,如高速公路改扩建项目中设置交通组织协调部,负责施工与运营交通的统筹;设置研发部门,推动绿色建筑、智能施工技术的研发与应用;如项目征地拆迁任务较繁杂,可设置征地拆迁部等。

权责分配包括纵向权责链设计和横向协同机制两个维度。

纵向维度包括:

决策层(如项目管理委员会):负责战略决策、资源分配、重大风险审批。

执行层(如项目经理):负责目标分解、日常决策、跨部门协调。

操作层(如专业工程师):负责任务执行、现场问题反馈。

横向维度包括:

明确流程接口定义:明确跨部门协作的输入输出(如设计部向施工部移交图纸的验收标准);

建立冲突解决规则:设立仲裁委员会或指定高层管理者处理部门间权责争议。

（4）人力资源政策与员工能力。建设单位员工的核心能力一般需要涵盖以下几方面：

①专业知识与技能。如：掌握建筑、工程管理等相关专业知识，熟悉国家和地方的建筑法规；具备识读施工图、测量、施工工艺与管理、质量检测等基本技能；熟悉合同管理、索赔处理、招标投标文件编制等。

②沟通与协调能力。如：能够清晰表达观点，与设计单位、施工单位、监理单位等有效沟通，解决项目中的问题；具备团队协作精神，能够跨部门合作，促进项目顺利进行。

③项目管理能力。如：能够合理安排工程进度，进行成本控制和质量管理；掌握项目策划与启动、施工管理、变更管理、竣工验收等全过程管理能力。

④风险控制与安全管理。如：具备识别和控制工程风险的能力，制定应对策略；熟悉施工现场安全管理措施，确保施工安全。

⑤学习与适应能力。持续学习新知识、新技能，适应行业变化；具备较强的自我提升能力和创新意识。

⑥职业道德与职业素养。遵纪守法，诚实守信，爱岗敬业，具有良好的职业道德；具备社会责任感，注重环境保护和资源节约。

⑦其他能力。具备一定的计算机应用能力，如办公软件使用和BIM技术应用；具有较强的分析问题和解决问题的能力。

建设单位的人力资源政策主要包括以下几个方面：

①员工招聘与录用。制订招聘标准、流程及试用期规定，确保招聘过程的公开、公平和透明。

②培训与发展。包括岗前培训、岗位继续教育培训、内部技能培训等，以提升员工技能和职业素养。

③薪酬与福利。建立合理的薪酬体系，确保员工获得公平合理的报酬，并提供社会保险等福利保障。

④绩效考核。通过考核机制评估员工表现，明确奖惩措施，激励员工提高工作效率。

⑤晋升与职业发展。制订晋升规划，为员工提供职业发展路径，鼓励员工参与企业长期发展。

⑥劳动关系管理。维护和谐稳定的劳动关系，处理好劳动者的权益保护问题。

⑦健康与安全。注重员工的身体健康和安全教育，完善安全管理体系，保障员工的基本权益。

⑧人力资源规划。根据企业发展战略和需求，制订中长期人力资源规划，优化人力资源配置。

⑨保密与合规。对掌握国家秘密或商业秘密的员工实施离岗限制，并确保所有人力资源政策符合法律法规。

这些政策旨在通过科学合理的管理手段，提升员工的工作积极性和企业的核心竞争力，推动企业的可持续发展。

建设单位应制定吸引、培养和留住优秀人才的政策，并确保员工具备胜任岗位的能力。同时，通过培训和激励机制提升员工的职业素质和道德水平。

(5) 董事会与审计委员会或类似机构的作用。结合建设单位组织形式和架构，了解董事会或类似机构，如上级主管单位是否独立于管理层，对内部控制的设计和执行进行监督，并通过审计委员会或类似机构，如内部审计部门、上级审计部门等机构加强监督力度。

①根据《中华人民共和国公司法》及建设项目法人责任制要求，建设单位董事会是公司治理的核心决策机构，代表股东行使最高决策权。其成员由股东会选举产生，国有独资或控股项目中至少需有一名董事常驻项目建设现场。

建设单位董事会的核心职责有：

战略决策与资金管理：负责筹措建设资金，审核、上报项目初步设计及概算文件，落实年度投资计划。例如，在建设项目中，董事会需严格管理资本支出，通过例会制度形成决议。

项目全周期管控：提出开工报告，研究解决建设中的重大问题（如技术瓶颈、合同纠纷），并负责竣工验收申请。

人事与债务管理：聘任或解聘项目总经理，审定债务偿还计划及生产经营方针。

合规性与风险控制：确保项目符合法律法规，如审核招标方案、监督合同执行。

在国有控股项目中，董事会需常驻现场监督，如某项目通过例会制度严格管理资金支出，避免超支风险。此外，董事会还需对总经理进行绩效考核，涉及工程进度、质量、安全等指标。

综上所述，建设单位董事会在项目法人治理中承担着战略决策、资金管理、项目监督等核心职责，是确保项目顺利实施的重要保障。

②审计委员会是董事会下属的专业委员会，主要由独立董事（含会计专业人士）组成，旨在独立监督财务报告与内部控制。其成员需具备建设管理经验及会计知识。

建设单位审计委员会的核心职责有：

监督工程建设项目：审计委员会通过督促建设单位严格履行基本建设程序，规范施工合同签订、财务支付和投资控制，防止多计造价、超付工程款等行为，从而确保工程项目合规性和资金使用的合理性。

加强数据管理与信息化建设：审计委员会推动建设单位各部门强化主体责任意识，并通过信息化手段提升数据管理能力。

提升内部控制与风险管理：审计委员会负责审查内部控制系统的有效性，评估重大风险并提出改进措施，同时监督外部审计师的工作，确保其独立性和客观性。

促进合规性与透明度：审计委员会监督建设单位遵守法律法规和内部政策，保护举报人的权利，并审查管理层的合规性报告，以提高组织的透明度和问责制。

推动问题整改与治理改进：审计委员会通过发现问题并推动整改，提升建设单位的管理水平和治理能力。

审计委员会在建设单位中不仅承担监督职责，还通过多种方式提升管理效率、防范风险并推动持续改进。

（6）目标与绩效管理。建设单位需制定明确的目标，并通过绩效考核和激励机制确保员工为实现这些目标承担责任。管理层还需对违规情况和干预行为进行监督和处理。

建设工程项目的目标管理需以法律法规、技术规范与合同约定为根本依据，围绕质量、安全、进度、成本四大核心维度制定目标。如，建设单位将总目标分解为投资控制、工艺先进性、工期等子目标，通过工作分解结构（WBS①）建立目标矩阵，确保各阶段任务与总目标对齐。此外，目标可以按照 SMART② 原则（具体、可衡量、可实现、相关性、时限性）来设置，目标覆盖所有实施单位，禁止空洞表述，且需层层分解至岗位。

目标管理是实现组织目标的关键环节。明确的目标设定不仅需要与组织的整体目标一致，还需将员工的个人目标与其责任相结合，并进行绩效考核。绩效考核体系的设计需与工程特点深度结合，考核指标需兼顾定量与定性维度。建设单位常用的 KPI③，如，定量指标的投资偏差率、质量验收合格率、安全事故率等直接反映目标达成度；定性指标的团队协作、创新贡献，则需通过 360 度评估获取多维反馈。激励机制方面，可以考虑项目奖金、安全奖励、节能奖金、优秀团队评选等。监督机制部分，需要强调施工现场的监管、合规性检查，以及如何处理常见的违规行为，如安全违规、材料浪费、成本超标等。

2. 评价建设单位控制环境

（1）对建设单位诚信、价值观及企业文化的评价，需从多维度展开，如：

①高层管理层的承诺与示范作用、价值观声明与行为准则。建设单位是否明确制定使命宣言、道德价值观声明（如品质保障、价值创造），以

---

① "WBS"是工作分解结构的缩写，英文全称是"Work Breakdown Structure"。

② SMART 原则由美国的管理学大师彼得·德鲁克 1954 在《管理的实践》（The Practice of Management）一书中首次提出。也被称为制定目标的黄金法则，是由 Specific、Measurable、Attainable、Relevant、Time-based 5 个英语单词的首字母组成的，每一个英语字母对应一个在设置目标时应该遵循的原则之一。

③ 关键绩效指标（Key Performance Indicator），简称"KPI"。

及具体的行为准则和操作规范。

②管理层的道德示范。重点考察高管是否以身作则，例如在晋升、奖惩中体现公平公正，言行一致，避免利益冲突。若管理层不遵守诚信价值观，可能会破坏整体控制环境。

③道德规范与合规制度。需检视建设单位是否建立员工职业道德规范、反舞弊政策，以及合规性制度（如反腐败、举报机制）。

④奖惩机制。需分析建设单位是否将诚信行为纳入绩效考核，例如，通过"质量评分"等量化指标激励合规行为，同时对违规行为实施惩罚。

⑤教育与氛围培育。评价建设单位是否通过定期培训（如岗前培训、道德教育）提升员工诚信意识，并营造"坦荡做人、敬业做事"的文化氛围。

⑥行为标准落地。需考察员工在遵纪守法、任务绩效、维护企业形象、道德水平等方面的实际表现。

⑦内部审核与董事会监督。需评估内部审计制度的有效性，以及董事会是否独立监督高管行为。

⑧外部影响与社会责任。需考察建设单位是否遵守行业法规（如环保标准）及履行社会责任（如绿色节能）。

⑨利益相关者关系。评价建设单位对施工、设计、监理单位及供应商等外部主体的诚信表现，如是否建立透明合作机制。

评价需系统覆盖从高层承诺到基层行为的全链条，结合制度、执行、监督与文化渗透，并参考具体行业标准（如建筑业的诚信管理评分）。最终目标是确保诚信与价值观不仅停留在口号，而是转化为组织行为的内在驱动力。

（2）在建设单位既定的组织形式和架构下，评价治理结构是否有效，是否存在决策层形同虚设，导致战略偏离或资源浪费的情况；董事会、监事会与经理层的分权制衡是否发挥作用，是否有明确的议事规则（如"三重一大①"决策程序）。

---

① "三重一大"最早源于1996年第十四届中央纪委第六次全会公报，对党员领导干部在政治纪律方面提出的四条要求的第二条纪律要求。具体表述如下：认真贯彻民主集中制原则，凡属重大决策、重要干部任免、重要项目安排和大额度资金的使用，必须经集体讨论作出决定。

(3) 对组织结构和权责分配，主要评价项目机构是否健全，不相容职责是否恰当分工，机构人员配备是否齐全，专业是否齐备，工作流程是否覆盖了建设项目前期论证、设计、施工、验收等各主要业务环节。建设项目管理机构与各参建单位的管理体系是否衔接等。重点关注是否存在职能重叠或缺位，如：因质量安全部与监理单位职责不清，导致验收延误，是否有部门职能手册或类似文件，细化职责边界（如质量安全部负责监督，监理单位负责验收）；信息沟通是否建立统一信息平台（如 BIM① 协同系统），强制关键节点信息共享情况，是否存在部门间信息孤岛引发重复工作或进度延误；是否存在权责失衡的情况，如：物资设备部有采购权但无质量验收责任，导致材料不合格，岗位说明书或类似文件是否明确权责对应关系，并纳入绩效考核。

(4) 对建设单位人力资源政策制定与执行情况，可通过多维度分析，系统评估建设单位人力资源政策是否达成"吸引、培养、保留人才"的核心目标，如：评估人力资源规划是否与建设项目目标战略（如建设投资管控、技术创新需求）相衔接。检查保密与合规政策是否覆盖《中华人民共和国劳动合同法》《中华人民共和国数据安全法》等法规要求。分析薪酬、绩效、晋升等政策的联动性。绩效结果是否与晋升资格直接挂钩，培训资源是否向高潜力员工倾斜。薪酬结构是否体现内部公平（同岗同酬）与外部竞争力，晋升通道是否破除资历限制。

在对上述内容进行评价时，还应根据被审核单位的性质和复杂程度，考虑内部环境是否为内部控制体系的其他要素奠定了适当的基础，识别出的内部环境方面的控制缺陷是否会削弱被审核单位内部控制体系的其他要素。

(二) 了解和评价建设单位风险评估

注册会计师评价建设单位的风险评估工作，有助于其了解建设单位识

---

① 建筑信息模型（Building Information Modeling）是建筑学、工程学及土木工程的新工具。建筑信息模型或建筑资讯模型一词由 Autodesk 所创。用来形容那些以三维图形为主、物件导向、建筑学有关的电脑辅助设计。

别的可能发生风险的领域以及建设单位如何应对这些风险。注册会计师应当确定建设单位如何识别与建设项目竣工财务决算相关的风险，如何估计该风险的重要性，如何评估风险发生的可能性，以及如何采取措施管理这些风险。如果建设单位的风险评估符合其具体情况，了解建设单位的风险评估工作有助于注册会计师识别与竣工财务决算编制有关的重大错报风险。

根据《建设工程项目管理规范》（GB/T 50326-2017），建设单位应建立风险管理制度，明确各层次管理人员的风险管理责任，管理各种不确定因素对项目的影响。建设项目风险管理应包括风险识别、风险评估、风险应对、风险监控四项程序，要求制订风险管理计划并动态调整。风险应对策略应区分负面风险（规避、减轻、转移、自留）与正面风险（机会利用），强调预案制订与动态监测。收尾管理包括竣工结算、审计及风险后评价，确保风险闭环管理。

1. 了解建设单位的风险评估

注册会计师在对建设单位整体层面的风险评估工作进行了解和评估时，考虑的主要因素可能包括：

（1）建设单位是否已建立并沟通其整体目标，并辅以具体策略和业务流程层面的计划；

（2）建设单位是否已建立风险评估，包括识别风险、估计风险的重大性、评估风险发生的可能性以及确定需要采取的应对措施；

（3）建设单位是否已建立某种机制，识别和应对可能对建设项目产生重大且普遍影响的变化，如安全环境保护方面的新规、信贷政策变化导致贷款成本增加等；

（4）当建设单位业务操作发生变化并影响交易记录的流程时，是否存在沟通渠道以通知会计部门；

（5）风险管理部门是否建立了某种流程，以识别外部环境包括监管环境发生的重大变化。

与竣工财务决算相关的风险涉及财务核算、合同管理、资金使用、合规性及资产管理等多个维度，具体表现及风险点如下：

（1）财务核算与数据准确性风险：

①虚增工程量与造价。如，施工单位通过夸大工程量（如重复计算土方外运量、未扣除已取消项目等）或虚报材料价格套取资金。导致决算金额虚高，投资效益失真，可能引发审计追责。

②预算超支与费用分摊不当。如，施工图设计缺陷、技术问题或人为夸大费用导致预算超支；待摊投资未按合理比例分摊（如将超标管理费计入建设成本）。导致超概算现象频发，影响后续项目资金规划。

③财务数据错误与遗漏。如，会计处理错误（如重复入账、利息核算不清）、尾工工程和预留费用未入账（如竣工验收费用未预留）。导致财务决算无法真实反映实际成本，影响资产价值确认。

（2）合同与结算管理风险：

①不均衡报价与合同漏洞。如，施工单位投标时故意抬高可能增加的项目单价，压低可能减少的单价，利用合同条款漏洞获取超额利润。导致结算争议频发，决算审核难度增加。

②变更签证管理失控。如，未经审批的设计变更或施工方案变更导致费用增加；签证资料不完整或逻辑矛盾。导致实际支出偏离原计划，增加超支风险。

③合同履行与索赔纠纷。如，施工方未按合同履约或擅自变更内容，导致工期延误或质量缺陷。可能需额外支付违约金或赔偿金，影响决算的合规性。

（3）资金管理风险：

①资金挪用与支付不合规。如，挪用工程款用于非项目支出，未按合同约定支付进度款或超付工程款，可能引发法律纠纷。

②结余资金处理不当。如，隐匿结余资金或未按规定上缴财政，虚列建设成本，导致违反财经纪律，面临处罚。

（4）招投标与采购管理风险：

招投标与采购环节是建设项目成本控制和合规性的关键起点，若管理不当，会直接影响竣工财务决算的准确性与合法性。主要风险包括：

①围标、串标与虚假招标。如，投标人串通抬高报价，或招标方与特定供应商串通，量身定制招标条件（如设置不合理资质门槛、技术参数偏向某品牌）。通过挂靠资质、伪造业绩等方式参与投标。导致中标价虚高，建设成本不合理增加；引发审计质疑或法律追责（违反《中华人民共和国招标投标法》）。

②低价中标与高价索赔。如，投标人通过不平衡报价（如压低土建单价、抬高设备单价）中标，施工中通过设计变更、材料替换等手段大幅增加费用。利用合同漏洞（如模糊的变更计价条款）提出高额索赔。导致实际结算金额远超合同价，使竣工决算超支；争议处理耗时耗力，延误决算进度。

③供应商资质与履约能力缺陷。如，对供应商资质审查不严（如借用资质、无相关业绩），导致中途更换分包商或设备供应商。供应商供货质量不达标（如材料以次充好），需返工或重新采购。导致增加额外成本（违约金、二次招标费用）；影响工期，间接推高财务费用（如贷款利息）。

④采购合同条款不明确。如，合同未明确计价方式（如固定总价/单价）、调价机制、验收标准等关键条款。未约定履约保证金扣罚规则或质保金比例不足，导致结算时因条款模糊产生争议（如材料价差调整范围）。

⑤评标过程与档案管理漏洞。如，评标专家未独立履职（受利益方影响），导致评标结果不公平；招标过程文件缺失（如投标文件、评标记录未归档），使决算审计无法追溯招投标合规性，导致整改风险。

（5）程序合规与审核风险：

①立项及前期程序违规风险。

立项审批程序不合规。如，未取得合法立项批复即开工建设（如"未批先建"或拆分项目规避审批）；可行性研究报告数据造假（如虚报市场需求、低估投资成本）；未履行"三重一大"决策程序（如重大设计变更未集体决策）。导致项目合法性存疑，可能被责令停工或拆除；实际投资远超可研估算，导致后续资金缺口。

用地与规划手续不全。如，未取得土地证、建设用地规划许可证即开工；实际建设内容与规划许可不一致（如擅自增加建筑面积）。导致无法办理产权登记，资产无法入账；面临行政处罚（如罚款、限期拆除违建部分）。

环评与节能审查缺失。如，未通过环境影响评价或节能审查先行施工；环评报告数据不实（如隐瞒污染排放量）。导致项目竣工后因环保不达标被勒令整改，产生额外成本；需重新调整设计方案，导致工期延误和费用超支。

配套资金未落实。如，项目资本金比例不足，过度依赖银行贷款或政府承诺资金；地方财政配套资金未按时到位（如 PPP 项目中政府付费缺口）。导致建设期资金链断裂，被迫停工或高息融资；竣工后因拖欠工程款引发诉讼，影响决算审核进度。

未按规定办理竣工决算（如超 3 个月未完成），导致项目无法通过验收，资产无法及时合法入账。

②与竣工决算相关的重要资料缺失。如，立项、可研、设计等关键文件未归档或版本混乱；重要会议纪要、审批签字记录缺失。导致竣工决算时无法追溯原始依据，产生审核争议；被认定为"程序倒签"，面临合规性质疑。

③审核差异与整改不力。如，审核中发现多计工程费、违规使用预备费、未扣减虚报费用等，但整改措施不到位，从而影响后续项目审批和资金拨付。

（6）资产移交与后续管理风险：

①资产核算与移交延迟。如，竣工后未及时办理资产交付手续，或未按实际成本结转固定资产。导致形成账外资产，增加资产管理混乱风险。

②产权登记与档案管理缺陷。如，竣工图未按实际施工情况更新，档案资料不完整。导致影响后续维修、改扩建及产权交易。

（7）政策与制度执行风险：

①政策变化带来的合规压力。如，财政部 2016 年发布的《基本建设

项目竣工财务决算管理暂行办法》明确规定了时间限制：项目完工后 3 个月内必须编报竣工财务决算。《行政事业性国有资产管理条例》要求竣工决算需在验收后 1 年内完成，否则追责。因时间压力导致项目财务决算编制粗糙，错误率上升。

②内控制度缺失或执行不力。如，未建立竣工决算编制与审核机制，或未落实岗位责任制，导致难以发现隐蔽问题，风险防控失效。

2. 评价建设单位的风险评估

注册会计师可以通过了解被审核单位及其环境的其他方面信息，评价被审核单位风险评估工作的有效性。例如，在了解被审核单位的业务情况时，发现了某些项目管理风险，注册会计师应当了解建设单位管理层是否也意识到这些风险以及如何应对。在对业务流程的了解中，注册会计师还可能进一步获得建设单位有关业务流程的风险评估的信息。例如，在验工计价与结算测试中，如果发现了超合同验工的风险，注册会计师应当考虑管理层是否也识别了该错报风险以及如何应对该风险。

注册会计师应当询问管理层识别出的建设项目风险，并考虑这些风险是否可能导致重大错报。

在审核过程中，如果发现与竣工决算有关的风险因素，注册会计师可通过向管理层询问和检查有关文件确定建设单位的风险评估工作是否也发现了该风险；如果识别出建设单位管理层未能识别的重大错报风险，注册会计师应当考虑建设单位的风险评估工作为何没有识别出这些风险，以及评估过程是否适合于具体环境，或者确定与风险评估相关的内部控制是否存在值得关注的内部控制缺陷。

（三）了解和评价建设单位信息与沟通（包括相关业务流程）

信息与沟通以及控制活动要素中的控制主要为直接控制，即能够精准地防止、发现或纠正竣工财务决算具体项目错报的控制。了解建设单位与建设项目竣工财务决算相关的政策以及与决算编制相关的信息处理活动的其他方面，并评价信息与沟通要素是否适当地支持竣工财务决算编制，能够支持注册会计师识别和评估建设项目竣工财务决算重大错报风险。因此，注册会计师需要了解建设单位有关建设项目的信息与沟通。如果注册会计师实施程序的结果，与其根据业务接受或保持过程中获取的信息确定的对内部控制体系的预期不一致，则上述了解和评价还可能导致注册会计师识别出建设项目竣工财务决算整体层面重大错报风险。

1. 了解建设单位信息与沟通

（1）对与建设项目竣工财务决算相关的信息系统的了解。了解建设单位的信息处理活动（包括数据和信息）及在这些活动中使用的资源，针对相关业务活动的信息处理政策。具体包括：信息在建设单位信息系统中的传递情况，如建设程序申报审批、招投标采购、合同签订与执行、建设资金筹集与使用、验工计价与结算、与建设成本相关的信息如何进行记录、处理、更正、财务列报，以及其他方面的相关信息如何获取、处理、在财务报表中披露；与信息传递相关的记录，包括会计记录以及其他支持性记录；建设单位编制竣工决算过程；与上述相关的建设单位资源，如，与信息系统完整性、准确性和有效性风险相关的人力资源信息：从事相关工作人员的胜任能力，资源是否充分，是否存在适当的职责分离。

建设项目管理中与竣工财务决算相关的信息系统种类繁多，如 ERP 系统①、BI 系统②、BIM 系统、电子化报表系统、综合管理平台、审计信息系统、辅助决策支持系统以及固定资产管理系统等。这些系统通过信息化手段提升了竣工财务决算的效率、透明度和准确性，为项目的资金管理和后续决策提供了有力支持。

ERP 系统。ERP（企业资源计划）系统是集成性信息管理系统，能够实现业务流程化、表单信息化和业务表单化，从而提高管理效率。例如，火电基建项目中，ERP 系统被用于搭建竣工决算数据库，实现自动化的竣

---

① ERP（Enterprise Resource Planning）是建立在信息技术基础上，以系统化的管理思想，为企业决策层及员工提供决策运行手段的管理平台。

② BI 系统是指那些源代码公开、用户可以自由查看、修改和分发的商业智能（Business Intelligence，BI）工具。

工决算报表生成，并通过模块化设计支持数据查询、输出等功能。此外，SAP 系统也被广泛应用于工程财务管理，通过横向集成财务管理、物资管理、项目管理和设备管理等功能，实现精细化管理。

BI（商业智能）系统。BI 系统是一种先进的数据分析工具，能够对竣工决算数据进行可视化展示和分析。例如，在火电基建项目中，BI 系统被用于对基建项目的概算执行情况进行可视化分析，提升数据分析能力和风险预警能力。Oracle BI 报表系统也被用于水电站等大型工程的财务决算报表生成。

BIM（建筑信息模型）系统。BIM 技术在竣工阶段被用于资产信息化管理，通过建立维护和关联的资产数据库，实现竣工决算的可视化和多维度对比分析。例如，在大型机场扩建项目中，BIM 技术被用于成本估算和进度模拟，提高了管理效率。

电子化报表系统。电子化报表系统通过自动化处理财务信息，减少人工错误并提高工作效率。例如，易代账软件可以帮助企业便捷地完成竣工财务决算。泛普系统则实现了竣工财务决算工作的电算化，支持统一管理、分级核算。

综合管理平台。综合管理平台整合了项目概算、合同管理、结算管理、采购与库存管理等多个模块，实现了数据纵横贯通和实时查询。例如，"互联网+全过程工程咨询服务"平台可以对竣工结算的各个环节节点数据进行管理。

审计信息系统。审计信息系统通过连接财务数据、业务数据和内部控制系统，存储项目费用明细账、概算与实际支出等财务资料，支持竣工决算审计工作。

辅助决策支持系统。辅助决策支持系统通过构建预测模型和数据可视化工具，为管理层提供科学决策依据。例如，预测模型结合历史数据和市场预测，帮助优化成本结构。

固定资产管理系统。固定资产管理系统支持转资明细表的编制和资产信息的自动获取，从而提高转资速度和质量。

其他信息化工具。包括云计算、大数据和区块链技术的应用，这些技术可以实现财务数据的实时共享、智能分析以及数据的安全性和不可篡改性。

注册会计师可实施多种程序了解信息系统，包括：向相关人员询问用于生成、记录、处理和报告交易的程序或建设单位的竣工决算的过程；检查有关建设单位信息系统的政策、流程手册或其他文件；观察建设单位人员对政策或程序的执行情况；选取并追踪业务在信息系统中的处理过程（即实施穿行测试）。

（2）对与建设项目竣工财务决算相关沟通的了解。注册会计师应当了解建设单位内部如何对与竣工财务决算编制人员岗位职责以及与竣工财务决算相关的重大事项进行沟通。如：管理层就员工的责任和控制责任是否进行了有效沟通；针对可疑的不恰当事项和行为是否建立了沟通渠道；建设单位内部沟通的充分性是否能使人员有效地履行职责；对于与施工、监理、设计单位及供应商、监管者和其他外部单位的沟通，管理层是否及时采取适当的进一步行动；建设单位是否受到安全、环保等部门发布的监管要求的约束；与建设项目相关的单位人员，如施工单位的人员在多大程度上获知建设单位的行为守则。

建设项目具有资金密集、多方参与、周期长、风险复杂等特点。建设单位的沟通机制需紧密围绕工程项目管理全流程，以多方协作、动态调整、合规管控为核心。具体为：

①项目各方协作。涵盖立项、设计、招投标、施工、验收、运维等环节，涉及政府审批部门、设计院、施工单位、监理单位、供应商等多方主体。

②合规与风险管理。需满足工程质量、安全、环保、资金使用等强制性监管要求，信息传递的准确性和及时性直接影响项目合规性。

③动态调整需求。工程变更（如设计调整、施工延期）频繁，需快速协调各方达成共识，避免成本超支或工期延误。

建设单位沟通应涵盖内外部沟通，主要包括以下内容：

①纵向沟通，强化层级穿透力。

管理层与项目部的衔接。管理层需定期获取工程进度、成本偏差、安全风险等关键指标（如周报中的"实际进度/计划进度"对比），并通过动态预算调整指令向下传达。如，建设单位要求项目部每日上报"施工日志"，管理层通过 BI 系统实时监控，发现进度滞后 5% 时立即启动专项协调会。

建立基层风险直达机制。建立安全隐患直报通道（如手机 APP 拍照上传），确保工人发现的施工漏洞（如基坑支护不达标）可绕过中间层级，直达安全管理部门。

②横向沟通，打破专业壁垒。

跨部门协同场景。如，设计院的图纸与施工现场条件不符时，需通过 BIM 协同平台实时标注问题，并召集设计、施工、监理方在线会商。采购部门需根据施工计划提前 3 个月获取材料需求，避免因供货延迟导致停工，如建设单位通过 ERP 系统同步施工计划与采购订单，系统自动预警材料库存低于安全阈值的情况。

实行多主体接口管理。如，针对政府监管部门（住建、环保）、承包商、第三方检测机构等外部单位，指定专人作为"接口人"，统一收发文件并跟踪反馈。如，在项目验收阶段，接口人汇总住建部门的整改意见，分解至责任部门并限期回复，避免多头沟通导致遗漏。

③外部沟通，合规与资源整合。

政府审批流程的沟通。前置性沟通：如在提交施工许可证申请前，主动与规划部门沟通设计方案要点，减少退件风险。应急沟通：如，环保检查不合格时，需在 24 小时内向生态环境部门提交整改方案，并同步调整施工安排。

供应链协同。与供应商签订合同时明确信息共享义务，如要求混凝土供应商提前通报产能波动，以便调整施工节奏。

④风险沟通，聚焦工程核心风险。

安全风险。如，建立班前会、安全交底会制度，每日向施工班组传达安全操作规范,并记录人员签到与反馈。

资金风险。如,财务部门每月向项目部分析现金流预测表,预警可能出现的付款缺口,并协调融资渠道。

法律风险。如,合同管理部门定期解读行业新政,提示项目部调整履约行为。

2. 评价建设单位信息与沟通

注册会计师可通过查询项目管理记录、会议纪要、工作报告、监管记录、合同台账等资料及调查访谈,评价建设项目信息质量、沟通效率、效果等,是否存在信息孤岛与传递失真、反馈机制失效、外部沟通障碍等情况。

(1)信息质量。包括信息的准确性(如设计变更传递错误率),信息的完整性(如关键节点文档归档率)。

(2)沟通效率。包括信息传递时效(如问题反馈平均响应时间),沟通成本(如会议频次与资源消耗)。

(3)沟通效果。包括员工对职责的认知度(问卷评分),跨部门协作满意度(如冲突事件减少率)。

(4)系统支持。包括信息系统覆盖率(如BIM平台使用率),数据安全事件发生率。

(5)外部沟通。包括与监管部门的信息同步率,供应商/承包商投诉处理及时率。

(四)了解和评价建设单位控制活动

1. 了解建设单位控制活动

控制活动是内部控制的核心环节,旨在确保建设单位内部控制体系所有其他要素中的政策得到适当执行。

注册会计师应当了解与建设项目竣工财务决算有关的控制,重点考虑一项控制活动单独或连同其他控制活动,是否能够以及如何防止或发现并纠正竣工财务决算编报存在的重大错报。

与建设项目竣工财务决算有关的控制活动，主要是与有效防范虚增造价、成本归集错误、程序违规，确保竣工决算真实、完整、合规方面的控制。

（1）结算资料完整性控制，如：

"三同步"管理。要求工程计量、设计变更、现场签证等资料与施工进度同步形成，竣工后 30 日内完成全部资料闭合。

电子档案系统：应用 BIM 集成竣工图纸、隐蔽工程影像（如桩基检测记录）、材料进场复试报告等数据，实现"一部位一档案"追溯。

（2）成本归集控制，如：

"三价对比"机制。将合同签约价、过程结算价、竣工决算价进行对比分析，重点监控超合同价 10% 以上的单项工程。

甲供材料核销。实施"进场验收单 + 领用台账 + 剩余退库单"闭环管理，对钢筋等大宗材料损耗率超过定额 3% 的需专项说明。

特殊处理。对于 EPC 项目，建立暂估价材料认质认价追溯台账，防止竣工阶段价格争议。

（3）争议解决机制，如：

争议事项清单。在竣工前 3 个月梳理未闭合的工程变更、索赔事项，按《建设工程造价鉴定规范》分类形成"争议问题库"。

四方会签制度。涉及重大争议的（如地下障碍物处理费用），需施工、监理、设计、建设四方签署"事项确认单"后方可进入决算。

（4）三级审核机制，如：

一审（建设项目部）。核对工程量计算底稿与竣工图一致性，重点检查地下室防水等隐蔽工程计量依据。

二审（建设单位）。运用造价软件进行清单项综合单价复核，关注措施费（如深基坑支护）的计价合规性。

三审（外部审计）。对超过批复概算的单项工程，需提供有权限部门调整批复文件作为审核依据。

（5）决算编制规范性控制，如：

报告结构化模板。按基本建设项目财务管理相关要求，将"建安工程费""设备购置费""待摊投资"等科目细分至三级明细。

附注披露。强制披露农民工工资保证金缴纳情况、质量保证金预留比例（不超过结算总额3%）等法定事项。

（6）法定程序控制，如：

竣工验收前置条件。取得规划核实确认书、消防验收备案、环保验收文件后方可启动决算。

时限管理：根据《基本建设项目竣工财务决算管理暂行办法》，完工可投入使用或者试运行合格后，应当在3个月内编报竣工财务决算，特殊情况确需延长的，中小型项目不得超过2个月，大型项目不得超过6个月。

（7）审核风险防范，如：

问题整改闭环。如工程审核提出材料价差调整不合规等问题，在决算阶段需提供整改证明（如补充认价单）。

电子留痕。所有工程量确认单需同步保存纸质签字版和带时间戳的电子扫描件，防止审核时证据链断裂。

（8）待摊费用分摊控制，如：

明确设置分摊原则。监理费、勘察设计费等按各单项工程概算或实际投资占比分摊，对停建缓建工程单独列示，将BIM建设费用按道路、管网、绿化工程量权重分摊。

（9）资产交付控制，如：

实物资产清点。建立"交付资产清单"，对电梯、中央空调等设备标注唯一资产编号，与财务账面双向核对。

产权文件移交。要求施工单位提供特种设备监督检验证书、压力管道使用登记证等法定文件副本。

（10）决算管理系统应用，如：

自动对账功能。系统自动匹配合同支付台账与最终结算数据，标记异常支付（如超合同价进度款）。

智能预警。当待摊投资超出概算对应科目时，触发红色预警并冻结决算审批流程。

2. 评价建设单位控制活动

注册会计师可以从设计合理性、执行有效性和风险覆盖全面性三个维度对与建设项目竣工财务决算有关的控制活动进行评价。

（1）设计合理性评价。

合规性维度。如，建设单位是否贯彻落实国家相关政策或上级主管单位要求，如《财政投资评审管理规定》，××部本级及部属单位管理的基本建设项目是否符合《××部基本建设项目竣工财务决算编审规定》。

流程完整性维度。如，检查控制活动是否覆盖竣工决算全链条，包括但不限于：结算资料闭合管理（如"三同步"机制执行情况），成本归集路径（甲供材料核销闭环、EPC项目认质认价追溯），争议解决程序（四方会签制度落地）。

权责明确性维度。如，评估岗位职责分离与履职要求，核心指标包括：岗位说明书完整，明确决算编制人、审核人、审批人职责边界；不相容职务分离，如结算资料收集与审核岗位不得兼任；责任追溯机制完备，在制度中规定超损耗材料核销的签字追责条款。

（2）执行有效性评价。

控制活动落地维度。通过穿行测试验证执行痕迹，典型证据包括：结算资料电子档案需具备版本管理日志，确保过程文件不可篡改；超合同价10%的单项工程必须留存专项分析报告，且有项目经理和造价工程师双签；争议问题库应完整记录每个争议项的闭环处理时间。

系统控制能力维度。如，分析数据分析量化技术工具的应用效果：决算管理系统需实现异常支付自动拦截，待摊投资超概算预警，BIM集成数据完整，隐蔽工程影像无缺失。

人员胜任力维度。采用资质核查与能力测试相结合的方式评估：决算团队中注册造价工程师占比、年度专业培训完成率、人均培训学时、岗位技能达标率，重点考核造价软件操作、争议谈判等实务能力。

(3) 风险覆盖全面性评价。

风险识别完整性。核查控制措施是否覆盖竣工决算阶段的四类核心风险。

造价虚增风险。通过三级审核机制覆盖，若发现未经四方会签的变更计入决算，直接判定为高风险。

程序违规风险。检查是否严格执行"先验收后决算"程序，缺少环保验收文件即启动决算视为极高风险。

数据失真风险。电子档案与纸质文件一致性需达100%，发现差异即列为中风险。

资产流失风险。交付资产清单编号覆盖率应达100%，特种设备证件缺失率需为0。

（五）了解和评价建设单位内部监督

1. 了解建设单位内部监督

注册会计师应了解建设单位实施的与建设项目决算相关内容持续性评价和单独评价，以及识别控制缺陷的情况和整改的情况，了解建设单位的内部审计，包括内部审计的性质、职责和活动，了解建设单位在监督内部控制体系的过程中所使用信息的来源，以及管理层认为这些信息足以信赖的依据。

注册会计师在了解被审核单位如何监督内部控制体系时，可以考虑监督活动的设计，如监督是定期的还是持续的；监督活动的实施情况和频率；监督活动结果的定期评价，以确定控制是否有效；建设单位如何通过适当的整改措施应对识别的缺陷，包括与负责采取整改措施的人员及时沟通缺陷。

建设单位内部监督核心内容通常包括以下方面：

（1）监督机制结合。如，实行持续性监督与专项监督的双轨制。日常监督覆盖立项审批、招投标、施工进度、资金支付等常规环节；专项监督则针对组织架构调整、重大设计变更或安全事故等特定场景进行深度审查。

（2）制度体系构建。如，制定《内部审计制度》明确审计部门职责，规范监督程序（如穿行测试、抽样检查等），并建立缺陷分类标准（如重大缺陷、重要缺陷、一般缺陷）。

（3）缺陷管理闭环。如，跟踪缺陷整改过程，对涉及资金挪用、合同违约等重大缺陷启动追责机制，同时保存整改记录以备验证。

（4）自我评价机制。如，每年开展内部控制有效性评估，形成书面报告并披露关键风险点，例如，在工程结算中发现超概算情况需专项说明。

（5）信息留痕管理。如，通过OA系统、工程管理软件等数字化工具留存审批记录、签证单据、验收报告等证据链，确保过程可追溯。

（6）外部协同监督。如，引入第三方机构对竣工财务决算进行复核，与监理单位联合开展质量抽检，形成内外联动的监督网络。

建设单位内部监督体系通常由以下部门构成矩阵式监督架构，如表4-5所示。

表4-5　　　　　　　　　建设单位内部监督体系构成

部门	核心监督职责
审计部门	·全程监控工程价款支付合理性（如进度款支付比例是否符合合同条款） ·组织竣工财务决算审核，核减率超过5%需启动问责
财务部门	·审核工程概预算与结算文件的财务合规性（如税率适用是否正确） ·动态监控资金流向，防止专户资金挪用
纪检监察部	·查处招投标围标串标、材料采购吃回扣等廉政风险 ·建立供应商黑名单制度，三年内禁止违规企业参与投标
工程管理部	·监督施工方案专家论证程序完整性（如深基坑支护方案是否经专家评审） ·检查隐蔽工程验收影像资料的完整性
安全质量部	·对脚手架搭设、塔吊安装等高风险作业进行旁站监督 ·建立材料进场复检台账（如钢筋批次检测报告存档）
法务合约部	·审核合同中的责任划分条款 ·处理工程索赔争议，评估违约金计算依据

部门间需建立联席会议或类似制度，例如变更签证，需经审计、工程、财务三方会签。

2. 评价建设单位内部监督

对内部监督要素的评价可围绕体系完整性、运行有效性、改进持续性三方面展开。

（1）监督机制设计评价。

结构合理性。如，检查是否建立"持续性监督（80%常规业务）+专项监督（20%高风险领域）"的动态组合机制。

制度完备性。如，核查《内部审计规程》《缺陷管理办法》等类似制度是否覆盖工程全生命周期，特别是对EPC总承包、PPP模式等新型建造方式有无专项条款。

预警灵敏度。如，测试三色预警机制触发阈值设置的科学性（如进度偏差超过合同工期10%应启动黄灯预警）。

（2）执行过程有效性评价。

监督覆盖率。如，统计关键业务节点监督执行率（如隐蔽工程验收影像资料采集率需达100%）。

程序规范性。如，抽查工程变更签证单，验证"申请—论证—审批—实施—验收"五步流程的完整性。

时效控制力。如，从发现缺陷到整改完成的平均周期（住建部要求重大缺陷整改不超过30个工作日）。

（3）业务流程覆盖评价。

节点嵌入深度。如，绘制监督控制矩阵，核查核心业务节点是否均设置监控要点（如材料定价环节需建立价格数据库比对机制）。

风险捕获能力。如，统计近三年通过监督发现的风险事件类型及数量（如围标串标、虚报工程量等案件占比）。

数字化穿透度。如，评估区块链存证、BIM比对等数字化工具在业务流程中的应用比例。

（4）监督缺陷管理评价。

缺陷分级准确性。如，抽样检查缺陷定级是否符合标准（如单笔资金挪用超 50 万元应判定为重大缺陷）。

整改闭环率。如，计算缺陷整改完成率（目标值≥95%）、重复发生率（应<5%）。

追责落实度。如，核查近三年重大缺陷责任人的处罚执行情况（如降职、经济扣罚等）。

（5）监督资源配置评价。

人员胜任力。比对在岗人员资质与标准要求的符合率（如会计师、工程师比率）。

技术装备水平。如，检查无人机、X 射线探伤仪等专业设备的配备及使用记录。

经费保障度。如，审计专项经费占项目总投资比例。

（6）协同监督效能评价。

部门联动效率。如，统计跨部门联席会议召开频率（重大事项应每月 1 次）及决议执行率。

外部监督互补性。如，分析第三方审计报告与内部审计结论的差异率（合理区间为 ±2%）。

信息共享机制。如，验证监理单位质量报告与建设单位监督数据的实时对接情况。

（7）合规性评价。

法规符合度。如，对照《中华人民共和国建筑法》《中华人民共和国招标投标法》等检查监督程序合法性。

合同执行监督。如，核查重点合同条款履约情况（如农民工工资专户资金拨付及时性）。

廉政风险防控。如，统计关键岗位轮岗执行率（三年轮岗率应达 100%）及廉洁承诺书签订覆盖率。

（8）持续改进评价。

自我评估质量。如，检查年度内控评价报告的问题披露完整性（需包含至少 3 个典型案例）。

标准迭代速度。如，统计监督标准更新频率（应每两年修订一次）。

经验固化能力。如，验证监督成果向管理制度的转化率（如将材料价格异常波动分析成果固化为《价格预警管理办法》）。

三、识别和评估重大错报风险

在竣工财务决算审核业务中，识别和评估重大错报风险需要贯穿审核全过程。审核项目组应当通过专业讨论明确重点风险领域。同时需结合同类项目相关的风险事件和违规事项，分析其对决算数据可能产生的影响。基于专业判断和审核证据，对识别出的风险按发生可能性和影响程度进行评估，形成动态更新的风险评估结果，为后续制定针对性审核方案提供依据，确保审核资源合理配置于高风险领域。

（一）项目组讨论纪要

审核项目组应加强沟通与交流，关键成员应定期或不定期地开展讨论，确保重大错报风险领域均已识别并设计了恰当的应对措施，如加强数据核查、开展现场查勘、引入外部专家等，以确保审核方向及审核资源分布的合理性。重大事项的讨论过程及结果应整理为书面资料，并及时向未参加讨论的项目组成员通报。

审核人员应当保持职业怀疑态度，充分了解被审核单位及其环境，包括内部控制体系，以识别可能存在的舞弊风险。项目组可对管理层凌驾于内部控制之上的风险及发现的舞弊迹象等方面开展讨论，评估由于舞弊导致财务决算报表发生重大错报的可能性，并进一步确定应对舞弊行为的有效措施，如包括扩大抽样范围、加强外部证据的验证、实施突击检查以及强化对异常交易或事项的追踪等措施，以降低舞弊风险对审核结果的影响。

在审核实践中，注册会计师需要编制的项目组讨论纪要——风险评估底稿参见示例 4-2。

示例 4-2：项目组讨论纪要——风险评估（见表 4-6）。

表 4-6　　　　　项目组讨论纪要——风险评估

索引号：

被审核单位及建设项目名称：××××××××　　编制：　　日期：20××年××月××日
项目决算基准日：20××年××月××日　　　　复核：　　日期：20××年××月××日

会议日期：
会议地点：
参加人员：
主要讨论内容记录：
一、项目组就竣工财务决算审核存在重大错报进行的讨论以及得出的重要结论
二、项目组就由于舞弊导致财务决算报告发生重大错报的可能性进行的讨论

（二）审核关注要点提示

工程竣工财务决算审核需从资金管理、会计核算、工程管理、项目管理、资产管理等方面开展审查，主要关注点可能包括以下方面：

1. 资金管理方面重点核查资金来源合规性、到位及时性及使用规范性，防范资金挪用风险；

2. 会计核算需确保账务独立、工程费用规范归集和合理分摊；

3. 工程管理着重审查变更程序合规性及隐蔽工程验收真实性；

4. 项目管理需验证建设程序完整性和"四制"[①] 执行有效性；

[①] "四制"是我国在政府投资项目管理中推行的一项基本制度框架，具体指的是项目法人责任制、招标投标制、工程监理制、合同管理制。

5. 资产管理关注交付资产计价准确性和核销依据充分性；

6. 其他方面包括合同招标合规性、尾工工程合理性及资料完整性审查。

审核人员可结合对被审核单位具体建设工程项目的前期了解情况，梳理需关注的要点，并妥善安排人员予以跟进。

在审核实践中，审核关注要点参见表4-7。

表4-7　　　　　　　　　　审核关注要点提示

审核事项大类	审核事项子类	审核关注要点提示
一、资金管理	（一）资金筹集与到位	(1) 建设资金来源渠道是否符合国家财政、金融等相关政策规定； (2) 中央及地方财政资金是否按照项目批复的概算和年度预算计划及时、足额拨付至项目账户； (3) 项目自筹资金是否按照投资计划和工程进度要求及时到位； (4) 项目资本金（特别是地方政府配套资金）是否达到国家规定的最低比例要求
	（二）资金使用管理	(1) 财政专项资金是否严格按照预算用途使用，是否存在挤占挪用现象； (2) 资金支付审批流程是否规范，是否存在违规支付情况； (3) 按规定应缴回财政的结余资金是否及时足额上缴国库； (4) 工程结余资金在各投资方之间的分配计算是否准确合规
二、会计核算	（一）会计核算	(1) 检查项目建设单位是否按照《基本建设财务规则》等相关规定，对建设项目单独设立会计账簿进行独立核算； (2) 核实项目建设期间发生的贷款利息是否按照会计准则规定准确计算，资本化期间和金额是否合理； (3) 审查各项工程费用是否按照项目特点、合同约定以及成本核算要求进行规范归集和合理分摊
	（二）报表编制	(1) 全面核对竣工财务决算报表各项目数据与会计账簿记录是否完全一致； (2) 验证项目竣工财务决算表、交付使用资产表等各报表之间的勾稽关系是否符合会计准则要求； (3) 检查交付使用资产明细表是否完整列示所有形成资产的明细项目，包括资产名称、数量、价值等关键信息

续表

审核事项大类	审核事项子类	审核关注要点提示
三、工程管理	（一）工程变更	（1）全面审查工程变更的审批程序是否完整合规，包括变更申请、技术论证、造价审核、审批权限等关键环节是否符合项目管理制度要求； （2）重点核查工程变更签证的真实性，包括签证内容的准确性、签证时间的合理性、签证手续的完备性等方面
	（二）隐蔽工程	（1）全面检查隐蔽工程验收资料的完整性和规范性，包括验收记录、检测报告、影像资料等关键文件是否齐全； （2）核实隐蔽工程验收程序是否严格执行"四方验收"制度（建设、施工、监理、设计）； （3）评估隐蔽工程验收资料与施工进度、质量要求的匹配程度
四、项目管理	（一）建设程序	（1）全面核查项目从立项到竣工全过程的建设程序履行情况，包括项目建议书、可行性研究报告、初步设计、施工图设计、竣工验收等各阶段审批手续是否完整齐备； （2）重点审查项目概算调整的合规性，包括调整原因是否合理、审批权限是否适当、调整幅度是否控制在规定范围内
	（二）内控制度	（1）检查项目法人责任制、工程监理制、招标投标制、合同管理制等"四制"执行情况； （2）评估项目内部管理制度的健全性和有效性，重点关注招投标管理、合同管理、工程变更管理、资金支付管理等关键环节
五、资产管理	（一）资产交付	（1）全面核查交付使用资产的计价基础是否合理，包括核实资产构成、数量、单价等关键要素的准确性，确保资产价值真实反映实际投入； （2）系统检查资产移交手续的完整性和规范性，包括移交清单是否详细列明资产信息、接收单位是否按规定签章确认、移交时间是否符合工程进度要求等
	（二）核销处理	（1）严格审查待核销资产的依据是否充分，包括核实核销原因是否合理、审批程序是否合规、证明材料是否完整等关键要素； （2）评估核销资产处置的合规性，重点关注处置程序的规范性、处置收入的完整性以及账务处理的准确性

续表

审核事项大类	审核事项子类	审核关注要点提示
六、其他方面	（一）合同管理	（1）全面审查项目各类合同的招标采购程序是否符合《中华人民共和国招标投标法》等法律法规要求，包括招标方式选择、招标文件编制、投标评审、合同签订等关键环节； （2）重点核查补充合同签订的合理性和必要性，评估补充合同内容是否与主合同存在实质性变更，是否履行了必要的审批程序
	（二）尾工工程	（1）核实尾工工程预留费用的合理性和必要性，包括检查尾工工程清单的完整性、费用测算的依据是否充分、预留比例是否符合规定等； （2）评估尾工工程实施计划的可行性，包括时间安排、责任主体、质量标准等关键要素
	（三）资料归档	（1）按照竣工决算编制要求，全面检查决算资料的完整性和规范性，包括业务类资料（合同、结算等）、综合类资料（决算报表等）、备查类资料（批复文件等）； （2）验证关键资料的真实性和可靠性，包括核查原始凭证、审批手续、签章确认等要素

（三）风险事件或违规事项

建设单位对项目管理过程中，可能会因内部控制体系不健全、专业管理能力不足等管理缺陷，工期压力、考核指标等外部因素影响，以及个别人员为谋取不当利益的主观动机，出现一些风险事件和违规事项。如：工程变更审批不规范、隐蔽工程验收资料缺失、资金支付审核不严等程序性问题；成本归集错误、利息资本化计算不准确等核算偏差；简化建设程序、降低质量标准等违规操作；虚增建设成本、提前确认资产等不当行为；虚假变更套取资金、虚报工程量等舞弊问题；规避招标、擅自调整建设内容等违规情形。审核人员应充分了解建设全过程，知悉各环节可能存在的风险事件或违规事项，以及其与竣工财务决算报表之间的关联性，确保准确识别和评估重大错报风险领域并予以应对。

在审核实践中，可能存在的风险事件或违规事项详见表4-8。

表4-8 风险事件或违规事项

审核事项大类	审核事项子类	风险事件或违规事项
一、资金管理	资金筹集与到位	・违规引入民间借贷等不合规融资渠道 ・财政资金拨付滞后影响工程进度 ・地方政府配套资金长期拖欠 ・资本金未足额到位导致项目负债率超标
	资金使用管理	・擅自改变财政资金用途 ・结余资金分配损害国有权益 ・应缴财政资金长期滞留 ・大额现金支付工程款
二、会计核算	会计核算	・项目建设单位未按规定单独建账核算，导致建设成本与日常经费混淆 ・贷款利息资本化期间确定不当，存在人为调节资产价值的情况 ・工程成本归集不规范，存在费用错配、混计等问题，影响造价真实性
	报表编制	・决算报表数据与会计账簿存在重大差异，影响财务信息可靠性 ・报表间勾稽关系不平衡，存在人为调节报表项目的情况 ・交付使用资产明细表编制不完整，存在资产漏报或瞒报现象
三、工程管理	工程变更	・建设单位通过编造虚假工程变更套取建设资金 ・施工单位利用不实签证虚报工程量，抬高工程造价
	隐蔽工程	・施工单位虚报隐蔽工程工程量获取不当利益 ・隐蔽工程验收资料不完整，存在事后补签现象 ・实际施工质量与验收记录不符，存在质量隐患

续表

审核事项大类	审核事项子类	风险事件或违规事项
四、项目管理	建设程序	·项目建设单位未按规定办理相关审批手续，存在程序倒置或缺失等违规情况 ·擅自扩大建设规模或提高建设标准，导致概算突破批复金额且未履行调整手续
四、项目管理	内控制度	·项目法人责任不落实，存在违规决策和权力寻租风险 ·应招标项目未招标或规避招标，直接指定施工单位
五、资产管理	资产交付	·建设单位通过虚增资产数量或抬高单价等方式虚报资产价值 ·资产移交清单内容不完整，重要资产信息缺失
五、资产管理	核销处理	·将不符合核销条件的资产违规核销，造成国有资产流失 ·核销审批程序不规范，存在越权审批或先核销后补手续的情况
六、其他方面	合同管理	·将应公开招标的项目化整为零或以其他方式规避招标 ·补充合同对主合同主要条款作出实质性变更，变相规避监管
六、其他方面	尾工工程	·虚列不存在的尾工工程项目套取建设资金 ·尾工工程费用预留过高，存在资金闲置风险
六、其他方面	资料归档	·重要过程资料缺失，影响决算审核的完整性 ·资料内容不真实，存在伪造、变造等违规行为

（四）风险评估结果汇总

项目组需对识别出的重大错报风险进行汇总分析，判断各类风险是报表层次的还是认定层次的，是否属于特别风险，并关注受影响的交易类型、账户余额和列报认定等。

1. 识别和评估报表层次重大风险

在识别和评估竣工财务决算报表层次重大错报风险时，如果判断某风险因素对决算报表整体存在广泛联系,并可能影响多项认定,项目组应当将其识别为决算报表层次重大错报风险。识别决算报表层次重大错报风险应考虑以下风险因素:

(1) 源于薄弱的被审核单位整体层面内部控制或信息技术一般控制;

(2) 与决算报表整体广泛相关的特别风险;

(3) 与管理层凌驾和舞弊相关的风险因素;

(4) 管理层愿意接受的风险,如因人员不足而缺乏职责分离。

对于识别出的决算报表层次重大错报风险,项目组应当评价这些风险对决算报表整体产生的影响,并确定这些风险是否影响对认定层次风险的评估结果。

2. 识别和评估认定层次重大风险

如果判断某固有风险因素可能导致某项认定发生重大错报,但与决算报表整体不存在广泛联系,项目组应将其识别为认定层次的重大错报风险。对于识别出的认定层次重大错报风险,项目组应当考虑固有风险和控制风险以及是否仅通过实质性程序无法应对的重大错报风险。

当被审核单位高度依赖自动化信息系统处理交易且审计证据仅以电子形式存在时,电子证据的充分性和适当性主要取决于相关控制的有效性。此时,注册会计师应当评估仅实施实质性程序的局限性,若认为无法通过实质性程序单独获取充分、适当的审计证据,则需考虑对拟信赖的信息系统关键控制进行有效性测试。

3. 识别和评估特别风险

识别和评估的重大错报风险是否属于特别风险,可考虑是否具备下列某一项特征:

(1) 根据固有风险因素对错报发生的可能性和错报的严重程度的影响,项目组将固有风险评估为达到或接近固有风险等级的上限;

(2) 根据其他准则的规定,项目组应当将其作为特别风险。

注册会计师还应考虑由非常规交易和判断事项导致的特别风险。非常规交易是指由于金额或性质异常而不经常发生的交易;判断事项通常包括对会计估计方面的会计原则存在不同理解，有些判断可能是非常主观、复杂的，或需要对未来事项作出假设。与此相关的特别风险可能导致更高的重大错报风险。

4. 风险评估结果汇总分析

通过风险评估发现潜在的重大错报风险，从而确定审核重点，可避免盲目开展工作，有效提高事务所及项目组各方面资源的利用效率，同时提高审核工作的效果。

基本建设项目竣工财务决算报表审核业务中，注册会计师识别的风险领域举例如下：

（1）存在管理层凌驾于内部控制之上的情形，建设项目管理不当，对竣工财务决算报表及相关决算说明合规、完整、真实等存在重大影响；

（2）项目未按照批准的概（预）算内容实施，工程决算与概算存在不合理差异，如存在超标准、超规模、超概（预）算建设现象；

（3）项目资金未能全部到位，核算不规范，存在资金被挤占、挪用的风险，资金结余不真实，结余分配不合规，账实不相符，存在小金库等违规行为；

（4）工程项目支出不合理，建筑安装工程投资、设备投资、其他投资的核算内容及方法不合规，待摊投资发生和分配不合理；待核销基建支出和转出投资无依据；

（5）交付使用资产未规范履行验收交接手续，质量不合格或不符合设计要求，固定资产和流动资产的类别或明细分类不恰当，工程项目形成的资产计价不准确；尾工工程费用预留与实际尾工工程量不符。

重大错报风险的识别和评估是一个持续动态的过程，贯穿审核业务的始终。随着审核工作的推进，审核人员可能会获取新的审核证据或发现新的情况，从而需要对原评估的重大错报风险领域进行修正和更新，以确保注册会计师及时调整审核策略和应对措施。

在审核实践中，需要编制的风险评估结果汇总表底稿格式参见示例4-3。

示例 4-3：风险评估结果汇总表（见表 4-9）。

表 4-9　　　　　　　　风险评估结果汇总表

索引号：

被审核单位及建设项目名称：××××××××　　编制：　　日期：20××年××月××日

项目决算基准日：20××年××月××日　　　　复核：　　日期：20××年××月××日

识别的重大错报风险	索引号	风险层次	特别风险	仅实质性程序无法应对	受影响项目及认定
1. 管理层凌驾于内控之上，影响决算报表真实性		报表层次	是	否	全部报表项目
2. 工程变更管理不规范导致超标准、超规模、超概算		报表层次	是	否	全部报表项目
3. 资金管理不规范，存在挤占挪用风险		认定层次	是	是	货币资金（发生、计价、披露）
4. 工程支出核算不合规，待摊投资分配不合理		认定层次	否	是	基建投资支出（发生、计价、披露）
5. 资产交付不规范，计价不准确		认定层次	否	否	交付使用资产（存在、计价、分类）

四、风险应对

（一）具体应对措施

审核人员应当保持职业怀疑，重点核查可能存在的风险事件或违规事项，采取恰当的应对措施，如通过文件核查、现场查验、数据分析等程序验证数据真实性，分析异常交易实质，对发现的问题需追溯成因、评估影响并提出整改建议，最终确保决算报告真实完整反映项目投资情况，为项目竣工验收和资产移交提供可靠依据。具体应对措施参见表 4-10。

表 4-10　　　　　　　　　　　　具体应对措施

审核事项大类	审核事项子类	风险事件或违规事项	具体应对措施
一、资金管理	资金筹集与到位	·违规引入民间借贷等不合规融资渠道 ·财政资金拨付滞后影响工程进度 ·地方政府配套资金长期拖欠 ·资本金未足额到位导致项目负债率超标	·全面核查项目融资协议、银行进账单等原始凭证 ·比对资金到位情况与工程进度计划的匹配性 ·重点检查地方政府配套资金的到位凭证及承诺函 ·测算项目实际资本金比例是否符合行业规定
	资金使用管理	·擅自改变财政资金用途 ·结余资金分配损害国有权益 ·应缴财政资金长期滞留 ·大额现金支付工程款	·采用穿行测试检查资金审批支付全流程 ·对重大资金流向实施延伸审核 ·核查结余资金分配的董事会决议或类似机构的决策文件 ·重点检查大额现金支付的审批依据及真实性
二、会计核算	会计核算	·项目建设单位未按规定单独建账核算，导致建设成本与日常经费混淆 ·贷款利息资本化期间确定不当，存在人为调节资产价值的情况 ·工程成本归集不规范，存在费用错配、混计等问题，影响造价真实性	·详细检查会计科目设置情况，确保符合基建项目核算要求 ·重新计算验证贷款利息资本化金额，核对银行利息单据和借款合同 ·采用抽样检查方法，对重大费用项目进行详细验证，确保归集准确
	报表编制	·决算报表数据与会计账簿存在重大差异，影响财务信息可靠性 ·报表间勾稽关系不平衡，存在人为调节报表项目的情况 ·交付使用资产明细表编制不完整，存在资产漏报或瞒报现象	·实施报表与账簿的全面核对工作，重点检查重大差异项目 ·运用专业方法验证报表勾稽关系，确保逻辑合理 ·将资产明细表与实物资产进行实地核对，确保账实相符

续表

审核事项大类	审核事项子类	风险事件或违规事项	具体应对措施
三、工程管理	工程变更	·建设单位通过编造虚假工程变更套取建设资金 ·施工单位利用不实签证虚报工程量，抬高工程造价	·系统检查所有工程变更的审批文件，包括变更申请、技术方案、造价审核、会议纪要等全套资料 ·组织专业人员对重大变更项目实施现场核查，比对变更内容与实际施工情况
	隐蔽工程	·施工单位虚报隐蔽工程工程量获取不当利益 ·隐蔽工程验收资料不完整，存在事后补签现象 ·实际施工质量与验收记录不符，存在质量隐患	·详细核查隐蔽工程验收记录的签字盖章手续是否完备 ·将隐蔽工程验收资料与施工日志、监理日志进行交叉比对，验证时间逻辑性 ·对重要部位的隐蔽工程实施破坏性检查
四、项目管理	建设程序	·项目建设单位未按规定办理相关审批手续，存在程序倒置或缺失等违规情况 ·擅自扩大建设规模或提高建设标准，导致概算突破批复金额且未履行调整手续	·系统检查项目全过程的审批文件，核实各环节批复时间和逻辑关系 ·将最终完成情况与批复文件进行对比，核查建设规模和标准执行情况
	内控制度	·项目法人责任不落实，存在违规决策和权力寻租风险 ·应招标项目未招标或规避招标，直接指定施工单位	·检查项目法人的组建文件和职责履行情况 ·全面核查招投标资料，包括招标文件、投标文件、评标报告、中标通知书等
五、资产管理	资产交付	·建设单位通过虚增资产数量或抬高单价等方式虚报资产价值 ·资产移交清单内容不完整，重要资产信息缺失	·将资产明细表与工程结算资料进行交叉核对，验证资产构成的真实性 ·对重要资产实施现场盘点，核实账实相符情况
	核销处理	·将不符合核销条件的资产违规核销，造成国有资产流失 ·核销审批程序不规范，存在越权审批或先核销后补手续的情况	·检查核销资产的审批文件和技术鉴定报告等证明材料 ·核实核销资产处置过程的合规性，包括评估、拍卖等关键环节

续表

审核事项大类	审核事项子类	风险事件或违规事项	具体应对措施
六、其他方面	合同管理	·将应公开招标的项目化整为零或以其他方式规避招标 ·补充合同对主合同主要条款作出实质性变更，变相规避监管	·检查项目招标备案资料，核实招标程序的合规性 ·将补充合同与主合同进行逐条比对，识别实质性变更条款
	尾工工程	·虚列不存在的尾工工程项目套取建设资金 ·尾工工程费用预留过高，存在资金闲置风险	·核查尾工工程的设计文件和施工方案等依据资料 ·复核尾工工程费用测算过程，验证其合理性
	资料归档	·重要过程资料缺失，影响决算审核的完整性 ·资料内容不真实，存在伪造、变造等违规行为	·按照资料清单逐项核对，确认资料完整性 ·对关键资料实施真实性验证，包括笔迹鉴定、印章核查等

（二）报表层次的重大风险应对

报表层次重大错报风险是指可能对竣工财务决算报表整体产生广泛影响的风险，通常与管理层凌驾于内控之上、项目管理缺陷、工程变更管理不规范等因素相关。注册会计师应当针对评估的报表层次重大错报风险，采取以下总体应对措施：

1. 向项目组强调在审核全过程保持职业怀疑的必要性，特别关注管理层可能存在的舞弊动机或机会，避免因过度信任而忽视异常迹象。

2. 指派具有丰富基建项目经验或特殊技能的审核人员，确保团队具备应对复杂工程事项的专业能力。项目组成员中应有一定比例的人员曾参与过同类基建项目决算的审核，充分利用其对工程特性、行业惯例的了解。必要时引入外部专家，如造价工程师，由其协助审核工程量计量、隐蔽工程确认等高度专业化的领域。

3. 加强督导与复核，由项目合伙人或高级别成员对审核工作实施更频繁、更细致的督导，重点复核关键环节的审核证据和判断，如工程变更审批流程的完整性、建设成本归集的准确性等。对于重大项目，督导人员应直接参与现场勘查、工程量核对等关键环节。

4. 增强审核程序的不可预见性，调整常规审核程序的时间或采用突击性程序，如未预先通知的现场勘查、突然的工程物资盘点等。

5. 对拟实施的审核程序的性质、时间安排或范围作出总体修改，如改变抽样方法或扩大实质性程序的测试范围，对全部重大工程变更单进行测试，或采用更严格的审核技术，如利用 BIM 进行工程量核对。

（三）特别风险的应对措施

在竣工财务决算审核过程中，针对识别出的特别风险，注册会计师需要采取系统化、针对性的应对措施。

1. 对于管理层凌驾于内控之上这一高风险领域，审核人员应当深入测试关键控制活动的执行有效性，特别是要检查被审核单位审计委员会或类似机构的实际运作情况，全面复核重大会计估计的合理性，并对所有异常审批事项进行重点核查。

2. 工程变更管理是另一个需要重点关注的领域，审核人员应当建立分层抽样检查机制，对重大变更事项实施百分之百的核查，确保每项变更都经过建设、施工、监理、设计四方的完整签证确认。在实施审核程序时，必须进行现场实地勘察，将竣工图纸与原始施工图纸进行详细比对，并对变更单价开展市场比价分析。针对审核过程中发现的缺少设计单位确认的变更事项，应当追查其技术必要性证明文件。

如拟利用工程结算等相关工作成果，注册会计师应重点评估其结算编制依据是否充分、结算审批程序是否合规、数据是否准确完整，并通过抽样测试验证关键结算项目的真实性，同时需检查结算与决算数据的衔接性，保持职业怀疑态度，对存疑事项执行追加程序进一步核实。

3. 在资金管理方面,审核人员需要重点核查资金专户的使用情况,确认建设资金是否做到专款专用,应上缴的结余资金是否及时上缴等。对大额资金支付应当实施双向核查程序,通过银行流水与会计记录的交叉比对来追踪资金流向。同时要严格执行函证程序,特别关注关联方往来款项的真实性。

4. 针对隐蔽工程、甲供材料、工程索赔、尾工工程等其他特殊事项,审核人员需要采取个性化的应对措施。包括核查施工过程资料、实施现场盘点、复核索赔依据的合法性、评估预留资金的合理性等。

所有审核程序的实施情况都应当完整记录在工作底稿中,重要发现应当以书面资料正式与相关方沟通。在整个审核过程中,注册会计师应当始终保持职业怀疑,根据风险评估结果动态调整应对措施的深度和广度,必要时考虑引入专家工作以获取充分、适当的审核证据。

在审核实践中,报表层次重大风险和特别风险相关的总体应对措施底稿参见示例4-4。

示例4-4:风险总体应对措施(见表4-11)。

表4-11　　　　　　　　风险总体应对措施

索引号:

被审核单位及建设项目名称:×××××××　　编制:　　日期:20××年××月××日
项目决算基准日:20××年××月××日　　　　复核:　　日期:20××年××月××日

一、报表层次重大风险应对方案

报表层次重大错报风险	总体应对措施
1. 管理层凌驾于内控之上,影响决算报表真实性	・配备专业审核团队,必要时引入专家 ・加强与管理层及业务部门沟通 ・对重大事项实施详细审核 ・加入不可预见审核程序 ・强化多级复核机制 ・增加独立的项目质量复核
2. 工程变更管理不规范导致超标准、超规模、超概算	
3. 建设资金管理不规范,存在挤占挪用风险 ……	

续表

二、特别风险结果汇总及应对措施

项目	目标	经营风险	特别风险	管理层应对或控制措施	报告项目及认定	应对措施	向被审核单位报告
管理层凌驾于内控之上	确保财务决算真实完整	管理层干预导致财务信息失真	管理层凌驾于内控之上，影响决算报表真实性	(1) 建立独立审核委员会；(2) 实施关键审批双签制度；(3) 定期开展内控专项审计。	全部报表项目（存在/发生、完整性、准确性）	(1) 测试关键控制执行有效性；(2) 检查异常审批事项；(3) 复核管理层重大判断。	需加强内控监督机制
工程变更管理	确保变更合规性	变更程序不规范导致成本超支	虚假变更套取建设资金	(1) 建立分级审批制度；(2) 要求四方（建设/施工/监理/设计）联合签证；(3) 独立造价审核。	在建工程（存在、完整性）工程成本（准确性）	(1) 抽查重大变更审批链；(2) 现场核实变更工程量；(3) 比对变更单价与市场价。	部分变更缺少设计单位确认
资金管理	保障资金安全合规使用	资金被挤占挪用风险	资金管理不规范，存在挤占挪用风险	(1) 实行资金专户管理；(2) 建立大额支付审批制度；(3) 定期银行对账。	货币资金（存在、完整性、权利和义务）	(1) 核查银行流水；(2) 追踪大额资金流向；(3) 函证往来款项。	部分支付审批手续不全

（四）进一步审核程序

在竣工决算审核中，注册会计师应当基于风险导向原则实施重要账户或交易的审核程序。根据各账户的重大错报风险水平（高 H/中 M/低 L）及相关认定（存在/发生、完整性、权利和义务、准确性/计价和分摊、截止、分类、列报和披露），制定进一步审核方案。

结合相关控制预期是否有效，或是否仅通过实质性程序无法应对的高风险领域等，考虑是否需采用控制测试和实质性程序相结合的综合方案。

一般情况下，如拟信赖被审核单位内部控制且判断预期控制的运行是有效的，或仅实施实质性程序并不能够提供认定层次充分、适当的审核证据的，对于高风险账户或交易，应当设计并实施全面的控制测试和实质性程序的综合审核方案；对于中等风险账户或交易，侧重实质性程序；对于低风险账户或交易，可以适当简化审核程序。

通过风险等级与审核程序的精准匹配，确保审核资源聚焦于高风险领域，保证审核质量，并同时兼顾审核效率。

在审核实践中，进一步审核程序底稿参见示例 4-5。

示例 4-5：对重要账户或交易采取的进一步审核程序（计划矩阵）（见表 4-12）。

表 4-12　　　　　对重要账户或交易采取的进一步审核程序

索引号：

被审核单位及建设项目名称：××××××××　　编制：　　日期：20××年××月××日
项目决算基准日：20××年××月××日　　　　复核：　　日期：20××年××月××日

重要账户或交易	重大错报风险水平	识别的重大错报风险							相关控制预期是否有效	拟实施的进一步审核方案			
		相关认定								控制测试索引号	控制测试	实质性程序	
		存在/发生	完整性	权利和义务	准确性/计价和分摊	截止	分类	列报和披露				分析程序	细节测试

提示1：高—H，中—M，低—L，未写的项目均为低风险，不再列示。

提示2：该报表认定风险评估可用于制作风险控制矩阵中对关键控制的判断，如在本计划矩阵中反映为"低"风险的报表认定，其相关的控制将不被列为"关键控制"。

提示3：在本计划矩阵中，我们将高、中风险的业务流程和报表认定的风险评估相匹配，对于低风险的业务流程则不再进行此风险评估。

第五章

控 制 测 试

控制测试是评价内部控制在防止或发现并纠正基本建设项目竣工财务决算报表重大错报方面运行有效性的审核程序。控制测试程序是针对评估的重大错报风险采取进一步审核程序的应对措施之一。

在评估认定层次重大错报风险时，预期控制的运行是有效的，或者实施实质性程序不足以提供认定层次充分、适当的审核证据时，注册会计师应当实施控制测试，以获取其运行有效的审核证据。注册会计师只对那些设计合理，能够防止、发现并纠正认定层次重大错报的内部控制进行测试以验证其运行是否有效。这种测试主要是出于成本效益的考虑。

控制测试的性质是指控制测试所使用审核程序的类型及其组合，通常包括询问、观察、检查和重新执行。

注册会计师应当根据特定控制的性质选择所需实施审核程序的类型。注册会计师不仅应当考虑与认定直接相关的控制，而且还应当考虑这些控制所依赖的与认定间接相关的控制，以获取支持控制运行有效性的审计证据。

如果通过实施实质性程序未发现某项认定存在错报，这本身并不能说明与该认定有关的控制是有效运行的；但如果通过实施实质性程序发现某项认定存在错报，注册会计师应当在评价相关控制的运行有效性时予以考虑。对特定时点的控制进行测试，注册会计师仅得到该时点控制运行有效性的审核证据；对某一期间的控制进行测试，注册会计师可获取控制在该期间有效运行的审核证据。

注册会计师对竣工财务决算报表进行审核，需要获取项目在整个建设期间内部控制运行有效的审核证据，并需要对项目建设期间进行测试。基本建设项目涉及的建设期间根据项目规模大小、性质等会有不同，我们需要对项目从立项开始到竣工验收时止的各期间的各项建设活动进行控制测试。主要包括项目立项及前期程序、招标投标管理、合同管理、建设资金、验工计价与结算、建设成本等六个方面。

一、项目立项及前期程序控制测试

（一）控制测试工作

对项目立项及前期程序控制运行有效性的测试工作主要包括：了解被审核项目立项及前期程序管理的控制活动，确定拟进行测试的控制活动；测试控制运行的有效性，记录测试过程和结论；根据测试结论，确定对实质性程序的性质、时间安排和范围的影响。

（二）控制测试主要目标

一般来说，竣工财务决算审核为高度保证的鉴证业务，在拟定方案时需要更多地实施实质性测试程序，针对大型的复杂的建设项目，可以考虑通过控制测试尽可能取得内部控制健全有效的证据。在该阶段，所测试的对象为项目前期过程管理的结果，其发生具有唯一性以及不可逆转性，如存在重大错报，对于建设项目的影响则为整体层面，在进行审核时需要依据建设项目适应法规规范以及各适用环节进行全面测试。基本建设项目立项及前期程序的控制测试目标是确保项目在启动和准备阶段的合规性、规范性、风险可控性以及资源合理配置，为后续实施奠定基础。

（三）控制测试程序和方法

项目立项及前期程序一般包括预可行性研究、项目建议书、可行性研究报告批复、初步设计批复、初步设计或施工图概算批复等。控制测试程序和方法分述如下：

1. 项目立项测试

基本建设项目立项是项目启动的法定程序，项目建议书（预可行性研究）内容主要包括项目背景、建设必要性、初步建设方案、投资估算、资金来源等。注册会计师在进行测试时，主要从项目是否符合国家政策、行业规划，是否经过充分的市场需求或社会效益分析，资金来源是否合理（如财政拨款、自筹资金、贷款等），政府投资项目是否得到有权限部门批复或企业自建项目是否得到内部决策机构（如董事会等类似机构）批准等方面进行。

2. 项目可行性研究测试

项目可行性研究（详细论证）报告是对项目技术可行性、经济合理性、环境影响、社会效益等进行全面分析。注册会计师在进行测试时，主要从可行性研究报告是否委托有资质的第三方机构编制，是否通过专家评审或政府审批，是否包含风险分析（如工期延误、超预算、环保风险等）等方面进行。项目是否取得土地预审、规划选址、环评批复等前置审批。

3. 初步设计与概算测试

项目初步设计与概算是确定项目技术方案、建设规模、投资概算等的主要文件，注册会计师在进行测试时，主要从设计单位是否具备资质，概算是否与可行性研究报告一致，是否通过主管部门或第三方审核等方面进行。

注册会计师在进行上述测试时，可采用以下方法：资料审查方式，核对立项文件、会议纪要、批复文件等书面证据；数据分析，对比可行性研究报告与实际数据，验证逻辑合理性；访谈与问卷形式，如向项目负责人、审批部门了解决策依据。

在审核实践中,注册会计师需要编制的审核工作底稿参见示例5-1、示例5-2和示例5-3。

示例5-1:项目立项及前期程序——控制测试结论汇总表(见表5-1)。

表5-1　　　　项目立项及前期程序——控制测试结论汇总表

索引号:

被审核单位及建设项目名称:×××××××　　编制:　　日期:20××年××月××日

项目决算基准日:20××年××月××日　　　　复核:　　日期:20××年××月××日

子流程	控制序号	控制目标	被审核单位的控制活动	控制活动是否有效运行	控制测试结果是否支持风险评估结论	控制测试程序和过程工作底稿索引
1. 预可行性研究		该阶段程序依法合规并经有权单位审批后实施				
2. 项目建议书						
3. 可行性研究报告批复						
4. 初步设计批复						
5. 初步设计概算或施工图概算批复						

示例5-2:项目立项及前期程序——控制测试汇总表(见表5-2)。

表5-2　　　　项目立项及前期程序——控制测试汇总表

索引号:

被审核单位及建设项目名称:×××××××　　编制:　　日期:20××年××月××日

项目决算基准日:20××年××月××日　　　　复核:　　日期:20××年××月××日

1. 识别的相关缺陷

是否识别出控制缺陷?如果已识别出控制缺陷,应考虑对审核计划产生的影响,汇总至控制缺陷汇总表确定该缺陷单独或连同其他缺陷是否已构成值得关注的缺陷,并与管理层和/或治理层进行适当沟通。

缺陷描述 (控制运行无效)	对审核计划的影响	汇总至控制缺陷汇总表进行评价并考虑沟通

续表

提示：一般来说，竣工财务决算审核为高度保证的鉴证业务，在拟定方案时需要更多地实施实质性测试程序。针对大型的复杂的建设项目，可以考虑通过控制测试尽可能取得内部控制健全有效的证据。在该阶段，所测试的对象为项目前期过程管理的结果，其发生具有唯一性以及不可逆转性，如存在重大错报，对于建设项目的影响则为整体层面，在进行审核时需要依据建设项目适应法规规范以及各适用环节进行全面测试。

2. 对相关交易、账户余额和披露的审核方案（不适用）

交易、账户余额和披露	项目	相关认定								
		存在	发生	完整性	权利和义务	计价和分摊	准确性	截止	分类	列报

示例 5-3：项目立项及前期程序——控制测试程序和过程记录（见表 5-3）。

表 5-3　　项目立项及前期程序——控制测试程序和过程记录

索引号：

被审核单位及建设项目名称：××××××××　　编制：　　日期：20××年××月××日
项目决算基准日：20××年××月××日　　　　复核：　　日期：20××年××月××日

一、控制编号

二、控制测试的时间安排

三、控制测试的类型

询问	观察	检查	重新执行

续表

四、拟实施的测试程序

五、对总体进行定义

六、总体的来源

七、执行控制的频率

八、与控制相关的风险

九、总体中项目的总数

续表

十、对偏差进行定义

十一、确定所测试项目的数量和选取项目

十二、主要测试过程记录

序号	识别特征	是否按照规定建立项目法人以及建立健全管理制度体系	建设项目是否已经各主管部门批准并监督管理部门核准备案	建设项目各项审批程序是否已经履行完毕,建设项目用地审批程序是否合规完善	建设项目初步设计已经审批,初步设计概算或施工图预算已经批复
1					
2					
3					
4					
5					
……					

十三、识别出的偏差

续表

十四、考虑扩大测试范围（如适用）

十五、控制缺陷

十六、对获取的有关控制在期中运行有效性的审核证据的考虑

十七、测试结论

二、招标投标管理控制测试

（一）控制测试工作

对项目招标投标管理的控制测试工作主要包括：了解被审核项目招标投标管理的控制活动，确定拟进行测试的控制活动；测试控制运行的有效性，记录测试过程和结论；根据测试结论，确定对实质性程序的性质、时间安排和范围的影响。

(二) 控制测试主要目标

建设项目招投标及采购管理的内部控制需以合规性为底线，以风险防控为核心，通过分阶段控制、分权制衡、信息化手段等实现资源优化与质量保障。其目标与控制活动的设计需紧密结合法规要求和项目实际，形成动态、闭环的管理体系。基本建设项目招标投标管理控制测试是确保招标投标活动合法合规、公平公正的重要管理手段，其核心目的是验证招标投标流程是否符合法律法规、内部控制制度及行业规范，防范舞弊风险。通过合规性验证，检查招标投标活动是否符合《中华人民共和国招标投标法》等法律法规及单位内部制度；通过流程规范性测试，确保招标、投标、开标、评标、定标等环节程序完整且无重大漏洞；通过测试，进行风险防控，以识别围标串标、虚假招标、倾向性评标等舞弊风险；以及评估招标流程是否合理高效，能否实现择优选择承包商、控制成本的目标。

(三) 控制测试程序和方法

1. 招标前期准备

招标前期准备阶段主要测试项目是否达到法定招标规模（如施工类400万元以上必须招标），是否存在拆分项目规避招标的情况，招标方式（公开招标/邀请招标）是否符合规定，邀请招标理由是否充分。

注册会计师在进行本阶段测试时，可以通过查阅项目立项文件、招标方式审批记录，访谈或询问项目负责人关于招标范围及方式的决策依据等方式进行。

2. 招标文件编制与发布

招标文件编制与发布阶段主要测试招标文件是否包含排斥潜在投标人的条款（如设定不合理资质门槛），技术参数或评分标准是否具有倾向性（如指向特定供应商），招标公告发布渠道是否符合规定（如政府指定网站）。

注册会计师在进行本阶段测试时,可以采用抽样检查方法,抽取招标文件,对比同类项目条款是否一致,以及分析程序,检查评分标准是否存在技术分权重过高且参数唯一的情况。

3. 投标与资格审查

投标与资格审查阶段主要测试投标保证金收取/退还是否符合规定(如金额、时限),资格审查是否公平,是否存在排斥潜在投标人或降低标准的情况,是否存在关联企业围标(如多家投标人 IP 地址相同、文件内容雷同)。

注册会计师在进行本阶段测试时,主要采用交叉核对方法,对比投标人信息(如联系方式、资质文件)是否存在关联,以及进行数据比对,检查投标文件提交时间、格式是否异常集中。

4. 开标与评标

开标与评标阶段主要测试开标程序是否公开透明(如唱标记录是否完整),评标委员会组成是否合规(如专家抽取方式、回避制度执行),评标过程是否独立,是否存在外部干预或倾向性打分。

注册会计师在进行本阶段测试时,主要采用观察法,现场参与或调取监控录像查看开标评标过程,以及检查记录,查阅评标报告、专家打分表是否合理(如异常一致的高/低分)。

5. 定标与合同签订

定标与合同签订阶段主要测试是否按评标结果确定中标人,是否存在未公示或擅自更换中标人,合同条款是否与招标文件实质性内容一致(如价格、工期),是否存在中标后转包、违法分包风险。

注册会计师在进行本阶段测试时,主要采用对比分析法,核对中标通知书、合同文本与招标文件差异,以及追踪检查,如审查工程施工中标单位实际施工团队是否与投标文件一致。

在审核实践中,注册会计师需要编制的审核底稿参见示例 5-2、示例 5-3 和示例 5-4。

示例5-4：招标投标管理——控制测试结论汇总表（见表5-4）。

表5-4　　　　　招标投标管理——控制测试结论汇总表

索引号：

被审核单位及建设项目名称：××××××××　　编制：　　日期：20××年××月××日
项目决算基准日：20××年××月××日　　　　复核：　　日期：20××年××月××日

子流程	控制序号	控制目标	被审核单位的控制活动	控制活动是否有效运行	控制测试结果是否支持风险评估结论	控制测试程序和过程工作底稿索引
建设项目管理机构依规定经有权单位审批并成立		机构设立合规				
用于招标的初步设计或施工图设计已经有权单位批复或核备		初步设计或施工图设计合规				
自行招标或委托代理机构招标已经项目管理机构决策		招标决策合规				
按国家及行业或主管部门相关规定办理招标		招标程序合规				
……						

三、合同管理控制测试

（一）控制测试工作

对项目合同管理控制运行有效性的测试工作主要包括：针对了解的被

审核单位合同管理的控制活动,确定拟进行测试的控制活动;测试控制运行的有效性,记录测试过程和结论;根据测试结论,确定对实质性程序的性质、时间安排和范围的影响。

(二) 控制测试主要目标

合同管理内部控制需以法律合规为底线、风险防控为核心、闭环管理为手段。基本建设项目合同管理控制测试是确保合同全生命周期(签订、履行、变更、终止)合法合规、风险可控的关键环节,其核心目标是验证合同管理的规范性、履约的有效性以及风险防范机制的健全性。首先,通过合规性验证,确保合同条款符合法律法规(如《中华人民共和国民法典》《中华人民共和国招标投标法》)及单位内部制度;其次,检查条款的完整性,检查合同内容是否覆盖关键要素(如标的、价款、质量、工期、违约责任等);再次,通过合同履约监控,评估合同履行过程中的进度、质量、变更及付款控制是否有效;最后,风险防控测试,识别合同纠纷、违约、索赔等潜在风险,避免经济损失。

(三) 控制测试程序和方法

1. 合同签订前管理

合同签订前内控测试主要包括:合同签订是否经过合法授权(如审批流程是否完整,是否由有权签字人签署),合同文本是否与招标文件、中标通知书内容一致(如价格、技术标准),是否对承包商资质、履约能力进行审查(如信用记录、过往业绩)。

注册会计师在进行本阶段测试时,主要采用检查法,查阅合同审批流程记录、招标文件与合同文本对比,以及通过访谈,询问采购/法务部门关于合同条款的审查依据。

2. 合同条款规范性

合同条款规范性测试,主要测试内容为合同是否明确双方权利义务

(如工期延误责任、质量验收标准)，风险分配是否合理（如不可抗力条款、争议解决方式)，以及是否存在模糊条款或法律漏洞（如违约金比例未约定)。

注册会计师在进行合同条款规范性测试时，可以采用抽样检查法，抽取重大合同，对照《中华人民共和国民法典》要求检查条款完整性，或由专家进行复核，由法务人员对高风险条款（如知识产权归属）进行专项审核。

3. 合同履行过程监控

合同履行过程监控测试，主要测试内容为进度款支付是否符合合同约定（如工程进度与付款节点是否匹配），工程变更是否履行审批程序（如变更签证单是否经双方确认），质量验收是否按标准执行（如隐蔽工程验收记录是否完整）。

注册会计师在对合同履行过程监控进行测试时，可以采用追踪检查法，核对付款凭证与工程进度报告是否一致，以及观察法，现场检查施工质量与合同技术条款的符合性。

4. 合同变更与索赔管理

合同变更及索赔管理控制测试，主要测试内容为变更原因是否合理（如设计调整、政策变化），变更金额是否超出原合同价款的法定比例（如10%以上需重新招标），索赔处理是否及时，证据链是否完整（如工期延误的第三方证明）。

注册会计师在进行此部分测试时，可以采用对比分析法，对比变更前后的工程量清单及价格差异，以及进行交叉验证，检查变更审批文件与现场施工日志是否逻辑一致。

5. 合同终止与档案管理

合同终止与档案管理控制测试，主要测试内容为合同终止是否合法（如解除合同的书面通知、赔偿协议），合同档案是否完整（如合同正本、补充协议、履约保函、验收报告），是否建立合同履行后评估机制（如供应商绩效评价)。

注册会计师对此部分进行测试时,可以采用检查法,对合同完整性进行检查,抽查合同档案,确认关键文件是否齐全,以及进行数据分析,统计合同纠纷发生率,评估管理漏洞。

在审核实践中,注册会计师需要编制的审核工作底稿参见示例5-2、示例5-3和示例5-5。

示例5-5:合同管理——控制测试结论汇总表(见表5-5)。

表5-5　　　　　合同管理——控制测试结论汇总表

索引号:

被审核单位及建设项目名称:××××××××　　编制:　　日期:20××年××月××日
项目决算基准日:20××年××月××日　　　　复核:　　日期:20××年××月××日

子流程	控制序号	控制目标	被审核单位的控制活动	控制活动是否有效运行	控制测试结果是否支持风险评估结论	控制测试程序和过程工作底稿索引
设立合同管理部门		经济合同签订合规				
设立合同统一归口管理部门,一般为合同部进行管理		归口管理				
合同必须经过审批		审批程序正确				
依法应进行招标的合同需进行招标		经济业务合规				
合同签订后的履行由各分管实施部门进行管理		合同管理健全完善				
具体管理部门应定期将合同台账与财务部门进行核对		合同管理健全完善				
……						

四、建设资金控制测试

(一) 控制测试工作

对项目建设资金控制运行有效性的测试工作主要包括：针对了解的被审核单位建设资金的控制活动，确定拟进行测试的控制活动；测试控制运行的有效性，记录测试过程和结论；根据测试结论，确定对实质性程序的性质、时间安排和范围的影响。

(二) 控制测试主要目标

基本建设项目建设资金控制测试是确保资金使用合法合规、安全高效的关键手段，其核心目标是验证资金管理全流程（预算编制、资金拨付、使用监控、核算决算）的内部控制有效性，防范资金挪用、超支、浪费等风险。建设资金测试，首先，从合规性方面，检查资金使用是否符合国家法律法规（如《基本建设财务规则》《政府投资条例》）及单位内部制度；其次，从安全性方面，确保资金流向清晰、专款专用，防范挤占挪用、虚假列支；再次，从效益性方面，评估资金使用效率，避免超预算支出或资源浪费；最后，从财务核算准确性方面，验证资金会计核算与决算的真实性、完整性。

(三) 控制测试程序和方法

1. 预算编制与审批

预算编制与审批环节控制测试，主要测试项目预算是否经过科学论证和审批程序（如可研报告、投资评审），是否分解细化预算科目（如建安费、设备购置费、其他费用），是否存在虚增工程量或虚报单价套取资金等。

注册会计师在进行测试时，可以采用检查法，查阅预算审批文件，对比可研报告与预算明细,以及实施分析程序,抽查工程量清单,复核单价与市场价是否匹配。

2. 资金拨付与使用

资金拨付与使用控制测试,主要测试内容为资金拨付是否按合同约定及工程进度执行(如工程预付款、工程进度款支付比例),是否存在超合同支付、提前支付或无依据支付(如未验收即支付尾款),大额资金支付是否履行分级授权审批(如"三重一大"决策程序)。

注册会计师在实施本环节测试时,可以采用追踪检查法,核对付款凭证、合同条款与工程进度报告的一致性;进行穿行测试,抽取付款流程样本,检查审批签字是否完整。

3. 资金使用监控

资金使用监控控制测试,主要测试内容为是否设立专户管理建设资金,实现专款专用,是否存在挪用资金至非项目用途(如转借关联方、购买理财产品),费用报销是否真实合规(如发票真伪、事由与项目相关)。

注册会计师在进行测试时,可以核对银行流水,检查专户资金流向,追踪大额异常支出;抽查凭证,验证费用报销单据的完整性与业务真实性。

4. 资金核算与决算

资金核算与决算控制测试,主要测试内容为会计核算是否准确(如资本化与费用化区分、利息分摊),竣工决算编制是否及时,结余资金是否按规定处理(如上缴财政或经批准留用)。

注册会计师在进行测试时,可以进行复核计算,检查会计科目归集是否符合《基本建设财务规则》;检查相关报告,如查阅竣工决算报告等。

在审核实践中,注册会计师需要编制的审核工作底稿参见示例5-2、示例5-3和示例5-6。

示例5-6:建设资金管理——控制测试结论汇总表(见表5-6)。

表 5-6　　　　　　建设资金管理——控制测试结论汇总表

索引号：

被审核单位及建设项目名称：×××××××　　编制：　　　　日期：20××年××月××日
项目决算基准日：20××年××月××日　　　　复核：　　　　日期：20××年××月××日

子流程	控制序号	控制目标	被审核单位的控制活动	控制活动是否有效运行	控制测试结果是否支持风险评估结论	控制测试程序和过程工作底稿索引
制定建设项目资金管理办法		资金使用合规				
制定建设项目预算管理办法		项目资金按预算用途及额度办理				
对项目资金预算、调整预算、资金到位、资金筹集、资金审批、资金支付及记录、资金稽核监督进行明确规定，并按规定实施		资金使用合规、规范				
建设项目资金使用应符合国家及上级主管部门关于现金、银行存款、银行账户开立（含基本建设贷款户）等各项规定并按规定执行		资金使用合规、规范				
现金管理		现金账实相符				
银行存款管理		银行存款账实相符				
账户、印章及票据管理		银行存款安全				
明确资金管理涉及各个环节及岗位的不相容职务并做到不相容职务分离		不相容职务分离				
制定建设项目资金筹集管理办法，依据规定筹集建设资金，并定期与投资计划进行比较，确保资金筹集按下达的投资计划到位……		按规定及计划筹集资金				

五、验工计价与结算控制测试

(一) 控制测试工作

测试验工计价与结算环节控制运行有效性的工作包括：针对了解的被审核单位验工计价及结算管理的控制活动，确定拟进行测试的控制活动；测试控制运行的有效性，记录测试过程和结论；根据测试结论，确定对实质性程序的性质、时间安排和范围的影响。

(二) 控制测试主要目标

基本建设项目竣工财务决算审核中，验工计价与结算控制测试是确保工程成本真实、合法、合规的重要环节，主要围绕内部控制的有效性、流程的规范性及风险防控展开。首先，进行合规性验证，确保验工计价与结算符合合同条款、招标投标文件及相关法规（如《建设工程价款结算暂行办法》）；其次，进行准确性核查，检查工程量确认、单价套用、变更签证等是否真实准确，无虚报、重复计算等问题；最后，进行流程控制评价，检查审批权限、岗位分离、资料完整性等内控环节是否有效执行。

(三) 控制测试程序和方法

1. 验工计价环节

验工计价环节主要控制点为：工程量确认是否有监理、业主、施工方三方签字确认的原始记录（如工程进度表、隐蔽工程验收单）；计价依据是否按合同约定单价或定额执行，变更签证是否经有效审批；数据的一致性，验工计价表与合同清单、实际进度是否匹配。

注册会计师在进行本环节测试时，主要测试程序包括：抽样检查验工计价单与原始施工日志、监理日志的匹配性；核对变更签证文件的审批流程（如是否经设计、监理、业主多级签字）；对比合同单价与结算单价，分析差异合理性（如材料调差、政策性调整）。

2. 工程结算环节

工程结算环节主要控制点为结算资料的完整性，竣工图、验收报告、质量证明文件是否齐全；结算审批是否按权限分级审批，是否存在越权支付；尾款预留质保金是否按合同比例扣除。

注册会计师在进行本环节测试时，主要测试程序包括：检查结算资料是否完整且经各方确认（如竣工图与施工图差异说明）；追踪结算支付流程，验证审批层级是否符合内控制度；复核质保金计算是否准确，是否与合同条款一致。

通过上述测试程序，首先，确认有无虚假验工，通过分析工程量与工期逻辑关系（如短时间内大量工程进度）、对比材料进场记录与工程量数据，识别异常；其次，变更是否失控，检查变更是否经必要性论证、预算调整是否经审批，避免"低价中标、高价结算"；最后，是否存在超付风险，结合合同约定的付款节点，验证累计付款是否超实际完成工程量。

注册会计师在进行验工计价与结算环节控制测试时，可以采用穿行测试法，选取典型结算案例，从验工计价到最终付款全程跟踪，验证流程是否合规；进行数据分析，利用电子数据比对合同清单与实际结算清单，识别重复项或超量项；统计变更签证金额占比，评估变更管理的有效性；访谈工程部、财务部人员，了解实际执行与制度的差异，观察岗位分离情况（如工程计量与付款审批是否由不同人员负责）。

在审核实践中，注册会计师需要编制的审核工作底稿参见示例5-2、示例5-3和示例5-7。

示例5-7：验工计价及结算管理——控制测试结论汇总表（见表5-7）。

表5-7　　验工计价及结算管理——控制测试结论汇总表

索引号：

被审核单位及建设项目名称：×××××××　　编制：　　日期：20××年××月××日

项目决算基准日：20××年××月××日　　复核：　　日期：20××年××月××日

子流程	控制序号	控制目标	被审核单位的控制活动	控制活动是否有效运行	控制测试结果是否支持风险评估结论	控制测试程序和过程工作底稿索引
制定建设项目验工计价管理办法，明确各部门职责，明确验工计价范围		制度体系规范健全				
依据合同约定定期办理验工计价		依据合同约定定期办理验工计价				
据实办理验工计价，对于超概算、超合同金额的项目不予以办理		据实办理验工计价				
制定工程价款结算办法，依据合同约定进行工程预付款、工程进度款、工程竣工价款结算		工程结算合规并符合合同约定				
工程预付款按合同约定拨付，同时按照约定的抵扣方式在工程进度款中扣回		按规定办理预付款扣回及抵拨工程款				
按规定办理建设项目末次验工计价		末次验工计价合规及时准确				

六、建设成本控制测试

（一）控制测试工作

对项目建设成本控制运行有效性的测试工作主要包括：了解被审核项

目建设成本的控制活动，确定拟进行测试的控制活动；测试控制运行的有效性，记录测试过程和结论；根据测试结论，确定对实质性程序的性质、时间安排和范围的影响。

(二) 控制测试主要目标

竣工财务决算审核为高度保证的鉴证业务，项目建设成本即项目总投资是竣工财务决算审核的核心指标，注册会计师执行控制测试，旨在验证与成本控制相关的内部控制是否设计合理、运行有效。通过验证内部控制有效性，检查成本控制流程（如预算审批、合同管理、变更签证等）是否被严格执行；通过控制测试，确认控制措施是否能够预防或发现重大错误或舞弊，以及识别控制缺陷，发现控制流程中的薄弱环节（如审批权限缺失、记录不完整等），并为实施实质性程序提供依据，根据控制测试结果，确定后续审核程序的范围和深度（如是否扩大抽样量）。

(三) 控制测试程序和方法

建设成本控制有效性测试，与招标投标管理、合同管理、建设资金等环节管理有关联性，本环节主要对其他环节未重点测试内容进行测试，并进行有效性评价。

1. 预算管理

预算管理环节控制测试主要内容包括：预算编制，检查项目预算是否科学合理，是否基于可行性研究、设计概算和行业标准；预算执行，对比实际支出与预算的偏差，分析超支原因（如设计变更、材料涨价等）；预算调整，检查超预算调整是否履行审批程序，是否合规。

2. 物资采购与库存

物资采购与库存环节主要测试内容包括：采购流程，抽查材料设备采购是否通过招标或比价，价格是否合理；出入库管理，检查物资领用记录是否与施工进度匹配，是否存在浪费或挪用。

3. 成本核算与分析

成本核算与分析环节主要测试内容包括：费用归集，验证成本是否按分部分项工程准确归集，间接费用分摊是否合理；动态监控，检查是否定期编制成本分析报告，是否及时预警超支风险。

注册会计师在进行测试时，可以采用与项目管理层、财务人员、工程部门人员访谈方法，了解成本控制流程（如预算编制、合同签订、付款审批等）；实地观察关键控制点的执行情况（如材料验收、进度款审核）；查阅制度文件，检查是否存在成文的成本管理制度（如《工程变更管理办法》《合同审批流程》）；并辅以抽样检查，抽取一定样本（如合同、付款凭证、变更单），检查是否遵循控制流程。例如，抽查10份合同，检查是否均经过招标、审批和备案等。

在审核实践中，注册会计师需要编制的审核工作底稿参见示例5-2、示例5-3和示例5-8。

示例5-8：建设成本管理——控制测试结论汇总表（见表5-8）。

表5-8　　　　　建设成本管理——控制测试结论汇总表

索引号：

被审核单位及建设项目名称：××××××××　　编制：　　　日期：20××年××月××日

项目决算基准日：20××年××月××日　　　　复核：　　　日期：20××年××月××日

子流程	控制序号	控制目标	被审核单位的控制活动	控制活动是否有效运行	控制测试结果是否支持风险评估结论	控制测试程序和过程工作底稿索引
制定建设项目成本管理办法，并按规定进行建设成本管理		建设项目成本合规、完整				
规定各成本部门与财务部门进行对账管理，并设立相应的监督体制		建设项目成本合规、完整				

续表

子流程	控制序号	控制目标	被审核单位的控制活动	控制活动是否有效运行	控制测试结果是否支持风险评估结论	控制测试程序和过程工作底稿索引
建立项目成本分析体系，并定期与预算、投资计划进行综合分析，发现异常情况，及时采取措施妥善处理		完成下达的投资计划				
基本建设项目完工后，依据规定办理资产估价入账，同时进行账务处理		对达到预定可使用状态的资产估价入账并相应进行后续计量				
基本建设项目交工验收后，按规定办理项目竣工决算以及资产移交工作，同时进行账务处理		对建设项目进行竣工决算，经审批后办理资产正式转固				

第六章

实质性审核程序

基本建设项目竣工财务决算的实质性审核程序是项目审核实施阶段的核心工作，该程序在执行控制测试程序的基础上，通过运用检查、监盘、观察、访谈、函证、计算、分析性复核等多种方法，获取直接证据。这些方法用于全面审查被审核项目的基本建设程序执行情况，资金计划、来源及使用管理情况，项目投资完成情况，概预算执行情况，资产形成及交付情况，最终形成审核结论。实质性测试通常采用抽样方法，抽样规模依据内部控制评价和控制测试的结果来确定，旨在获取足够的审核证据，以支持审核人员做出审核结论。

《中国注册会计师审计准则第1231号——针对评估的重大错报风险采取的应对措施》明确规定，实质性程序包括下列两类程序：（1）对各类交易、账户余额和披露的细节测试；（2）实质性分析程序。

针对基本建设项目竣工财务决算审核中可能存在的重大违规风险，例如，基建资金的来源、使用和管理，项目投资的完成情况，合同的执行情况等，注册会计师应在评估是否执行控制测试以及对控制的依赖程度之后，规划实质性程序的性质、时间安排和范围。一旦发现依赖的控制存在偏差，注册会计师需评估是否需要调整实质性程序以应对潜在的违规风险。不论重大违规风险的评估结果如何，都应针对所有重大类别的资金来源和使用、项目基本建设支出及投资完成情况、项目概（预）算执行情况、合同执行情况等设计并执行实质性程序。如果评估出的违规风险属于特别风险，注册会计师还应专门针对该风险执行实质性程序；如果针对特别风险的程序仅限于实质性程序，这些程序必须包括细节测试。在基本建设项目竣工财务决算审核中，通常采用详查方式进行。

一、基本建设程序执行合规性审核

基本建设程序主要包括项目前期准备阶段、设计工作阶段、建设准备阶段、建设实施阶段、竣工验收阶段等。具体阶段划分和审批要求，因所处的不同行业、项目投资金额大小、使用资金性质等有所不同。对项目前期准备阶段、设计工作阶段和建设准备阶段实施审核时，应重点关注是否履行了基本建设程序，是否符合国家有关制度和行业主管部门的要求，主要审查程序合规性，重点关注是否取得有关部门的可行性研究报告批复、初步设计批复等前期批复文件，招标投标程序是否合规，应招标事项是否全部按规定进行招标。

在审核实践中，注册会计师需要执行的基本建设项目建设程序合规性审核程序参见示例6-1。

示例6-1：基本建设项目建设程序合规性审核程序（见表6-1）。

表6-1　　　　　　基本建设项目建设程序合规性审核程序

被审核单位及建设项目名称：××××××××　　编制：　　日期：20××年××月××日　　索引号：
项目决算基准日：20××年××月××日　　复核：　　日期：20××年××月××日

审核目标：
1. 项目建设是否履行基本建设程序
2. 项目建设是否符合国家有关建设管理制度要求

	项目	竣工财务决算报表的认定				
		存在	完整性	权利和义务	计价和分摊	列报
1	评估的重大错报风险水平					
2	控制测试结果是否支持风险评估结论					
3	需从实质性程序获取的保证程度					

续表

计划实施的实质性程序		索引号	执行人				
1	取得并研读相关批复文件,确认项目立项、可研和初步设计等是否经有权部门批准						
2	初步设计由有关部门批复,并取得初步设计批复文件						
3	建设过程中发生变更设计是否按相关规定履行了相应的审批程序						
4	取得相关资料对变更设计的申报审批及实际实施情况进行审核,检查是否存在对变更设计先实施、后批复的违规问题						
5	检查是否存在需重新履行相应审批程序的事项,特别是静态投资(剔除征地拆迁、材料价差增加费用)超可研批复投资估算10%而需重新报批的事项						
6	检查相关批复(报备)资料是否完备,相关批复要求是否认真落实						
7	取得项目合同台账、中标通知书等检查应招标项目是否已按规定招标,是否采用其他方式招标						
8	取得招投标资料,检查中标候选人公示期间是否有投标人对评标结果有异议并向有关主管部门提出申诉,中标通知书是否在相关申诉处理完成后发出;中标人是否为排名第一的中标候选人,如不是,是否有正当理由;招标人是否在中标通知书发出30日内与中标人签订合同;合同约定(包括相应的补充协议或其他协议)是否背离合同实质性内容						

（一）基本建设程序合规性审核

在执行基本建设项目建设程序合规性检查时，注册会计师应特别留意各项专项验收是否已经完成以及相关手续是否完备。通常，基本建设项目完工后，必须经过一系列专项验收流程，包括交工验收、消防验收、环保验收、水保验收、档案验收等，以及质量评定。只有在这些验收全部完成后，才能进行竣工财务决算，并进一步开展项目竣工验收。一旦竣工验收合格，需根据批准的竣工财务决算，办理资产移交和产权登记手续。在审核过程中，注册会计师必须获取相关文件，核实验收报告是否符合国家、行业主管部门或主管单位的规定，并确保手续完整。如果项目缺少必要的专项验收，注册会计师应要求建设单位提供相应的说明文件，或评估项目是否满足竣工决算的条件。这些因素都是注册会计师决定是否可以出具竣工决算审核报告的关键考量。

在审核实践中，注册会计师需要编制的项目建设程序合规性检查底稿参见示例6-2。

示例6-2：建设项目批复性程序合规性检查表（见表6-2）。

表6-2　　　　　　　　建设项目批复性程序合规性检查表

索引号：

被审核单位及建设项目名称：×××××××　　编制：　　日期：20××年××月××日

项目决算基准日：20××年××月××日　　　　复核：　　日期：20××年××月××日

序号	项目	文件或资料名称及文号	批准单位	主要内容摘要	批复日期	是否异常	备注
1	项目建议书批复						
2	可行性研究报告批复						
3	初步设计概算批复						
4	施工图预算						
5	项目开工报告						
6	环境影响报告书						
7	水土保持方案						

续表

序号	项目	文件或资料名称及文号	批准单位	主要内容摘要	批复日期	是否异常	备注
8	交工验收						
9	消防验收						
10	环境保护验收						
11	水土保持验收						
12	建设用地预审批复						
13	建设用地批复						
14	国有土地使用证（不动产权证）						
15	质量评定						
16	档案验收						
	……						

（二）项目前期批复合规性检查重点及注意事项

在项目规划与设计阶段，通常会经历项目建议书的编写、立项、可行性研究、初步设计、技术设计以及施工图设计等环节。注册会计师在执行项目前期批复的合规性审查时，重点检查项目是否获得了必要的前期批复文件，文件的批复是否由具有相应权限的部门或单位完成，以及是否存在违反建设管理程序、虚报项目和投资等问题。对于一些规模较小或紧急的建设项目，可能会跳过项目建议书和立项阶段，直接由上级主管部门或单位委托具备资质的单位进行可行性研究，并出具可行性研究报告。此外，抢险救灾项目可能会直接进入施工图设计阶段，随后立即开始施工。在进行审核时，注册会计师需要针对每个具体项目进行细致分析，以确定是否存在潜在问题，而不能采取一刀切的审查方式。

在项目建议和立项阶段，建议书的编制应依据国家的长远国民经济和社会发展规划、区域综合规划以及专业规划，遵循国家产业政策和投资建设的相关方针。这是一份对计划建设项目的初步阐述。通常，项目建议书的编制任务由政府或上级主管部门委托给具备相应资质的机构，并依照国家现行规定权限向主管部门提交审批。一旦项目建议书获得批准立项，即可进入下一阶段的建设程序。

在项目的可行性研究阶段，必须对不同的方案进行比较，对技术上的可行性与经济上的合理性进行详尽的分析和论证。一份经过批准的可行性研究报告，将成为项目决策和初步设计阶段的坚实基础。通常，可行性研究报告由项目法人（或筹备机构）负责组织编制。在提交项目可行性研究报告时，必须同时提出项目法人的组建方案、运行机制、资金筹措方案、资金结构以及回收资金的策略。一旦可行性研究报告获得批准，其主要内容不应随意更改；若需进行重要修改，必须重新获得原批准机关的复审和同意。项目可行性报告一旦得到批准，项目法人应正式成立，并按照项目法人责任制进行项目管理。在审核过程中，注册会计师将特别关注批复中的投资估算、项目建设规模、建设期限等关键要求。

在设计阶段，通常包括初步设计和施工图设计两个主要环节。对于那些建设难度较大、工艺要求较高的项目，往往会在施工图设计之前增设技术设计环节。初步设计阶段，设计师会依据经过批准的可行性研究报告以及必要且精确的设计资料，全面审视设计对象，明确拟建工程在技术上的可行性与经济上的合理性。此阶段还需确定项目的各项基础技术参数，并编制项目的总概算。一旦初步设计获得批复，它将成为项目建设的法定依据，确保项目建设按照批复的规模、内容、标准以及工期进行，且总投资不得超出批复的总概算。在项目建设过程中，若需对主要方面进行修改或变更，必须重新获得原审批机关的复审和同意。注册会计师在审核过程中，除了关注概算批复的内容外，还应确保总概算不会超出已批复投资估算的 10%。至于施工图设计，主要作为项目施工的依据，是设计与施工之间的桥梁。通过施工图设计，项目的设计意图和结果得以具体表达。施工图预算则是基于施工图、预算定额、取费标准等计算得出的建筑安装工程造价，它不仅是项目施工招标的依据，通常也被视为项目施工招标控制价的上限，同时也是控制项目投资成本的关键指标。

(三) 项目行政许可和审批事项合规性检查重点及注意事项

在可行性研究报告获得批准之后,基本建设项目开工之前,相关部门和单位需依照法律法规对项目进行行政审批。这些行政审批事项必须在开工前完成,由项目单位提出申请,提交相关部门进行审批。通常,建设项目需要从多个部门和行业获取行政许可和审批,过程复杂且各地区的要求不尽相同。在当前的实践中,所有建设项目在开工前都必须完成报批报建流程,这通常包括以下事项:建设用地(包括临时用地)规划许可证的获取,建设工程(包括临时工程)规划类许可证的核发,建筑工程施工许可证的核发,市政设施建设类审批,供地方案审批,防雷装置设计审核,应建防空地下室的民用建筑项目报建审批,非重特大项目的环评审批,节能审查意见签署,以及建筑工程消防设计审核。

鉴于建设项目的功能定位、所属行业、地理位置、规模特性等因素,可能需要办理与交通、水利、海洋、民航、水土保持、矿产、宗教、国家安全、核设施、文物等相关的审批手续。建设项目需报批的事项及审批部门通常涵盖以下35项(见表6-3):

表6-3　　　　　　　　建设项目主管部门及审批事项

主管部门	审批项数	需报批事项
住房和城乡建设部门	8	(1) 建筑工程施工许可 (2) 乡村建设规划许可证核发 (3) 超限高层建筑工程抗震设防审批 (4) 风景名胜区内建设活动审批 (5) 工程建设涉及改变绿化规划、绿化用地的适用性质审批 (6) 市政设施建设类审批 (7) 拆除、改动城镇排水与污水处理设施审核 (8) 建设工程消防验收、备案

续表

主管部门	审批项数	需报批事项
交通运输部门	5	(1) 公路、水运投资项目立项审批 (2) 水运建设项目设计文件审批 (3) 公路建设项目设计文件审批 (4) 航道通航条件影响评价审核 (5) 港口岸线使用审批
自然资源部门	4	(1) 建设项目用地预审 (2) 建设项目选址意见书核发 (3) 建设项目控制工期的单体工程先行用地审查 (4) 建设项目压覆重要矿床（矿产资源）审批
水利部门	3	(1) 水利基建项目初步设计文件审批 (2) 生产建设项目水土保持方案审批 (3) 洪水影响评价类审批
生态环境部门	3	(1) 建设项目环境影响评价审批 (2) 海洋工程建设项目环境影响报告书核准 (3) 江河、湖泊新建、改建或者扩大排污口审核
气象部门	1	新建、扩建、改建建设工程避免危害气象探测环境审批
能源部门	1	核电厂建设消防初步设计审批
文物部门	1	全国重点文物保护单位建设控制地带内建设工程设计方案审批
林业和草原部门	2	(1) 林木采伐许可证核发 (2) 矿藏勘查、开采以及其他各类工程建设占用林地审核
民航部门	3	(1) 民航专业工程及含有中央投资的民航建设项目初步设计审批 (2) 民用机场厂址及总体规划审批 (3) 民用机场不停航施工审批
应急管理部门	3	(1) 跨省运营的陆上石油天然气长输管道建设项目安全条件审查 (2) 跨省运营的陆上石油天然气长输管道建设项目安全设施设计审查 (3) （国务院审批、核准、备案的）金属冶炼建设项目安全设施设计审查
宗教部门	1	宗教活动场所内改建或者新建建筑物审批

此外，不需要建设项目申报审批，但需要政府部门间征求意见的，主要是军队有关部门2项：贯彻国防要求、军事设施保护意见。

除上述许可、审批事项外，建设项目还需要申报涉及安全的强制性评估事项5项：

（1）安全监管部门2项：职业病危害预评价、建设项目安全预评价；

（2）自然资源部门1项：地质灾害危险性评估；

（3）气象部门1项：重大规划、重点工程项目气候可行性论证；

（4）地震部门1项：重大工程抗震设防要求审定（地震安全性评价）。

在进行审核时，注册会计师需特别关注被审核单位是否根据项目性质、特点以及各部门的具体要求，完成了必要的报批报建流程，并确保在获得相关批复或核准之后才开始建设。对于委托给第三方进行的咨询评价等任务，审核人员需检查这些工作是否满足了内部审批流程的要求，例如，国有企业是否遵循了"三重一大"决策程序，并且是否按照招投标规定委托给有相应资质的单位执行。同时，审核还会验证报告的内容以及出具时间是否符合相关规章制度。

（四）项目招标投标阶段合规性检查重点及常见问题分析

1. 项目招标投标阶段合规性检查重点

基本建设项目在遵循国家现行的招标投标法及相关法律法规的前提下，注册会计师在执行项目招投标合规性审查时，应着重从以下几个方面进行核查：

（1）检查招标范围是否符合规定。根据《中华人民共和国招标投标法》的规定，在中华人民共和国境内进行下列工程建设项目包括项目的勘察、设计、施工、监理以及与工程建设有关的重要设备、材料等的采购，必须进行招标：①大型基础设施、公用事业等关系社会公共利益、公众安全的项目；②全部或者部分使用国有资金投资或者国家融资的项目；③使用国际组织或者外国政府贷款、援助资金的项目。国家发展改革委公布的《必须招标的工程项目规定》第二条规定：全部或者部分使用国有资金投资或者国家融资的项目包括：①使用预算资金 200 万元人民币以上，并且该资金占投资总额 10% 以上的项目；②使用国有企业事业单位资金，并且该资金占控股或者主导地位的项目。第三条规定：使用国际组织或者外国政府贷款、援助资金的项目包括：①使用世界银行、亚洲开发银行等国际组织贷款、援助资金的项目；②使用外国政府及其机构贷款、援助资金的项目。

在执行审核过程中，注册会计师需要参照上述必须招标的三类项目，进行对标检查，以确定待审项目是否属于这三类项目之一。

同时，依据国家发展改革委公布的《必须招标的工程项目规定》第五条规定：从资金角度审视项目是否在招标范围之内，确保符合规定。对于那些必须进行招标的项目，其勘察、设计、施工、监理以及与工程建设相关的重大设备、材料等采购，若达到以下任一标准，必须招标：①施工单项合同估算价在 400 万元人民币以上；②重要设备、材料等货物的采购，单项合同估算价在 200 万元人民币以上；③勘察、设计、监理等服务的采购，单项合同估算价在 100 万元人民币以上。

同一项目中可以合并进行的勘察、设计、施工、监理以及与工程建设有关的重要设备、材料等的采购，合同估算价合计达到前款规定标准的，必须招标。

在进行审查时，注册会计师要特别关注是否存在将依法必须招标的项目进行拆分或以其他任何手段规避招标的情形。

对于某些大型基础设施、公用事业等涉及社会公共利益和公众安全的项目，若不在前述规定范围之内，根据《必须招标的基础设施和公用事业项目范围规定》，以下项目同样必须执行招标程序：①煤炭、石油、天然气、电力、新能源等能源基础设施项目；②铁路、公路、管道、水运，以及公共航空和 A1 级通用机场等交通运输基础设施项目；③电信枢纽、通信信息网络等通信基础设施项目；④防洪、灌溉、排涝、引（供）水等水利基础设施项目；⑤城市轨道交通等城建项目。

（2）所选招标方式是否遵循了相关规定。招标方式分为公开招标和邀请招标两种。公开招标指的是招标人通过发布招标公告的方式，向不特定的法人或其他组织发出投标邀请。邀请招标则是招标人通过发送投标邀请书的方式，向特定的法人或其他组织发出投标邀请。对于国务院发展改革部门确定的国家重点项目以及省、自治区、直辖市人民政府确定的地方重点项目，若不适宜公开招标，经国务院发展改革部门或相应省级政府批准后，可以采用邀请招标的方式。除此之外的其他项目，原则上应采用公开招标的方式进行。

注册会计师在进行审查时，若发现未采用公开招标而是邀请招标方式的，需要核实项目性质和是否取得批准。

（3）招标程序是否遵循了既定的规定。在采用公开招标方式时，注册会计师在进行合规性检查时，应特别留意以下几点：

①发布招标公告的媒介及发布信息是否符合相关法规要求。对于法律规定的必须招标项目，招标公告必须通过国家指定的报刊、信息网络或其他媒介进行发布。公告中应明确包含招标人的名称与地址、招标项目的性质与数量、实施地点与时间，以及获取招标文件的方法等关键信息。

②招标文件的澄清或修改是否在规定时间内完成。如果需要对已发出的招标文件进行必要的澄清或修改，必须至少在投标文件提交截止时间的15日前，以书面形式通知所有已获取招标文件的参与者。

③递交投标文件截止时间是否符合规定。依法必须进行招标的项目，自招标文件开始发出之日起至投标人提交投标文件截止之日止，最短不得少于20日；投标人应当在招标文件要求提交投标文件的截止时间前，将投标文件送达投标地点。

④检查投标人数量是否满足规定要求。若投标人不足3人，招标将被视为无效，并需重新组织招标程序。

⑤联合体投标的应特别关注参与方是否满足资质要求。两个或两个以上的法人实体或组织可以联合起来，作为一个单一的投标实体参与投标。所有联合体成员都必须具备完成招标项目所需的能力；如果国家相关法规或招标文件对投标人的资格有具体要求，联合体的每个成员都必须满足这

些要求。对于由同一专业领域的单位组成的联合体，其资质等级应根据资质等级最低的成员来确定，并据此检查是否满足招标文件中对资质的具体要求。

⑥开标时间及地点是否符合招标文件约定。开标应当在招标文件确定的提交投标文件截止时间的同一时间公开进行；开标地点则应与招标文件中事先指定的地点一致。

⑦评标委员会人员的构成是否符合法定要求。对于依法必须进行招标的项目，评标委员会应由招标人代表以及具备相关技术、经济专业知识的专家组成，成员人数应为5人或以上且为奇数，确保技术、经济等领域的专家占委员会成员总数的2/3以上。

⑧评标是否遵循招标文件规定。评标委员会需依照招标文件中明确的评标标准和方法，对投标文件进行细致的评审与比较；若招标过程中设有标底，则评标时应予以考虑。评标委员会在完成评审工作后，应向招标人提交详尽的书面评标报告，并推荐出符合条件的中标候选人。

⑨中标人是否符合规定。招标人依据评标委员会提交的书面评标报告及推荐的中标候选人名单来确定中标人。同时，招标人有权授权评标委员会直接选定中标人。

此外，注册会计师还需要重点关注，在确定中标人前，招标人是否违反规定与投标人就投标价格、投标方案等实质性内容进行谈判，并签订了违背招标文件和投标文件实质性内容的协议。

（4）合同签订是否符合规定。在确定中标人后，招标人需向其发送中标通知书。在审核过程中，注册会计师需重点关注合同是否在中标通知书发出后的30日内，依据招标文件和中标人的投标文件正式签订书面合同；若为联合体中标，联合体的各方是否共同与招标人签订了合同；以及合同内容是否完整，包括合同金额、签订日期等关键条款是否均已妥善填写。

当采用邀请招标方式时，除了招标公告的发布方式与公开招标有所区别外，其余流程和要求基本上与公开招标保持一致。邀请招标需要向至少三个具备承担招标项目能力、资信良好的特定法人或其他组织发送投标邀请函。

2. 招投标及合同签订过程中常见问题及分析

（1）应招标事项未招标或未采用适当的招标方式。例如，某公路工程项目勘察设计合同金额超过 100 万元，未通过招标程序而是采用直接委托方式确定承包人。这一做法违反了国家发展改革委《必须招标的工程项目规定》第五条"本规定第二条至第四条规定范围内的项目，其勘察、设计、施工、监理以及与工程建设有关的重要设备、材料等的采购达到下列标准之一的，必须招标：……（三）勘察、设计、监理等服务的采购，单项合同估算价在 100 万元人民币以上。同一项目中可以合并进行的勘察、设计、施工、监理以及与工程建设有关的重要设备、材料等的采购，合同估算价合计达到前款规定标准的，必须招标。"的规定。

（2）招标文件条款前后矛盾。例如，某工程项目设备采购招标文件之履约担保，担保金额为签约合同价的 10%，中标人应在收到中标通知书后 10 日内，签订合同前，向招标人提交履约保证金。规定退还期限为设备经验收合格后 30 个工作日内退还 7%，剩余 3%转为质量保证金。招标文件中合同格式为设备经验收合格后 30 个工作日内退还 5%，剩余 5%转为质量保证金。

（3）招标采用的招标文件范本不符合规定。例如，某一级公路特大桥项目，2016 年招标时，施工招标合同采用《新疆生产建设兵团公路工程标准施工招标文件》（2010 年版），但按兵交发〔2010〕96 号文的规定，此标准文件仅适用于兵团范围内的二级及以下公路建设。该项目为一级公路特大桥工程项目，招标文件范本应采用交通运输部《公路工程标准施工招标文件》。

（4）招标标段划分不科学。例如，某港口工程项目设备采购招标，将 1 辆 20 吨载重汽车和 1 辆 10 吨载重汽车与其他设备一起纳入招标范围，覆盖了项目的所有设备及车辆。在确定招标内容时，未充分考虑市场上具备全部设备生产、销售及相应资质的供应商情况。中标企业××机械制造有限公司仅具备其他设备的生产能力，而不具备生产或销售载重汽车的资质。结果导致这两辆汽车必须先从外部购买，然后以二手车的形式进行过户。这种做法违反了《中华人民共和国招标投标法》第十九条"招标人应当根据招标项目的特点和需求编制招标文件。……招标项目需要划分标段、确定工期的，招标人应当合理划分标段、确定工期，并在招标文件中载明。"的规定。

（5）投标文件与招标文件要求不符。例如，某公路工程项目土建工程施工招标，某标段中标人提交的投标书无逐页小签，且投标文件中应有投标人授权代表签字的表未签字，不符合《投标人须知》15.2"投标文件正本应用不褪色的墨水书写或打印，由投标人的法定代表人或其授权的代理人逐页小签或签署，不得用签名章代替。"和 22.1（2）初步审查"投标文件上法定代表人或其授权代理人的签字（含小签）齐全，符合招标文件规定：凡投标书、投标书附录、投标担保、授权书、工程量清单、投标书附表、施工组织设计的内容必须逐页签字。"的规定。上述投标书的不完备，按《投标人须知》22.1 规定："投标文件不符合以上条件之一的，应认为其存在有重大偏差，并对该投标文件作废标处理。"

（6）评标委员会的组成人员不符合规定。例如，某工程项目工程施工招标，评标委员会的成员全为技术人员，缺少经济领域的专家。这与《中华人民共和国招标投标法》第三十七条的要求不符，该条款明确指出："评标由招标人依法组建的评标委员会负责。依法必须进行招标的项目，其评标委员会由招标人的代表和有关技术、经济等方面的专家组成，成员人数为 5 人以上单数，其中技术、经济等方面的专家不得少于成员总数的 2/3。"

（7）投标截止期和开标时间不一致。例如，某工程项目施工招标文件规定投标截止期为 20×3 年 10 月 15 日 10 时，开标时间为 20×3 年 10 月 15 日 14：30 时。不符合《中华人民共和国招标投标法》第三十四条"开标应当在招标文件确定的提交投标文件截止时间的同一时间公开进行。"的规定。

（8）合同签订金额与中标金额不一致。例如，某项目土建工程招标，中标人投标报价及中标价为××819.81元，签署合同时，进行四舍五入，签约合同价为××820元，与中标价不一致。

（9）签订违反招投标文件实质性内容的合同或协议。例如，某工程项目施工招标，中标价×××元，在确定中标人前，招标人与投标人就投标价格进行谈判，承诺中标后，在中标价基础上下降5%。最后招标人与投保人按投标报价下浮5%签订了合同协议书。违反了《中华人民共和国招标投标法》第四十三条"在确定中标人前，招标人不得与投标人就投标价格、投标方案等实质性内容进行谈判。"的规定。

（10）合同签订日期不符合规定。例如，某工程项目勘察设计招标，于20××年9月23日发出中标通知书，20××年11月22签订合同。违反了《中华人民共和国招标投标法》第四十六条"招标人和中标人应当自中标通知书发出之日起30日内，按照招标文件和中标人的投标文件订立书面合同。"的规定。

（11）联合体中标人只有一方签订合同。例如，某工程项目勘察设计招标，由两家不同专业的投标人组成联合体投标，但中标后，只有联合体牵头一方与招标人签订合同。违反了《中华人民共和国招标投标法》第三十一条"联合体各方应当签订共同投标协议，明确约定各方拟承担的工作和责任，并将共同投标协议连同投标文件一并提交招标人。联合体中标的，联合体各方应当共同与招标人签订合同，就中标项目向招标人承担连带责任。"的规定。

（12）提交的履约保函不符合规定或提交时间滞后。例如，某工程项目施工招标，合同签订日期为20××年9月1日，各承包人提交履约保函的日期均在此日期之后。招标文件要求中标人应在收到中标通知书之后签订合同之前提交履约担保。在未按招标文件要求提交履约担保的情况下签订合同，违反了招标文件约定和《中华人民共和国招标投标法》第四十六条"招标文件要求中标人提交履约保证金的，中标人应当提交。"的规定。

3. 招标投标过程审核工作底稿编制

在审核实践中,项目招标投标检查注册会计师一般需要编制的审核工作底稿主要包括工程施工招标投标合规性检查表,勘察、设计、监理招标投标合规性检查表,以及物资设备采购招标投标合规性检查表等,审核底稿参考格式见示例6-3至示例6-5。

(1) 工程施工招标投标合规性检查表,参见示例6-3。

示例6-3:工程施工招标投标合规性检查表(见表6-4)。

表6-4 工程施工招标投标合规性检查表

索引号:

被审核单位及建设项目名称:××××××× 编制: 日期:20××年××月××日
项目决算基准日:20××年××月××日 复核: 日期:20××年××月××日

序号	应招标工程名称	合同单位	合同金额	合同日期	批复招标情况		实际招标情况							备注
					组织形式	招标方式	组织形式	招标方式	投标单位数	中标单位名称	中标单位资质	中标金额	中标日期	
1														
2														
3														
4														
5														
……														
审核说明:														
审核结论:														

提示:根据批复情况、国家招投标有关法规及合同金额判定应招标设备并确定应填列内容。审核说明中应抄录批复招标方案或复印招标方案核准表。中标日期以中标通知书发出日期为准。审核过程中应对招标过程、评标过程、中标过程的合规性进行审核。

(2) 勘察、设计、监理招标投标合规性检查表,参见示例6-4。

示例6-4:勘察、设计、监理招标投标合规性检查表(见表6-5)。

表6-5　　　　　　　　勘察、设计、监理招标投标合规性检查表

索引号：

被审核单位及建设项目名称：×××××××　　编制：　　日期：20××年××月××日

项目决算基准日：20××年××月××日　　　　复核：　　日期：20××年××月××日

序号	应招标项目名称	合同单位	合同金额	合同日期	批复招标情况		实际招标情况							备注
					组织形式	招标方式	组织形式	招标方式	投标单位数	中标单位名称	中标单位资质	中标金额	中标日期	
1														
2														
3														
4														
5														
……														

审核说明：

审核结论：

（3）物资设备采购招标投标合规性检查表，参见示例6-5。

示例6-5：物资设备采购招标投标合规性检查表（见表6-6）。

表6-6　　　　　　　物资设备采购招标投标合规性检查表

索引号：

被审核单位及建设项目名称：×××××××　　编制：　　日期：20××年××月××日

项目决算基准日：20××年××月××日　　　　复核：　　日期：20××年××月××日

序号	应招标设备名称	合同单位	合同金额	合同日期	批复招标情况		实际招标情况							备注
					组织形式	招标方式	组织形式	招标方式	投标单位数	中标单位名称	中标单位资质	中标金额	中标日期	
1														
2														

续表

序号	应招标设备名称	合同单位	合同金额	合同日期	批复招标情况		实际招标情况							备注
					组织形式	招标方式	组织形式	招标方式	投标单位数	中标单位名称	中标单位资质	中标金额	中标日期	
3														
4														
5														
……														

审核说明：

审核结论：

注册会计师在进行招投标合规性检查中，应重点关注是否符合国家、行业法律法规的规定。若发现有不符合国家法律法规规定的情况，应提请建设单位完善或在审核报告中披露，补充编制相应底稿并获取审核证据。

（五）招标方式外其他采购方式合规性检查

除了必须依法进行招标的事项外，各级国家机关、事业单位和团体组织在使用财政性资金采购集中采购目录内或采购限额标准以上的货物、工程和服务时，应遵循《中华人民共和国政府采购法》规定的其他采购方式进行采购。采购方式主要有：

1. 竞争性谈判方式采购

符合下列情形之一的货物或者服务，可以采用竞争性谈判方式采购：

（1）招标后没有供应商投标或者没有合格标的或者重新招标未能成立的；

（2）技术复杂或者性质特殊，不能确定详细规格或者具体要求的；

（3）采用招标所需时间不能满足用户紧急需要的；

（4）不能事先计算出价格总额的。

2. 单一来源方式采购

符合下列情形之一的货物或者服务，可以采用单一来源方式采购：

（1）只能从唯一供应商处采购的；

（2）发生了不可预见的紧急情况不能从其他供应商处采购的；

（3）必须保证原有采购项目一致性或者服务配套的要求，需要继续从原供应商处添购，且添购资金总额不超过原合同采购金额10%的。

3. 询价方式采购

采购的货物规格、标准统一、现货货源充足且价格变化幅度小的政府采购项目，可以采用询价方式采购。

注册会计师在执行合规性检查时，应特别关注采购方式是否符合规定，采购程序及流程是否合规，供应商提供的报价是否最具竞争力，以及采购记录是否详尽无遗。此外，还应确认采购合同是否依据采购结果订立，并且得到妥善执行。

在审核实践中，注册会计师需要编制的审核工作底稿，可以参考公开招标审核工作底稿，在其基础上进行适当简化编制。

（六）竣工验收阶段基本建设程序合规性检查

1. 项目竣工验收前应完成的各专项验收合规性检查

在竣工验收之前，基本建设项目必须完成一系列专项验收，这些验收因项目所处的行业、地理位置和性质而异。通常包括项目交工验收、环保验收、水土保持验收、消防验收和项目建设档案验收等。以下将详细阐述几项主要专项验收的内涵及其审核要点：

（1）项目交工验收。项目交工验收旨在审视施工合同的履行情况，评价工程质量是否达到技术规范及设计要求，以及是否适宜下一阶段施工或满足使用需求，同时对所有参与建设单位的工作进行初步评价。通常，交工验收由项目法人负责。

以公路工程交工验收为例，项目法人负责召集设计、监理、施工等单位的代表参与交工验收活动。对于即将交付使用的工程，还应邀请运营和养护管理单位的代表出席。公路工程交工验收的主要任务包括：审查合同执行情况；检查施工自检报告、施工总结报告及施工相关资料；审核监理单位独立抽检资料、监理工作报告及质量评定资料；对工程实体进行检查，并审查有关资料，包括主要产品质量的抽查或检测报告；核查工程完工数量是否与批准的设计文件相吻合，以及是否与工程计量数量一致；对合同的全面执行情况和工程质量是否达标作出评估，并按照交通主管部门规定的格式签署合同段交工验收证书；依据交通运输部规定的程序，对设计单位、监理单位、施工单位的工作进行初步评价。在各合同段的公路工程验收合格后，质量监督机构需向交通主管部门提交项目的检测报告。若交通主管部门在 15 天内未对备案的项目交工验收报告提出异议，项目法人则可开放交通，进入试运营阶段。这标志着公路工程已具备开通运营的条件。

注册会计师在执行交工验收的合规性审查时，需重点核实交工验收流程是否遵循既定规定，并获取交工验收报告、各合同段的交工验收证书以及质量监督机构出具的质量检测报告，以此来评估项目是否达到合格标准。

（2）环保验收。在项目正式开工建设之前，根据国家生态环境保护部门的规定，建设单位有责任编制环境影响评价报告书或环境影响报告表，并向相关部门提交。这些经过审核或审批的环境影响评价文件中所提出的环境保护措施，必须在项目建设期间同步执行，以确保生态环境保护设施与主体工程实现同时设计、同步施工、同时投产的三同步要求。项目建设完成后，建设单位应按照环境生态保护部门规定的标准和程序，对配套建设的环境保护设施进行验收，并编制验收报告。除非涉及国家规定需要保密的情形外，建设单位应依法将验收报告向社会公开。只有当配套建设的环境保护设施通过验收且合格后，项目方可投入生产或使用；若未通过验收或验收不合格，则不得投入生产或使用。

在执行环保验收合规性检查时，注册会计师需特别关注验收流程的规范性、内容的全面性、信息公开的合法性，概算中环境保护费用实际使用情况，是否在环保验收合格完成后项目投入生产或使用等。

（3）水土保持验收。在项目正式开工前，根据水利部发布的《生产建设项目水土保持方案管理办法》的规定，生产建设单位需自行编制或委托具有相应技术条件和能力的机构来制定水土保持方案。方案的制定应基于建设项目所涉及的征地面积或挖填土石方的总体规模，以决定是否需要编制水土保持方案报告书或水土保持方案报告表。若生产建设单位未能提交水土保持方案，或其方案未获得批准，那么该项目将不得启动建设。

生产建设单位必须依照批准的水土保持方案，实施水土流失的预防和治理措施。对于需要编制初步设计的生产建设项目，其初步设计应包含水土保持章节，详细阐述水土流失的防治措施、标准以及水土保持所需投资。施工图设计阶段则需进一步细化水土保持措施的设计。此外，生产建设单位应将水土保持任务和内容纳入施工合同中，确保施工单位承担起水土保持的责任，并在建设过程中同步执行水土保持方案中提出的措施，确保水土保持措施的质量、进度和资金投入得到保障。

在项目建设完成并准备投入运营或使用之前，生产建设单位必须依照水利部制定的标准和要求，执行水土保持设施的自主验收程序。验收完成后，结果需向公众公布，并向负责审批水土保持方案的水行政主管部门进行备案。水行政主管部门将提供备案回执。若水土保持设施未经验收或验收未通过，生产建设项目将不得投入生产或使用。

在执行水土保持验收合规性检查时，注册会计师应重点关注建设单位自主验收程序的规范性、内容的完整性、信息公开的合规性，水土保持资金使用情况，是否在水土保持验收完成合格后项目投入生产或使用等。

（4）消防验收。依据住房和城乡建设部《建设工程消防设计审查验收管理暂行规定》，住房和城乡建设部门负责消防设计审查、消防验收、备案和抽查工作。

建设单位依法承担建设工程消防设计和施工质量的首要责任。同时，设计、施工、工程监理和技术服务等单位也依法负有建设工程消防设计和施工质量的主体责任。此外，上述单位的从业人员也依法对建设工程消防设计和施工质量承担相应的个人责任。依据《建设工程消防设计审查验收管理暂行规定》，若建设项目符合其中规定的十二项情形，则被视为特殊建设工程，并将实行消防设计审查制度。对于特殊建设工程，若未经消防设计审查或审查不合格，建设单位和施工单位均不得开始施工。

依据《建设工程消防设计审查验收管理暂行规定》的条款，特殊建设工程需执行消防验收程序。此类工程在竣工并通过验收后，建设单位必须向消防设计审查验收主管部门提交消防验收申请；若未经消防验收或验收未通过，则不得投入使用。至于其他建设工程，消防验收则采取备案制度。

（5）项目建设档案验收。项目建设档案验收是项目竣工验收的关键环节。任何未经档案验收或档案验收不合格的项目，均不得进行竣工验收或通过竣工验收。因此，项目档案的竣工验收不仅是项目竣工验收前的必要步骤，也是出具项目竣工财务决算审核报告的必要条件。

项目建设档案在竣工验收时应满足以下条件：项目主体及其辅助设施必须依照设计要求完成建设，并且能够满足生产或使用的各项需求；项目试运行期间的指标考核必须合格，或者达到预定的设计能力；项目建设的全过程文件资料需经过收集、整理并归档；项目档案的分类、组卷、编目等整理工作也应基本完成。项目法人需组织项目设计、施工、监理等相关部门的负责人及有关人员，在竣工验收前进行自检，确保各项指标合格后，方可编制档案验收申请报告。

国家档案局与国家发展和改革委员会联合发布了《重大建设项目档案验收办法》，同时，各地方和不同行业也制定了各自的档案验收程序。在对项目档案进行竣工验收的合规性检查过程中，注册会计师应着重审查档案验收是否已经过具有相应管理权限的单位或部门的验收，并且需取得档案竣工验收意见书。

2. 项目竣工验收合规性检查

工程竣工验收是指依照国家相关法律、法规以及工程建设规范和标准，完成工程设计文件所要求和合同中约定的各项内容。在建设单位获得政府主管部门（或其授权机构）颁发的工程质量、消防、规划、环保、城市建设等验收文件或使用许可后，建设单位将联合设计、施工、设备供应单位以及工程质量监督部门，对项目是否满足规划设计要求以及建筑施工和设备安装质量进行全方位的检查。这一过程旨在获取竣工合格的资料、数据和证明文件。

工程项目的竣工验收标志着施工全过程的圆满结束；它是建设投资成果得以实现并开始投入生产或使用的象征；同时也是全面评估基本建设成效、验证设计与工程质量的关键环节。一旦项目通过竣工验收，便意味着它已准备好从基本建设阶段过渡到生产或使用阶段。《中华人民共和国民法典》明文规定，建设工程只有在竣工验收合格后，方可交付使用；未经验收或验收不合格的项目，严禁投入使用。

工程竣工验收的通过日期是确定工程实际完成时间的关键时间节点，它同样可作为判断工期是否延期的重要标准。此外，在财务核算中，也是决定借款费用和固定资产后续支出是资本化或费用化处理的一个至关重要的参考时点。

根据《建设工程质量管理条例》第十六条的规定："建设单位在收到建设工程竣工报告后，必须组织设计、施工、工程监理等相关单位进行竣工验收。建设工程的竣工验收必须满足以下条件：（一）完成建设工程设计和合同中约定的各项内容；（二）有完整的技术档案和施工管理资料；（三）有工程使用的主要建筑材料、建筑构配件和设备的进场试验报告；（四）有勘察、设计、施工、工程监理等单位分别签署的质量合格文件；（五）有施工单位签署的工程保修书。建设工程经验收合格的，方可交付使用。"不同行业或不同类型的基本建设项目，对于建设工程的竣工验收都有其特定的规范操作要求。以竣工验收程序较为复杂的高速铁路基础设施建设项目为例，下面将简要介绍各个验收环节。

考虑到国家对高速铁路安全和质量的严格管理模式，高速铁路在按设计要求建成之后，必须经过验收机构的检查和评价。具体的竣工验收流程包括五个阶段：静态验收、动态验收、初步验收、安全评估以及正式验收。只有在初步验收合格后，才会进行安全评估；安全评估通过后，高速铁路才能开始初期运营。最终，只有在正式验收合格后，高速铁路才能正式投入运营。

静态验收是对建设项目工程按照设计要求完成且质量达标、设备安装调试完毕且质量合格的检查确认过程。

动态验收是在静态验收合格的基础上进行的，涉及通过联调联试和动态检测对列车运行状态下的工程质量进行全面的检查和确认。此外，通过运行试验，对整体系统在正常及非正常运行条件下的行车组织、客运服务和应急救援等方面进行检验。在这一环节中，建设单位需要分别与铁路局和检测测试单位签订联调联试、运行试验工作组织及检测测试委托协议。所有在联调联试及运行试验期间产生的相关费用，将计入工程成本。

初步验收是在动态验收合格的基础上，对工程建设的状况以及静态验收和动态验收的结果进行确认。

安全评估是在初步验收合格的基础上，确保所有影响运营安全的问题得到妥善解决后，对安全管理、设备设施、规章制度、人员素质等方面进行的检查评价，以确认是否满足安全运营的条件。

正式验收通常在项目开通运营一年以上，由国家主管部门或委托中国国家铁路集团有限公司进行，旨在对建设项目的整体情况进行全面检查与评估。

在建设项目基本满足竣工验收标准，并且达到开通运营条件、确保运营安全的前提下，即便存在一些零星土建工程和少数非行车设备尚未完全按照设计规定内容建成，也可以执行静态、动态以及初步验收。然而，这些未完成的零星土建工程和少数非行车设备必须在正式验收之前完成施工和安装工作。

竣工验收的组织方式包括先期验收、专家检查以及政府验收三个阶段。先期验收涵盖由铁路局和建设单位分别进行的静态验收和动态验收；

专家检查则涉及对前述验收结果的评审工作，并为初步验收和正式验收提供专业的意见支持；政府验收则进一步细分为初步验收和正式验收两个步骤。

注册会计师在执行项目竣工验收的合规性审查时，应着重检查竣工验收流程是否遵循既定规定，以及与验收相关的成本费用核算是否准确。

二、项目竣工财务决算表审核

项目竣工财务决算表是基本建设项目竣工财务决算报表的核心，是最为关键的报表之一，它全面反映了项目资金来源和资金占用情况。通过此表，可以全面且直观了解项目的资金到位情况、投资完成情况以及债权债务等相关情况。项目竣工财务决算表格式如表6-7所示。

表6-7　　　　　　　　　　项目竣工财务决算表

项目名称：　　　　　　　　　　　　　　　　　　　　　　　　　　单位：

资金来源	金额	资金占用	金额
一、基建拨款		一、基本建设支出	
1. 中央财政资金		（一）交付使用资产	
其中：一般公共预算资金		1. 固定资产	
中央基建投资		2. 流动资产	
财政专项资金		3. 无形资产	
政府性基金		（二）在建工程	
国有资本经营预算安排的基建项目资金		1. 建筑安装工程投资	
2. 地方财政资金		2. 设备投资	
其中：一般公共预算资金		3. 待摊投资	
地方基建投资		4. 其他投资	
财政专项资金		（三）待核销基建支出	
政府性基金		（四）转出投资	
国有资本经营预算安排的基建项目资金		二、货币资金合计	
二、部门自筹资金（非负债性资金）		其中：银行存款	

续表

资金来源	金额	资金占用	金额
三、项目资本		财政应返还额度	
1. 国家资本		其中：直接支付	
2. 法人资本		授权支付	
3. 个人资本		现金	
4. 外商资本		有价证券	
四、项目资本公积		三、预付及应收款合计	
五、基建借款		1. 预付备料款	
其中：企业债券资金		2. 预付工程款	
六、待冲基建支出		3. 预付设备款	
七、应付款合计		4. 应收票据	
1. 应付工程款		5. 其他应收款	
2. 应付设备款		四、固定资产合计	
3. 应付票据		固定资产原价	
4. 应付工资及福利费		减：累计折旧	
5. 其他应付款		固定资产净值	
八、未交款合计		固定资产清理	
1. 未交税金		待处理固定资产损失	
2. 未交结余财政资金			
3. 未交基建收入			
4. 其他未交款			
合　计		合　计	

补充资料：基建借款期末余额：

基建结余资金：

备注：资金来源合计扣除财政资金拨款与国家资本、资本公积重叠部分。

注册会计师在审核过程中，应对报表中的关键科目进行详细审查，并编制相应的审核工作底稿。对于通用科目，例如应付工资及福利费等，可以参考年度报表的审计底稿，这里不再赘述。本部分仅针对基本建设项目特有的科目或核算内容存在差异的科目进行举例说明。

(一) 基本建设支出的审核

基本建设支出包括交付使用资产、在建工程、待核销基建支出及转出投资。项目建设过程中，基本建设支出的会计核算被归入一级科目"在建工程"。在此一级科目下，进一步细分为二级明细科目，包括建筑安装工程投资、设备投资、待摊投资以及其他投资，这四项基本涵盖了项目建设的全部成本。在财务核算过程中，根据项目的具体情况，可以设置三级、四级明细科目。在对基本建设支出进行审核时，主要按这四大类支出进行。而在编制底稿时，通常以二级或以下级别科目的名称为准，省略"在建工程"一级科目的名称。

建筑安装工程投资核算基本建设项目建设单位按照批准建设内容发生的建筑工程和安装工程的实际成本，不包括被安装设备本身的价值；设备投资核算项目建设单位按照批准建设内容发生的各种设备的实际成本（不包括工程抵扣的增值税进项税额），包括需要安装设备、不需要安装设备和为生产准备的不够固定资产标准的工具、器具的实际成本；待摊投资核算项目建设单位按照批准的建设内容发生的，应分摊计入相关资产价值的各项费用和税金支出；其他投资核算项目建设单位按照批准的项目建设内容发生的房屋购置支出，基本畜禽、林木等的购置、饲养、培育支出，办公生活用家具、器具购置支出，软件研发及不能计入设备投资的软件购置等支出。

项目竣工验收合格后应当及时办理资产交付使用手续，并依据批复的项目竣工财务决算进行账务调整。将"在建工程"核算内容转入相应的"交付使用资产""待核销基建支出""转出投资"等科目。

注册会计师在对项目基本建设支出审核时，主要是对建筑安装工程投资支出、设备投资支出、待摊投资支出、其他投资支出进行审核，并编制相应的审核工作底稿。

在审核实践中，注册会计师可设计和实施的实质性程序参见示例6-6。

示例6-6：基本建设支出审核程序（见表6-8）。

表6-8　　　　　　　　　基本建设支出审核程序

索引号：

被审核单位及建设项目名称：×××××××　　编制：　日期：20××年××月××日
项目决算基准日：20××年××月××日　　　　复核：　日期：20××年××月××日

审核目标：

1. 项目竣工财务决算表中记录的基本建设支出是存在的。　　　　　　　存在
2. 所有应记录的基本建设支出均已记录。　　　　　　　　　　　　　　完整性
3. 记录的基本建设支出由被审核单位拥有或控制。　　　　　　　　　　权利和义务
4. 基本建设支出以恰当的金额包括在报表中，与之相关的计价调整已恰当记录。　计价和分摊
5. 基本建设支出已按照规定在报表中作出恰当列报。　　　　　　　　　列报

	项目	项目竣工财务决算报表的认定				
		存在	完整性	权利和义务	计价和分摊	列报
1	评估的重大错报风险水平					
2	控制测试结果是否支持风险评估结论					
3	需从实质性程序获取的保证程度					
计划实施的实质性程序		索引号	执行人			
1	获取或编制基本建设支出明细表，复核加计是否正确，并与总账数和明细账合计数核对是否相符。				√	
2	编制分年度基本建设支出（开工至决算基准日）审核表，并与概算总额及历年下达投资计划进行核对，以确定各年基本建设支出实际完成情况。					√
3	编制分费用类别基本建设支出审核表，与审定结算进行详细核对，以确定账面计列成本支出符合基建财务管理规定的要求，复核计列的增值税进项税额是否准确，并相应计列入各费用类别。	√	√		√	

续表

计划实施的实质性程序		索引号	执行人				
4	在审核完成基本建设支出审核表审定账面支出的基础上，依据工程结算明细表对账项进行调整，将整个基本建设支出在账面按概算口径列示，以保障竣工财务决算报表相关信息的账表一致。			√	√		√	
5	逐笔审核设备投资相关内容，与各施工单位工程结算、甲供设备采购合同（着重审核甲供设备验收交接以及列账等相关内容的合规、完整、准确性）以及建设单位自购设备、委托代采购设备等进行核对，并编制设备投资审核表。			√	√		√	
6	编制待摊投资审核表，与账面支出总账明细账复核加计正确，并相应列计待摊投资取得的增值税进项税额。依据竣工财务决算报表待摊投资明细表内容对账面计列支出进行分类归集列示，并相应计列待摊投资取得的增值税进项税额，复核加计正确。			√	√		√	
7	除项目建设管理费以外，对待摊投资进行逐项复核，审核相关合同执行情况以及是否依据合同约定计列支出，是否办理了相应的结算手续。结合结算核对表复核各标段费用计入待摊投资相应项目的正确性及完整性，是否存在项目计列错误及需要进行调整的事项，并相应进行调整。同时，对于审定的除施工单位实施费用以外各项待摊投资与概算金额进行对比。			√	√		√	

续表

计划实施的实质性程序		索引号	执行人				
8	编制项目建设管理费审核表，复核加计正确；审核项目建设管理费是否依据基本建设财务管理的规定列支下述内容：项目建设管理费是指项目建设单位从项目筹建之日起至办理竣工财务决算之日止发生的管理性质的支出。包括：不在原单位发工资的工作人员工资及相关费用、办公费、办公场地租用费、差旅交通费、劳动保护费、工具用具使用费、固定资产使用费、招募生产工人费、技术图书资料费（含软件）、业务招待费、施工现场津贴、竣工验收费和其他管理性质开支。并与依据《基本建设项目建设成本管理规定》（财建［2016］504号）计算的建管费总额进行对比，以确定建管费支出的总体合理性。		√	√		√		
9	检查利息资本化是否正确。复核计算资本化利息的借款费用、资本化率、实际支出数以及资本化的停止时间是否与建设项目达到预定可使用或可销售状态相吻合。					√		
10	根据项目实际情况，实施基本建设支出实地检查程序。		√	√				
11	根据评估的舞弊风险等因素增加的审核程序。							√
12	检查基本建设支出是否已按照规定在项目竣工财务决算表中作出恰当列报。							√

建筑安装工程投资、设备投资、待摊投资以及其他投资等各项投资支出审定后编制基本建设支出审定表。

在审核实践中,注册会计师需编制的审核工作底稿格式参见示例 6-7。

示例 6-7:基本建设支出审定表(见表 6-9)。

表 6-9　　　　　　　　　基本建设支出审定表

索引号:

被审核单位及建设项目名称:××××××× 　　编制: 　日期:20××年××月××日

项目决算基准日:20××年××月××日 　　　　复核: 　日期:20××年××月××日

科目编码	项目名称	未审数	账项调整		重分类调整		审定数	索引号
			借方	贷方	借方	贷方		
	固定资产							
	流动资产							
	无形资产							
	(一)交付使用资产小计							
	建筑安装工程投资							
	设备投资							
	待摊投资							
	其他投资							
	(二)在建工程(报表项目)小计							
	(三)待核销基建支出							
	(四)转出投资							
合计								

审核说明:

审核结论:

对建设年限长、投资金额大、单项工程多、合同标段多的项目,还要分年度分类别编制审核底稿,参见示例 6-8 和示例 6-9。

示例 6-8:基本建设支出(分年度)审核表(见表 6-10)。

表 6-10　　　　　　　基本建设支出（分年度）审核表

索引号：

被审核单位及建设项目名称：×××××××　　编制：　　日期：20××年××月××日
项目决算基准日：20××年××月××日　　　　复核：　　日期：20××年××月××日

年度	项目总概算	历年投资计划（最终调整后）	资金到位	基建投资支出	尾工工程	概算结余	资金结余
20××年							
20××年							
20××年							
……							
合计							

审核说明：

提示：表中投资计划及资金预算按年度最终调整数填列，20××年及以前年度投资计划与到位资金不一致的应在底稿中作简要说明；本表反映项目自开工至竣工财务决算编制期末情况。

审核结论：

示例 6-9：基本建设支出（分章节分费用类别）审核汇总表（见表 6-11）。

表 6-11　　　　基本建设支出（分章节分费用类别）审核汇总表

索引号：

被审核单位及建设项目名称：×××××××　　编制：　　日期：20××年××月××日
项目决算基准日：20××年××月××日　　　　复核：　　日期：20××年××月××日

工程及费用名称	施工标段		甲供物资设备		建设单位发生费用		……		合计		其中：建安工程费		设备购置费		备注
	不含税支出	进项税额	不含税支出	进项税额	不含税支出	进项税额	不含税支出	进项税额	不含税支出	进项税额	不含税支出	进项税额	不含税支出	进项税额	
按概算批复章节填列															

上述基本建设支出审定表等审核工作底稿的编制,需在对项目建设成本审核确定后编制。现从项目建设成本的四大项方面,逐一详细阐述注册会计师需要实施的实质性审核程序:

1. 建筑安装工程投资审核

在项目竣工财务决算审核过程中,建筑安装工程投资通常由1个或多个工程施工合同构成。通常,必须委托具备工程造价咨询资质的单位和专业人员进行工程结算审核并提供审核报告,注册会计师将依据这些报告结果来确认相应的项目工程支出。当利用其他单位提供的工程结算审核结果时,注册会计师应遵循《中国注册会计师审计准则第1421号——利用专家的工作》的相关规定,对专家的专业能力、素质和客观性进行评估。

除利用工程结算审核结果需执行的审核程序外,注册会计师还需要重点审核工程各期计量支付程序是否符合规定,审批手续是否齐全,应扣各项保证金是否按合同执行,是否取得了合法合规发票,入账金额是否准确等。

在审核实践中,注册会计师需要编制的审核工作底稿参见示例6-10和示例6-11。

示例6-10:××项目工程结算核对汇总表——××合同段(见表6-12)。

表6-12　　　　　××项目工程结算核对汇总表——××合同段

索引号:

被审核单位及建设项目名称:××××××××　　编制:　　日期:20××年××月××日
项目决算基准日:20××年××月××日　　　　复核:　　日期:20××年××月××日

章	工程及费用名称	原合同		补充合同		合计		审定结算		甲供材料设备价差		……	审定合计		其中:建安工程费		设备购置费		备注
		不含税支出	进项税额	不含税支出	进项税额	不含税支出	进项税额	不含税支出	进项税额	不含税支出	进项税额		不含税支出	进项税额	不含税支出	进项税额	不含税支出	进项税额	
一	按概算批复章节填列																		
二																			
三																			
四																			
五																			

续表

章	工程及费用名称	原合同		补充合同		合计		审定结算		甲供材料设备价差		……		审定合计		其中：建安工程费		设备购置费		备注
		不含税支出	进项税额	不含税支出	进项税额	不含税支出	进项税额	不含税支出	进项税额	不含税支出	进项税额	不含税支出	进项税额	不含税支出	进项税额	不含税支出	进项税额	不含税支出	进项税额	
……																				
	分章支出总额																			

审核说明：

审核结论：

示例6-11：建筑安装工程投资检查表（见表6-13）。

表6-13　　　　　　　建筑安装工程投资支出检查表

索引号：

被审核单位及建设项目名称：×××××××　　编制：　日期：20××年××月××日
项目决算基准日：20××年××月××日　　　　复核：　日期：20××年××月××日

日期	凭证号	内容	对方单位	对应科目	金额	核对内容						备注
						1	2	3	4	5	6	

审核说明：

审核结论：

核对说明：1. 发生的支出是否确属项目概算范围之内；2. 与银行存款日记账核对一致；3. 支出是否确实发生，是否与所附工程价款结算单一致；4. 工程价款结算单是否经建设单位、监理单位审核签证；5. 是否经过授权批准，手续是否完备；6. 会计处理是否正确。

2. 设备投资审核

部分工程施工合同中包含该合同段需要安装的设备,包含在工程施工合同中的设备也构成设备投资的一部分,这部分内容的审核与建筑安装工程投资审核一并进行。对未包含在工程施工合同中的设备投资,审核时应重点关注设备购置是否在概算批复范围内,设备型号、标准、价值是否符合概算批复,供应商选定是否符合有关招标投标规章制度或政府采购法的规定,合同签订是否符合规定(关于招标投标程序及合同签订审核,在基本建设程序审核环节已有涉及,此处不再赘述)。

在审核实践中,注册会计师需要编制的设备投资审核工作底稿参见示例 6-12 和示例 6-13。

示例 6-12:设备投资审核明细表(见表 6-14)。

表 6-14　　　　　　　　　设备投资审核明细表

索引号:

被审核单位及建设项目名称:××××××××　　编制:　　日期:20××年××月××日
项目决算基准日:20××年××月××日　　　　复核:　　日期:20××年××月××日

序号	设备名称	概算金额	未审金额	规格型号	单位	数量	设备厂家	合同日期	合同金额	进口代理费	其他费用	结算金额	增值税进项税额	审定金额	审定增值税进项税额	设备类别	备注
一、需安装设备																	
……																	
二、非安装设备																	
……																	
总计																	

续表

审核说明：
审核结论：

提示：本底稿依据各标段工程结算、甲供设备采购以及委托运营单位代采购设备详细内容，为未分摊各项费用前实际列账金额，需与建设项目账面金额或调整后金额核对一致，并应编制设备凭证检查表，建议进行详查。

示例6-13：设备投资支出检查表（见表6-15）。

表6-15　　　　　　　　　　设备投资支出检查表

索引号：

被审核单位及建设项目名称：×××××××　　　编制：　　日期：20××年××月××日

项目决算基准日：20××年××月××日　　　　复核：　　日期：20××年××月××日

日期	凭证号	内容	对方单位	对应科目	金额	核对内容						备注
						1	2	3	4	5	6	

审核说明：
审核结论：

核对说明：1. 原始凭证（发票、银行结算单等）内容完整，依据充分；2. 有授权批准；3. 会计处理正确；4. 与相关文件核对一致；5. 发生的设备投资确属项目概算范围；6. 需安装设备是否依据设备出库单入账，并符合制度规定的条件。

3. 待摊投资

（1）待摊投资的内容。待摊投资是指项目建设单位按照批准的建设内容发生的，应当分摊计入相关资产价值的各项费用和税金支出，主要包括：

①勘察费、设计费、研究试验费、可行性研究费及项目其他前期费用；

②土地征用及迁移补偿费、土地复垦及补偿费、森林植被恢复费及其他为取得或租用土地使用权而发生的费用；

③城镇土地使用税、耕地占用税、契税、车船税、印花税及按规定缴纳的其他税费；

④项目建设管理费、代建管理费、临时设施费、监理费、招标投标费、社会中介机构审查费及其他管理性质的费用；

⑤项目建设期间发生的各类借款利息、债券利息、贷款评估费、国外借款手续费及承诺费、汇兑损益、债券发行费用及其他债务利息支出或融资费用；

⑥工程检测费、设备检验费、负荷联合试车费及其他检验检测类费用；

⑦固定资产损失、器材处理亏损、设备盘亏及毁损、报废工程净损失及其他损失；

⑧系统集成等信息工程的费用支出；

⑨其他待摊投资性质支出。

（2）待摊投资审核要点。待摊投资包括的费用项目多、合同多，是财务审核人员的重点审核内容，其审核要点如下：

①勘察费、设计费、研究试验费、可行性研究费、工程检测费等第三方服务支出，需要签订合同，在审核中，重点审核受托方的选定是否符合有关招标投标规定，合同签订是否符合规定（招投标程序及合同签订在基本建设程序审核环节已有涉及，此处不再赘述）；

②按规定缴纳的各种税费，重点审核是否按规定标准、规定费率及时

缴纳，账务处理是否正确；

③项目建设期间发生的各类借款利息或融资费用等支出，除了复核利息资本化金额是否准确外，还需要重点关注项目在建设期间的建设资金存款孳生利息收入是否按规定冲减债务利息支出，利息收入超过利息支出的部分，冲减待摊投资总支出；

④项目建设期间产生的诸如工程报废等的各类损失，应重点关注损失产生原因，是否按扣除因设计单位、施工单位、供货单位等原因造成的损失后的净损失计入待摊投资支出；

⑤项目建设管理费的审核应重点关注管理费用的构成以及是否控制在总额范围内。项目建设管理费是指项目建设单位从项目筹建之日起至办理竣工财务决算之日止发生的管理性质的支出。包括不在原单位发工资的工作人员工资及相关费用、办公费、办公场地租用费、差旅交通费、劳动保护费、工具用具使用费、固定资产使用费、招募生产工人费、技术图书资料费（含软件）、业务招待费、施工现场津贴、竣工验收费和其他管理性质开支。对项目建设单位为行政事业单位和使用财政资金的国有和国有控股企业的项目建设管理费，实行总额控制，分年度据实列支。总额控制数以项目审批部门批准的项目总投资（经批准的动态投资，不含项目建设管理费）扣除土地征用、迁移补偿等为取得或租用土地使用权而发生的费用为基数分档计算。

应当注意的是，项目建设管理费总额除了按批复概算控制，有的行业和地方财政部门还要求双控制，既要按概算控制也要按费率表计算总额，采用孰低原则计入总投资。对建设地点分散、点多面广、建设工期长以及使用新技术、新工艺等的项目，项目建设管理费确需超过上述开支标准的，中央级项目，应当事前报项目主管部门审核批准，并报财政部备案，未经批准的，超标准发生的项目建设管理费由项目建设单位用自有资金弥补；地方级项目，由同级财政部门确定审核批准的要求和程序。

审核中，若遇到政府设立（或授权）、政府招标产生的代建制项目，需关注代建管理费是否由同级财政部门根据代建内容和要求，按照不高于批复项目建设管理费，计入项目建设成本。实行代建制管理的项目，一般不得同时列支代建管理费和项目建设管理费，确需同时发生的，两项费用之和不得高于规定的项目建设管理费限额。

根据国家基本建设有关制度规定，代建管理费核定和支付应当与工程进度、建设质量结合，与代建内容、代建绩效挂钩，实行奖优罚劣。同时满足按时完成项目代建任务、工程质量优良、项目投资控制在批准概算总投资范围3个条件的，可以支付代建单位利润或奖励资金，代建单位利润或奖励资金一般不得超过代建管理费的10%，需使用财政资金支付的，应当事前报同级财政部门审核批准；未完成代建任务的，应当扣减代建管理费。这些规定的执行均应在签订的代建管理合同中约定，审核时需关注合同约定条款，不能在合同约定外进行奖励。项目建设管理费总额控制数费率如表6-16所示。

表6-16　　　　　项目建设管理费总额控制数费率表　　　　单位：万元

工程总概算	费率（%）	比例	
		工程总概算	项目建设管理费
1000以下	2.0	1000	1000×2% = 20
1001—5000	1.5	5000	20 + (5000 - 1000)×1.5% = 80
5001—10000	1.2	10000	80 + (10000 - 5000)×1.2% = 140
10001—50000	1.0	50000	140 + (50000 - 10000)×1% = 540
50001—100000	0.8	100000	540 + (100000 - 50000)×0.8% = 940
100000以上	0.4	200000	940 + (200000 - 100000)×0.4% = 1340

注册会计师在实施建设管理费审核时，还需要关注特殊费用支出。例如，项目一般不得发生业务招待费，确需列支的，项目业务招待费支出应当严格按照国家有关规定执行，并不得超过项目建设管理费的5%。

在审核实践中，注册会计师需要编制的项目建设管理费审核工作底稿参见示例6-14。

示例6-14：待摊投资——项目建设管理费审核表（见表6-17）。

表 6 – 17　　　　　　　　待摊投资——项目建设管理费审核表

索引号：

被审核单位及建设项目名称：××××××××　　　编制：　　日期：20××年××月××日

项目决算基准日：20××年××月××日　　　　　复核：　　日期：20××年××月××日

序号	费用名称	概算数	账面数	审核调整	审定数	备注
1	人员工资及工资附加费					
2	办公费					
3	差旅交通费					
4	业务招待费					
5	劳动保护费					
6	印花税					
7	竣工验收费					
8	办公场地租用费					
9	固定资产使用费					
10	施工现场津贴					
11	……					
	合计					

按费率控制计算建管费总额：

审核说明：

提示：需说明建设项目管理费总额是否小于按费率控制计算的建管费总额，若超出，是否需要调整，以及调整的金额。

审核结论：

（3）利息资本化审核。对于资金来源有借款的项目，还需要对利息资本化进行详细审核。在审核实践中，注册会计师需要编制的审核工作底稿参见示例 6 – 15。

示例 6 – 15：待摊投资——借款利息资本化审核表（见表 6 – 18）。

表 6-18　　　　待摊投资——借款利息资本化审核表

索引号：

被审核单位及建设项目名称：×××××××　　编制：　　日期：20××年××月××日

项目决算基准日：20××年××月××日　　　　复核：　　日期：20××年××月××日

序号	贷款合同	贷款金额	资本化期间	利息资本化金额	资本化率	核对内容			
						1	2	3	4
1									
2									
3									
……									

核对内容说明：1. 利息资本化的开始和停止时间是否正确；2. 资本化率是否正确；3. 相关会计处理是否正确；4. ……。

审核说明：
提示：结合基建借款科目进行审核。

审核结论：

应当强调的是，在利息资本化金额经审核不正确的情况下，需要进行调整，并相应增加审核底稿。

（4）待摊投资审核确定。根据财政部财建〔2016〕503 号文件规定，待摊投资支出的内容可以细化为以下 47 项内容。具体如表 6-19 所示。

表 6-19　　　　待摊投资明细表

项目名称：　　　　　　　　　　　　　　　　　　　　单位：

项目	金额	项目	金额
1. 勘察费		6. 土地征用及迁移补偿费	
2. 设计费		7. 土地复垦及补偿费	
3. 研究试验费		8. 城镇土地使用税	
4. 环境影响评价费		9. 耕地占用税	
5. 监理费		10. 车船税	

续表

项　目	金额	项　目	金额
11. 印花税		30. 器材处理亏损	
12. 临时设施费		31. 设备盘亏及毁损	
13. 文物保护费		32. 报废工程损失	
14. 森林植被恢复费		33.（贷款）项目评估费	
15. 安全生产费		34. 国外借款手续费及承诺费	
16. 安全鉴定费		35. 汇兑损益	
17. 网络租赁费		36. 坏账损失	
18. 系统运行维护监理费		37. 借款利息	
19. 项目建设管理费		38. 减：存款利息收入	
20. 代建管理费		39. 减：财政贴息资金	
21. 工程保险费		40. 企业债券发行费用	
22. 招投标费		41. 经济合同仲裁费	
23. 合同公证费		42. 诉讼费	
24. 可行性研究费		43. 律师代理费	
25. 社会中介机构审计（查）费		44. 航道维护费	
26. 工程检测费		45. 航标设施费	
27. 设备检验费		46. 航测费	
28. 负荷联合试车费		47. 其他待摊投资性质支出	
29. 固定资产损失		合　计	

上述待摊投资明细表中列示的47项内容，不是所有建设项目都涉及。一般项目较常涉及勘察费、设计费、监理费、土地征用及迁移补偿费、可行性研究费等；一些项目特殊行业会涉及，如航道维护费、航标设施费、航测费等。在概算批复文件中，有的将其中几项内容合并，如将可行性研究费、环境影响评价费等合并为项目前期费。因此在审核过程中，对待摊投资明细项目要根据项目情况确定，对于较常见项目若无发生费用，需执行进一步程序，如询问等，了解为什么未发生、是否需要发生等，以免成本费用遗漏。

对于发生的待摊投资各项目，为了方便后期编制项目竣工财务决算审核汇总表，注册会计师在编制审核工作底稿时要按费用明细分别列示，便于后期核对与数据使用。

在审核实践中，注册会计师需要编制的审核工作底稿参见示例 6-16。

示例 6-16：待摊投资审定表（见表 6-20）。

表 6-20　　　　　　　　　　　　待摊投资审定表

索引号：

被审核单位及建设项目名称：×××××××　　编制：　　日期：20××年××月××日

项目决算基准日：20××年××月××日　　　　复核：　　日期：20××年××月××日

序号	项目	概算金额	合同金额	审定决算金额	审定决算金额中：			备注
					账面列支金额	审核调整金额	使用预备费	
1	勘察费							
2	设计费							
3	研究试验费							
4	环境影响评价费							
5	监理费							
6	土地征用及迁移补偿费							
7	土地复垦及补偿费							
8	项目建设管理费							
9	社会中介机构审计（审查）费							
10	可行性研究费							
11	招投标费							
	……							
	合计							

审核说明：

审核结论：

提示：本表编制时，根据被审核项目待摊投资实际支出情况，按照"待摊投资明细表"费用项目进行逐项核对确保费用列支完整，其他待摊投资项目可合并核对，建议按概算明细及列账支出逐项核对，先列示明细再合并；合同金额以对应概算项目的合同（含补充合同）总金额为准，无合同的相关税费、借款利息及有个别合同的项目建设管理费，"合同金额"栏空白，如相应费用未作结算，"审定决算金额"栏也应空白；合同金额大于审定决算金额的应了解清楚是否还会发生支出，是否需要预留，合同金额小于审定决算金额的需执行进一步审核程序，获取相关证据确认，并在备注栏中说明；"备注"栏内列示认为需简要说明事项或问题事项。

注册会计师在审核待摊投资各项支出时，除了经常性发生费用如工资、福利费等，对合同类费用建议进行详细检查并编制检查表。对合同中约定有服务内容或需提交成果类费用如研究试验费，还需要检查形成的成果文件；对发生支出笔数较多项目，可以分项编制支出检查表。

在审核实践中，注册会计师审核工作底稿的编制参见示例6-17。

示例6-17：待摊投资支出检查表（见表6-21）。

表6-21　　　　　　　　待摊投资支出检查表

索引号：

被审核单位及建设项目名称：×××××××　　编制：　　日期：20××年××月××日
项目决算基准日：20××年××月××日　　　　复核：　　日期：20××年××月××日

序号	凭证号			列支内容	列支金额	重点检查内容					备注
	年	月	编号			是否有合同	是否有决算审核	是否有发票	是否有成果资料	成果资料是否有验收记录	列支科目是否正确	

审核说明：

审核结论：

4. 其他投资

其他投资支出涉及较广泛的内容是办公生活用家具、器具购置支出，其他支出项目如基本畜禽、林木等的购置、饲养、培育支出在基本建设项目中一般不涉及。在审核时应重点关注其他投资分类是否合理，核算是否正确，金额是否准确，是否在概算批复范围内。

在审核实践中，注册会计师需要编制的其他投资审核工作底稿参见示例6-18和示例6-19。

示例 6-18：其他投资明细审核表（见表 6-22）。

表 6-22　　　　　　　　其他投资明细审核表

索引号：

被审核单位及建设项目名称：×××××××　　编制：　　日期：20××年××月××日

项目决算基准日：20××年××月××日　　复核：　　日期：20××年××月××日

序号	账面计列费用项目	金额	增值税进项税额	其他投资报表列报项目	报表列报金额	审核调整 借方	审核调整 贷方	审定数	增值税进项税额	调整说明
1				房屋购置支出						
2				办公生活用家具、器具						
3				软件研发及购置						
……				……						
	合计									

审核说明：

审核结论：

示例 6-19：其他投资支出检查表（见表 6-23）。

表 6-23　　　　　　　　其他投资支出检查表

索引号：

被审核单位及建设项目名称：×××××××　　编制：　　日期：20××年××月××日

项目决算基准日：20××年××月××日　　复核：　　日期：20××年××月××日

日期	凭证号	内容	对应科目	金额	附件	核对内容 1	核对内容 2	核对内容 3	核对内容 4	核对内容 5	核对内容 6	备注

续表

审核说明：
审核结论：

核对说明：1. 原始凭证（发票、银行结算单等）内容完整，依据充分；2. 有授权批准；3. 会计处理正确；4. 与合同等相关文件核对一致；5. 发生的其他投资确属项目概算范围；6. ……。

在审核基本建设支出时，还需重点关注以下费用是否计入支出，若在检查中发现以下支出计入建设成本，需要进行调整：

（1）超过批准建设内容发生的支出；

（2）不符合合同协议的支出；

（3）非法收费和摊派；

（4）无发票或者发票项目不全、无审批手续、无责任人员签字的支出；

（5）因设计单位、施工单位、供货单位等原因造成的工程报废等损失，以及未按照规定报经批准的损失；

（6）项目符合规定的验收条件之日起三个月后发生的支出；

（7）其他不属于本项目应当负担的支出。

基本建设支出审核程序执行完毕，还需要编制调整分录汇总表，并与被审核单位沟通确认。

5. 其他需要执行的审核程序

（1）合同检查。基本建设支出审核中，除了对项目账簿、原始凭证等进行详细审核外，还需要梳理项目签订的全部合同，对合同签订和执行情况进行细致审核，只有这样，才能确保项目建设成本支出完整，应收应付披露准确。

在合同审核过程中，应根据被审核单位提供的合同管理台账并结合账面核算情况进行。

在审核实践中，注册会计师需要编制的审核工作底稿参见示例6-20。

示例 6 – 20：合同执行情况统计核对表（见表 6 – 24）。

表 6 – 24　　　　　　　　合同执行情况统计核对表

索引号：

被审核单位及建设项目名称：××××××××　　编制：　　日期：20××年××月××日
项目决算基准日：20××年××月××日　　　　　复核：　　日期：20××年××月××日

序号	工程项目或内容	是否签订合同	承包方	合同总金额	合同中暂列金额等	项目概（预）算金额	应支付合同额	已支付合同额	应支付合同额与已支付合同额差额	差额是否已挂往来	备注

审核说明：

审核调整分录：

审核结论：

（2）项目现场踏勘及实物资产抽查

项目审核后，还要对项目投资形成的实物资产进行现场查看。主要从四个方面进行：一是查看项目是否完工；二是查看项目是否按概算批复内容和标准进行建设；三是查看项目尾工工程情况；四是对单项、单位工程进行实物抽盘，形成审核工作底稿。

对实物资产盘点前，注册会计师在审核基本建设支出中设备资产等实物资产的签收审核过程中就要收集设备名称、型号、数量、存放或建设地点等有关信息，并索取被审核单位编制的固定资产管理台账等，为资产盘点和资产明细表的审核提供基础；对于那些建设地点分散、涉及点多面广、形成资产类别繁多的项目，建议按照资产类别编制审核工作底稿，如公路工程按管理养护设备、管理养护用房、监控系统、机电系统、收费系统、路产等编制。

在审核实践中，注册会计师需要编制的审核工作底稿参见示例 6-21 和示例 6-22。

示例 6-21：项目实地踏勘检查表（见表 6-25）。

表 6-25　　　　　　　　　项目实地踏勘检查表

索引号：

被审核单位及建设项目名称：×××××××　　编制：　　日期：20××年××月××日

项目决算基准日：20××年××月××日　　　　复核：　　日期：20××年××月××日

建设单位：		人员	
施工单位：		人员	
监理单位：		人员	
查勘项目及内容：			
查勘记录：			
查勘结论：			
查勘人员签名：			

示例 6-22：实物资产抽盘表（见表 6-26）。

表 6–26　　　　　　　　　　　实物资产抽盘表

索引号：

被审核单位及建设项目名称：××××××××　　编制：　　日期：20××年××月××日

项目决算基准日：20××年××月××日　　　　复核：　　日期：20××年××月××日

序号	资产名称	型号规格	入账日期及凭证号	数量	单位	建设或存放地点	实际盘点数量	盘盈盘亏数量	资产状况	对应合同	权属证书	备注
1												
2												
3												
4												
5												
……												
合计												

审核说明：

审核结论：

盘点人员及日期：　　　　　　　　监盘人员及日期：

（二）货币资金的审核

货币资金审核需要重点关注项目各项资金来源与到位及使用情况，资金支付手续是否齐全；各项资金支付是否用于本项目建设；有无挪用、占用、转移、截留项目资金情况；项目竣工决算基准日货币资金结存是否真实。特别是使用财政集中支付资金的建设项目，需要检查项目是否"按预算、按计划、按合同、按进度"申请拨付资金。除了上述应重点关注的事项外，货币资金审核程序基本与年度报表货币资金审计执行的程序相似，均需要进行函证、盘点、检查等，编制的底稿与年度报表审计底稿类似，可以套用。

在审核实践中，除函证、盘点、检查等底稿外，注册会计师需编制的审核工作底稿参见示例6-23至示例6-25。

示例6-23：货币资金审核程序（见表6-27）。

表6-27　　　　　　　　　货币资金审核程序

索引号：

被审核单位及建设项目名称：××××××××　　编制：　　日期：20××年××月××日
项目决算基准日：20××年××月××日　　　　复核：　　日期：20××年××月××日

审核目标：

1. 项目竣工财务决算表中记录的货币资金是存在的。　　　　　　存在
2. 所有应当记录的货币资金均已记录。　　　　　　　　　　　　完整性
3. 记录的货币资金由被审核单位拥有或控制。　　　　　　　　　权利和义务
4. 货币资金以恰当的金额包括在项目竣工财务决算表中，与之相关的计价调整已恰当记录。

　　　　　　　　　　　　　　　　　　　　　　　　　　　　　计价和分摊
5. 货币资金已按照规定在项目竣工财务决算表中作出恰当列报。　列报

项目			项目竣工财务决算表的认定			
		存在	完整性	权利和义务	计价和分摊	列报
1	评估的重大错报风险水平					
2	控制测试结果是否支持风险评估结论					
3	需从实质性程序获取的保证程度					
计划实施的实质性程序		索引号	执行人			
	(一) 库存现金					
1	核对库存现金日记账与总账的金额是否相符，检查非记账本位币库存现金的折算汇率及折算金额是否正确。				√	

续表

计划实施的实质性程序		索引号	执行人			
2	监盘库存现金： （1）制订监盘计划，确定监盘时间； （2）将盘点金额与库存现金日记账余额进行核对，如有差异，应要求被审核单位查明原因并作适当调整，如无法查明原因，应要求被审核单位按管理权限批准后作出调整； （3）在非竣工财务决算报表日进行盘点时，应调整至项目竣工财务决算报表日的金额； （4）若有充抵库存现金的借条、未提现支票、未作报销的原始凭证，需在盘点表中注明，如有必要应作调整，特别关注建设项目管理单位多个建设项目共用现金保险柜的情况。	√	√	√	√	
3	抽查大额库存现金收支。检查原始凭证是否齐全、记账凭证与原始凭证是否相符、账务处理是否正确、是否记录于恰当的会计期间等项内容。	√	√		√	
4	根据评估的舞弊风险等因素增加的其他审核程序。					
	（二）银行存款					
5	获取或编制银行存款余额明细表： （1）复核加计正确，并与总账数和日记账合计数核对相符。 （2）检查非记账本位币银行存款的折算汇率及折算金额是否正确。				√	
6	计算银行存款累计余额和应收利息收入，分析比较被审核单位银行存款应收利息收入与实际利息收入的差异是否恰当，评估利息收入的合理性，检查是否存在高息资金拆借，确认银行存款余额是否存在，利息收入是否已经完整记录。	√	√		√	

续表

计划实施的实质性程序	索引号	执行人					
7	检查银行存单：编制银行存单检查表，检查是否与账面记录金额一致，是否被质押或限制使用，存单是否为被审核单位所拥有。 （1）对已质押的定期存款，应检查定期存单，并与相应的质押合同核对，同时关注定期存单对应的质押借款有无入账。 （2）对未质押的定期存款，应检查开户证实书原件。 （3）对审核外勤工作结束日前已提取的定期存款，应核对相应的兑付凭证、银行对账单和定期存款复印件。			√		√		
8	取得并检查银行存款余额调节表： （1）取得被审核单位的银行存款余额对账单，并与银行询证函回函核对，确认是否一致，抽样核对账面记录的已付票据金额及存款金额是否与对账单记录一致。 （2）获取项目竣工财务决算报表日的银行存款余额调节表，检查调节表中加计数是否正确，调节后银行存款日记账余额与银行对账单余额是否一致。 （3）检查调节事项的性质和范围是否合理： ①检查是否存在跨期收支和跨行转账的调节事项。编制跨行转账业务明细表，检查跨行转账业务是否同时对应转入和转出，未在同一期间完成的转账业务是否反映在银行存款余额调节表的调整事项中。 ②检查大额在途存款和未付票据： 检查在途存款的日期，查明发生在途存款的具体原因，追查期后银行对账单存款记录日期，确定被审核单位与银行记账时间差异是否合理，确定在竣工财务决算报表日是否需审核调整。			√	√		√	

续表

计划实施的实质性程序		索引号	执行人				
8	●检查被审核单位的未付票据明细清单，查明被审核单位未及时入账的原因，确定账簿记录时间晚于银行对账单的日期是否合理。 ●检查被审核单位未付票据明细清单中有记录，但截止竣工财务决算报表日银行对账单无记录且金额较大的未付票据，获取票据领取人的书面说明。确认项目竣工财务决算报表日是否需要进行调整。 ●检查项目竣工财务决算报表日后银行对账单是否完整地记录了调节事项中的银行未付票据金额。 (4) 检查是否存在未入账的利息收入和利息支出。 (5) 检查是否存在其他跨期收支事项。 (6)（当未经授权或授权不清支付货币资金的现象比较突出时）检查银行存款余额调节表中支付给异常的领款（包括没有载明收款人）、签字不全、收款地址不清、金额较大票据的调整事项，确认是否存在舞弊。		√	√		√	
9	函证银行存款余额，编制银行函证结果汇总表，检查银行回函： (1) 向被审核单位在本期存过款的银行发函，包括零账户和账户已结清的银行； (2) 确定被审核单位账面余额与银行函证结果的差异，对不符事项作出适当处理。		√		√		
10	检查银行存款账户存款人是否为被审核单位，若存款人非被审核单位，应获取该账户户主和被审核单位的书面声明，确认竣工财务决算报表日是否需要调整。					√	

续表

计划实施的实质性程序		索引号	执行人		
11	抽查大额银行存款收支的原始凭证，检查原始凭证是否齐全，记账凭证与原始凭证是否相符，账务处理是否正确，是否记录于恰当的会计期间等项内容；检查是否存在非建设目的的大额货币资金转移，并核对相关账户的进账情况；如有与被审核单位建设项目无关的收支事项，应查明原因并作相应的记录。	√	√		√
12	根据评估的舞弊风险等因素增加的其他审核程序。				
	（三）其他货币资金				
13	获取或编制其他货币资金明细表： （1）复核银行汇票存款、银行本票存款、信用卡存款、信用证保证金存款、存出投资款、外埠存款等加计是否正确，并与总账数和日记账明细账合计数核对是否相符。 （2）检查非记账本位币其他货币资金的折算汇率及折算是否正确。				√
14	取得并检查其他货币资金余额调节表： （1）取得被审核单位银行对账单，检查被审核单位提供的银行对账单是否存在涂改或修改的情况，确定银行对账单金额的正确性，并与银行回函结果核对是否一致，抽样核对账面记录的已付款金额及存款金额是否与对账单记录一致。 ①应将保证金户对账单与相应的交易进行核对。检查保证金与相关债务的比例和合同约定是否一致，特别关注是否存在有保证金发生而被审核单位账面无对应保证事项的情形。	√	√		√

续表

	计划实施的实质性程序	索引号	执行人			
14	②若信用卡持有人是被审核单位职员，应取得该职员提供的确认书，并应考虑是否进行调整。 (2) 获取项目竣工财务决算报表日的其他货币资金存款余额调节表，检查调节表中加计数是否正确，调节后其他货币资金日记账余额与银行对账单余额是否一致； (3) 检查调节事项的性质和范围是否合理，如存在重大差异应作审核调整。	√	√		√	
15	核查函证银行汇票存款、银行本票存款、信用卡存款、信用证保证金存款、存出投资款、外埠存款等余额，编制其他货币资金函证结果汇总表，检查银行回函。	√	√			
16	关注是否有质押、冻结等对变现有限制，或存放在境外，或有潜在回收风险的款项。					√
17	抽查大额其他货币资金收付记录。检查原始凭证是否齐全、记账凭证与原始凭证是否相符、账务处理是否正确、是否记录于恰当的会计期间等项内容。	√	√		√	
18	根据评估的舞弊风险等因素增加的其他审核程序。					
19	检查货币资金是否已按照规定在项目竣工财务决算表中作出恰当列报。 附注是否按库存现金、银行存款、其他货币资金分别列示货币资金情况。因质押或冻结等对使用有限制、存放在境外、有潜在回收风险的款项应单独说明。					√

示例6-24：货币资金审定表（见表6-28）。

表 6-28　　　　　　　　　　货币资金审定表

索引号：

被审核单位及建设项目名称：××××××××　　编制：　　日期：20××年××月××日

项目决算基准日：20××年××月××日　　　　复核：　　日期：20××年××月××日

科目编码	项目名称	借/贷	账面数	账表调整数	未审数	账项调整		重分类调整		审定数	索引号
						借方	贷方	借方	贷方		
	库存现金	借									
	银行存款	借									
	其他货币资金（一般不存在该项目）	借									
	财政应返还额度										
合计											
	报表数：										
	差异数：										

审核说明：

审核调整分录：

审核结论：

示例 6-25：货币资金账项明细表（见表 6-29）。

表 6-29　　　　　　　　　　货币资金账项明细表

索引号：

被审核单位及建设项目名称：××××××××　　编制：　　日期：20××年××月××日

项目决算基准日：20××年××月××日　　　　复核：　　日期：20××年××月××日

科目编号	项目	币种	借贷方向	未审数	调整数	审定数	索引号
	库存现金小计						

续表

科目编号	项目/开户银行	银行账号	币种	借贷方向	未审数	调整数	审定数	索引号
银行存款小计								
科目编号	项目/开户银行	银行账号	币种	借贷方向	未审数	调整数	审定数	索引号
其他货币资金小计								
货币资金合计								

审核说明：

审核结论：

（三）基本建设项目资金占用往来科目的审核

基本建设项目资金占用往来科目一般有"预付备料款""预付工程款""预付设备款""应收票据""其他应收款"等。

注册会计师在对基本建设项目往来科目审核时，需要重点审核"预付备料款""预付工程款"科目。查看预付备料款或预付工程款时，是否达到合同支付条件，支付手续是否完备齐全，有无未达到支付条件时支付情况，有无超额支付情况，款项扣回是否及时，是否在达到应扣回时点及时扣回。除上述重点审核事项外，也需要执行函证、检查等审核程序，这些程序及底稿与年报审计底稿要求和格式类似，可以套用。

在审核实践中，除函证、检查底稿外，注册会计师需编制的审核工作底稿参见示例6-26至示例6-28。

示例6-26：预付及应收款项审核程序（见表6-30）。

表 6-30　　　　　　　　　预付及应收款项审核程序

索引号：

被审核单位及建设项目名称：××××××××　　编制：　　日期：20××年××月××日

项目决算基准日：20××年××月××日　　　　复核：　　日期：20××年××月××日

	项目			项目竣工财务决算表的认定				
				存在	完整性	权利和义务	计价和分摊	列报
1	评估的重大错报风险水平							
2	控制测试结果是否支持风险评估结论							
3	需从实质性程序获取的保证程度							
计划实施的实质性程序		索引号	执行人					
1	获取或编制预付及应收款项明细表： (1) 各会计核算项目复核加计正确，并与总账数和明细账合计数核对相符，结合坏账准备科目与报表数核对是否相符。 (2) 结合应付账款明细账审计，查核有无重复付款或将同一笔已付清的账款在预付账款和应付账款两个科目中同时挂账的情况。 (3) 分析出现贷方余额的项目，应查明原因，必要时作重分类调整。 (4) 了解重大明细项目的其他应收款内容及性质，进行类别分析。 (5) 结合应收账款、其他应付款等明细余额，检查是否有同时挂账的项目，核算内容是否重复，必要时作适当调整。 (6) 检查非记账本位币其他应收款的折算汇率及折算是否正确。 (7) 标识重要明细账户。						√	
2	检查项目竣工财务决算报表日后的预付及应收款项、工程物资及在建工程明细账，并检查相关凭证，核实期后是否已收到实物并转销预付及应收款项，分析项目竣工财务决算报表日预付及应收款项的真实性和完整性。			√	√			

续表

	计划实施的实质性程序	索引号	执行人				
3	对重要的预付及应收款进行函证： (1) 编制"函证结果汇总表"，对函证结果进行评价。 (2) 对于未回函的重要应收款，应执行替代审计程序，针对重要的其他应收款，编制重要明细户［特别是关联企业（或实际控制人）］增减变动表，必要时，收集该单位资料，并分析其变动的合理性。 (3) 如果实施函证和替代审核程序都不能取得充分、适当的审核证据，应当考虑实际情况，实施追加的审核程序。						
4	根据评估的舞弊风险等因素增加的审核程序。						
5	检查预付及应收款项是否已按照规定在项目竣工财务决算表中作出恰当列报。						√

示例 6-27：预付及应收款项审定表（见表 6-31）。

表 6-31　　　　　　　　预付及应收款项审定表

索引号：

被审核单位及建设项目名称：××××××××　　编制：　　日期：20××年××月××日

项目决算基准日：20××年××月××日　　　　复核：　　日期：20××年××月××日

序号	科目编码	对应合同或费用名称	未审数	账项调整	重分类调整	审定数	索引号
		预付备料款小计					
		预付工程款小计					

续表

序号	科目编码	对应合同或费用名称	未审数	账项调整	重分类调整	审定数	索引号
	预付设备款小计						
	应收票据小计						
	其他应收款小计						
	合计						

审核说明：

审核调整分录：

审核结论：

示例 6-28：预付及应收款项明细表（见表 6-32）。

表 6-32　　　　　　　预付及应收款项明细表

索引号：

被审核单位及建设项目名称：×××××××　　编制：　　日期：20××年××月××日
项目决算基准日：20××年××月××日　　　　复核：　　日期：20××年××月××日

序号	项目名称	对应合同或费用名称	对应单位名称	未审数	账项调整	重分类调整	审定数	备注
一	预付备料款小计							
1								
2								
3								
……								

续表

序号	项目名称	对应合同或费用名称	对应单位名称	未审数	账项调整	重分类调整	审定数	备注
二	预付工程款小计							
1								
2								
3								
……								
三	预付设备款小计							
1								
2								
3								
……								
四	应收票据小计							
1								
2								
3								
……								
五	其他应收款小计							
1								
2								
3								
……								
	预付及应收款合计							

审核说明：

审核结论：

（四）固定资产的审核

固定资产的审核包含固定资产原价、累计折旧、固定资产清理、待处理固定资产损失等。

注册会计师在进行竣工财务决算审核时，项目竣工财务决算表中固定资产各科目余额一般为 0，但注册会计师仍需对项目建设过程中的固定资产进行审核以便确认在决算表中列报是否正确。固定资产审核重点：一是关注固定资产核算范围是否包括建设单位按概算批复购建完成交付生产使用单位的已完工程（如宿舍、办公楼、汽车等），在未移交以前，因筹建工作需要，经批准暂时使用的，不作为建设单位的固定资产；二是关注项目完工时固定资产财务处理是否正确，即资产直接交付使用单位的，按设备投资支出转入交付使用。其中，计提折旧的自用固定资产，按固定资产购置成本扣除累计折旧后的金额转入交付使用，项目建设期间计提的折旧费用作为待摊投资支出分摊到相关资产；不计提折旧的自用固定资产，按固定资产购置成本转入交付使用。资产在交付使用单位前公开变价处置的，项目建设期间计提的折旧费用和固定资产清理净损益（即公开变价金额与扣除所提折旧后设备净值之间的差额）计入待摊投资，不计提折旧的项目，按公开变价金额与购置成本之间的差额作为待摊投资支出分摊到相关资产。

在审核实践中，注册会计师需要编制的审核工作底稿参见示例 6-29 至示例 6-32。

示例 6-29：固定资产审核程序（见表 6-33）。

表 6-33　　　　　　　　　固定资产审核程序

索引号：

被审核单位及建设项目名称：××××××××　　编制：　　日期：20××年××月××日
项目决算基准日：20××年××月××日　　　　复核：　　日期：20××年××月××日

审核目标：

1. 项目竣工财务决算表中记录的固定资产是存在的。	存在
2. 所有应记录的固定资产均已记录。	完整性
3. 记录的固定资产由被审核单位拥有或控制。	权利和义务
4. 固定资产以恰当的金额包括在报表中，与之相关的计价或分摊已恰当记录。	计价和分摊
5. 固定资产已按照规定在财务报告中作出恰当列报。	列报

续表

项目	项目竣工财务决算表的认定				
	存在	完整性	权利和义务	计价和分摊	列报
1 评估的重大错报风险水平					
2 控制测试结果是否支持风险评估结论					
3 需从实质性程序获取的保证程度					
计划实施的实质性程序	索引号	执行人			
1 获取或编制固定资产明细表,复核加计是否正确,并与总账数和明细账合计数核对是否相符,并与报表数核对是否相符。				√	
2 实地检查重要固定资产及相关资产权属资料,确定其是否存在,关注是否存在建设期间已报废但仍未核销的固定资产。	√				
3 检查固定资产的增加: (1)检查建设期内购置的固定资产计价是否正确,手续是否齐备,会计处理是否正确; (2)检查购置的固定资产是否在概算批复范围内,购置数量、标准、规格型号等是否符合批复内容; (3)检查固定资产是否存在清理事项、是否存在待处理财产损溢,如果存在,检查其程序是否规范、计算是否合理,会计处理是否正确。	√	√	√	√	
4 检查固定资产清理程序是否符合规定,清理收入或费用是否真实,清理净损益是否正确计量。	√	√	√	√	
5 检查固定资产清理在竣工决算日是否进行相应的账务处理,必要时作适当调整。					√
6 检查固定资产是否已按照规定在项目竣工财务决算报表中以资产净值在交付使用资产中作出恰当列报。					√

示例 6-30：固定资产审定表（见表 6-34）。

表 6-34　　　　　固定资产审定表

索引号：

被审核单位及建设项目名称：××××××××　　编制：　　日期：20××年××月××日

项目决算基准日：20××年××月××日　　　　复核：　　日期：20××年××月××日

科目编码	项目名称	未审数	审核调整	审定数	备注	索引号
	固定资产原价					
	累计折旧					
	固定资产净值					
	固定资产清理					
	待处理固定资产损失					
合计						

审核说明：

审核调整分录：

审核结论：

示例 6-31：固定资产、累计折旧明细表（见表 6-35）。

表6-35 　　　　　　　　　　固定资产、累计折旧明细表

索引号：

被审核单位及建设项目名称：××××××× 　　　编制：　　日期：20××年××月××日

项目决算基准日：20××年××月××日 　　　　　复核：　　日期：20××年××月××日

序号	资产名称	未审数			调整数			审定数			资产状况	备注
		资产原值	累计折旧	净值	资产原值	累计折旧	净值	资产原值	累计折旧	净值	交付/变卖	

审核说明：

审核调整分录：

审核结论：

示例6-32：车辆权证查验记录（见表6-36）。

表6-36 　　　　　　　　　　车辆权证查验记录

索引号：

被审核单位及建设项目名称：××××××× 　　　编制：　　日期：20××年××月××日

项目决算基准日：20××年××月××日 　　　　　复核：　　日期：20××年××月××日

一、获得公司相关权证，复印并加盖公司公章（已和原件核对一致）

续表

二、产权证核对表

资产名称	车主名称	行驶证编号	机动车登记证信息	登记日期	账面原值	累计折旧	账面净值	年检截止日	权证复印件索引
		合计							

三、查验说明

四、审核说明

1. 权证是否齐全，是否归属公司所有

2. 抵押情况描述

抵押资产名称	抵押物存放地址	抵押数量	产权证编号	账面原值	账面净值	抵押性质
合计						

五、审核结论

（五）项目资本及基建拨款的审核

基本建设项目建设资金是指为满足项目建设需要筹集和使用的资金。

按资金来源分为权益性资金和债务性资金；项目又分为非经营性项目和经营性项目，具体项目的经营性和非经营性性质划分，由项目主管部门会同财政部门根据项目建设目的、运营模式和盈利能力等因素核定。核定为经营性项目的，项目建设单位应当按照国家有关固定资产投资项目资本管理的规定，筹集一定比例的非债务性资金作为项目资本。因此，非经营性项目和经营性项目资金来源渠道也不一致。

非经营性项目建设资金按照国家有关规定筹集，项目资金来源通常依赖于财政拨款、专项基金或社会捐赠等非市场化渠道，具体来源因项目性质和地区政策而异。基本为财政性资金、政策性资金、社会性资金和其他自筹性资金。其中，财政性资金包括一般公共预算拨款、政府性基金、地方政府专项债券；政策性资金一般为中央或省级专项补助、国际组织或外国政府贷款；社会性资金，一般多为慈善捐赠；其他自筹性资金，如事业单位自有资金等。项目建设单位在决策阶段应当明确建设资金来源，落实建设资金，合理控制筹资成本。

经营性项目在防范风险的前提下，可以多渠道筹集。项目建设单位应当按照国家有关固定资产投资项目资本管理的规定，筹集一定比例的非债务性资金作为项目资本。在项目建设期间，项目资本的投资者除依法转让、依法终止外，不得以任何方式抽走出资。经营性项目的投资者以实物、知识产权、土地使用权等非货币财产作价出资的，应当委托具有专业能力的资产评估机构依法评估作价。

在审核项目资本和基建拨款时，除了重点关注资金筹措渠道是否符合国家有关规定外，还要关注资金是否按计划及时足额拨付到位，财政资金是否按规定专款专用，是否符合政府采购和国库集中支付等管理规定。股东投入资本金是否按章程规定时间和金额到位，是否与项目进展同步，是否履行了验资手续等。

在审核实践中，注册会计师需编制的审核工作底稿参见示例6-33至示例6-38。

示例6-33：项目资本金和基建拨款审核程序（见表6-37）。

表 6-37 项目资本金和基建拨款审核程序

索引号：

被审核单位及建设项目名称：××××××××　　编制：　　日期：20××年××月××日

项目决算基准日：20××年××月××日　　复核：　　日期：20××年××月××日

审核目标：

1. 项目竣工财务决算表中记录的基建拨款和项目资本金是存在的。　　　　　　　　存在
2. 所有应当记录的基建拨款和项目资本金均已记录，项目资本金的增减变动符合法律、法规和合同、章程的规定。　　　　　　　　完整性
3. 基建拨款和项目资本金以恰当的金额包括在项目竣工财务决算表中。　　　　　　计价和分摊
4. 基建拨款和项目资本金已按照规定在项目竣工财务决算表中作出恰当列报。　　　列报

	项目	项目竣工财务决算表的认定				
		存在	完整性	权利和义务	计价和分摊	列报
1	评估的重大错报风险水平					
2	控制测试结果是否支持风险评估结论					
3	需从实质性程序获取的保证程度					
计划实施的实质性程序		索引号	执行人			
1	获取或编制项目投资计划下达及资金到位明细表以及项目资本金明细表：(1) 复核加计是否正确，并与报表数、总账数和明细账合计数核对是否相符；(2) 分款源列示基建拨款和资本金到位情况，并与投资计划进行核对是否相符。				√	
2	审阅建设项目立项批复文件、章程、股东会、董事会或类似机构会议记录中有关项目拨款和资本金的规定。收集与项目资本金变动有关的批复文件、董事会或类似机构会议纪要、股东会决议、合同、协议等。	√	√			
3	检查出资期限和出资方式、出资额，检查资本金是否按约定的时间和方式以及下达的投资计划等到位，检查是否存在资本金或者地方资本金未到位的情形。	√	√		√	

续表

	计划实施的实质性程序	索引号	执行人					
4	获取各期基建投资计划下达文件,并逐笔核对下达款源及金额是否按规定据实填列至投资计划情况表。			√	√		√	
5	检查项目资本金增减变动的原因,查阅其是否与建设项目批复文件、投资计划等文件的规定一致,逐笔追查至原始凭证,检查其会计处理是否正确。			√	√			√
6	根据评估的舞弊风险等因素增加的审核程序。							√
7	检查项目基建拨款和资本金是否已按照规定在项目竣工财务决算表中作出恰当列报。							

示例6-34：项目资本金和基建拨款审定表（见表6-38）。

表6-38　　　　　　　项目资本金和基建拨款审定表

索引号：

被审核单位及建设项目名称：××××××××　　编制：　　日期：20××年××月××日
项目决算基准日：20××年××月××日　　　　复核：　　日期：20××年××月××日

序号	资金来源	未审数	账项调整	重分类调整	审定数	备注
一	中央财政资金					
1	一般公共预算资金					
2	中央基建投资					
3	财政专项资金					
4	政府性基金					
5	国有资本经营预算安排的基建项目资金					
	……					
二	地方财政资金					
1	一般公共预算资金					
2	地方基建投资					
3	财政专项资金					
4	政府性基金					
5	国有资本经营预算安排的基建项目资金					
	……					
三	部门自筹资金					

续表

序号	资金来源	未审数	账项调整	重分类调整	审定数	备注
四	股东投入资金					
	……					
合计						

审核说明：

审核调整分录：

审核结论：

示例 6-35：项目投资计划及资金到位情况审核表（见表 6-39）。

表 6-39　　　　项目投资计划及资金到位情况审核表

索引号：

被审核单位及建设项目名称：××××××××　　编制：　　日期：20××年××月××日

项目决算基准日：20××年××月××日　　复核：　　日期：20××年××月××日

年度	基建计划								资金到位								备注
	中央财政资金			地方财政资金				基建计划合计	中央财政资金			地方财政资金				到位资金合计	
	一般公共预算投资资金	中央基建投资资金	财政专项基金	国有资本经营预算安排的基建项目资金	一般公共预算投资	地方基建投资	财政专项资金	国有资本经营预算安排的基建项目资金	部门自筹资金	股东投入资金	基建借款		一般公共预算投资	中央基建投资	财政专项基金	国有资本经营预算安排的基建项目资金	一般公共预算投资	地方基建投资	财政专项资金	国有资本经营预算安排的基建项目资金	部门自筹资金	股东投入资金	基建借款		
20××年																		
20××年																		
20××年																		
20××年 ……																		
合计																		

续表

审核说明：	审核结论：

提示：本表在审核编制时，注意投资计划与资金预算按年度最终调整数填列，投资计划与到位资金不一致的应在备注中作简要说明。

示例6-36：项目资本金和基建拨款明细表（见表6-40）。

表6-40　　　　　　　项目资本金和基建拨款明细表

索引号：

被审核单位及建设项目名称：××××××××　　　编制：　　日期：20××年××月××日

项目决算基准日：20××年××月××日　　　复核：　　日期：20××年××月××日

投资方（股东）或资金来源名称	未审数	审核调整数	审定数	索引号	备注
合计					

审核说明：

审核调整分录：

审核结论：

示例6-37：项目投资计划下达情况检查表（见表6-41）。

表 6－41　　　　　　　　　项目投资计划下达情况检查表

索引号：

被审核单位及建设项目名称：×××××××　　编制：　　日期：20××年××月××日
项目决算基准日：20××年××月××日　　　　复核：　　日期：20××年××月××日

年度	投资计划或调整计划下达文号	年度计划资金总计	权益性资金									债务性资金				
			中央财政资金				地方财政资金				部门自筹资金	股东投入资金	合计	外资借款	银行贷款	其他	……	合计
			一般公共预算资金	中央基建投资	财政专项资金	政府性基金	国有资本经营预算安排的基建项目资金	一般公共预算资金	地方基建投资	财政专项资金	政府性基金	国有资本经营预算安排的基建项目资金								
20×× 小计																
20×× 小计																
合计																

审核说明：
（提示：需逐项进行检查）

审核结论：

示例 6-38：项目资本金和基建拨款到位情况检查表（见表 6-42）。

表 6-42　　　　　项目资本金和基建拨款到位情况检查表

索引号：

被审核单位及建设项目名称：××××××× 　编制：　日期：20××年××月××日

项目决算基准日：20××年××月××日　　　复核：　日期：20××年××月××日

日期	凭证种类	凭证编号	资金性质	明细科目	对方科目	金额		核对内容								备注
						借方	贷方	1	2	3	4	5	6	7	8	

核对内容说明：1. 是否与投资计划相符；2. 是否与出资协议相符；3. 地方政府征地拆迁验工计价手续是否完备；4. 列账科目是否正确；5. 列账金额是否正确……。

抽样说明：

提示：需逐笔进行检查。

审核说明：

1. 对不符事项的处理

2. ……

3. ……

审核结论：

（六）基建借款的审核

基本建设项目建设资金除了权益性资本和基建拨款之外，还有基建借款。基本建设项目的借款渠道多样，有的项目可以举借外债，有的项目可以进行抵押借款、信用借款、银团贷款等。

在审核实践中，注册会计师审核基建借款时需要执行的审核程序参见示例 6-39。

示例 6-39：基建借款审核程序（见表 6-43）。

表 6-43　　　　　　　　　　基建借款审核程序

索引号：

被审核单位及建设项目名称：×××××××　　编制：　　日期：20××年××月××日

项目决算基准日：20××年××月××日　　　复核：　　日期：20××年××月××日

审核目标：

1. 项目竣工财务决算表中记录的基建借款是存在的。　　　　　　　　　　　　　　存在
2. 所有应当记录的基建借款均已记录。　　　　　　　　　　　　　　　　　　　　完整性
3. 记录的基建借款是被审核单位应当履行的现时义务。　　　　　　　　　　　　　权利和义务
4. 基建借款以恰当的金额包括在项目竣工财务决算表中，与之相关的计价或分摊调整已恰当记录。

　　　　　　　　　　　　　　　　　　　　　　　　　　　　　　　　　　　　　计价和分摊

5. 基建借款已按照规定在项目竣工财务决算表中作出恰当列报。　　　　　　　　　列报

	项目	项目竣工财务决算表的认定				
		存在	完整性	权利和义务	计价和分摊	列报
1	评估的重大错报风险水平					
2	控制测试结果是否支持风险评估结论					
3	需从实质性程序获取的保证程度					
	计划实施的实质性程序	索引号	执行人			
1	获取或编制基建借款明细表： （1）复核加计是否正确，并与总账数和明细账合计数核对相符；减去将于一年内偿还的基建借款后与报表数核对是否相符； （2）检查非记账本位币基建借款的折算汇率及折算是否正确，折算方法是否前后期一致。				√	
2	获取或编制基建借款投资计划下达及到位明细表： （1）复核加计是否正确，并与投资计划核对相符；（2）与基建借款明细表核对相符。	√				√

续表

	计划实施的实质性程序	索引号	执行人				
3	检查被审核单位贷款卡，核实账面记录是否完整。对被审核单位贷款卡上列示的信息与账面记录核对的差异进行分析，并关注贷款卡中列示的被审核单位对外担保的信息。			√			
4	对基建借款进行函证。		√		√	√	
5	逐笔检查基建借款的增加。取得基建项目的所有借款合同，检查借款合同和授权批准，了解借款数额、借款条件、借款日期、还款期限、借款利率，并与相关会计记录核对。		√	√	√	√	
6	逐笔检查基建借款的减少。检查相关记录和原始凭证，核实还款数额，并与相关会计记录核对。		√	√		√	
7	复核基建借款利息。根据基建借款的利率和期限，复核被审核单位基建借款的利息计算是否正确。如有未计利息和多计利息，应做出记录，必要时进行调整。					√	
8	检查借款费用的会计处理是否正确。检查项目竣工财务决算报表日计算确定的基建借款利息费用，并正确计入财务费用、在建工程等相关账户。同时应检查专门借款和一般借款的借款费用资本化的时点和期间、资产范围、目的和用途等是否符合资本化条件。		√			√	
9	检查企业抵押基建借款担保资产的所有权是否属于被审核单位，其价值和实际状况是否与担保契约中的规定相一致。				√		
10	根据评估的舞弊风险等因素增加的其他审核程序。						
11	检查基建借款是否已按照规定在项目竣工财务决算表中作出恰当列报。						√

基建借款执行函证程序所需编制的审核工作底稿,可以按照年度报表审计长期借款的底稿格式和要求编制,此处不再赘述。

在审核实践中,注册会计师需要编制的审核工作底稿参见示例6-40至示例6-43。

示例6-40:基建借款审定表(见表6-44)。

表6-44　　　　　　　　　　基建借款审定表

索引号:

被审核单位及建设项目名称:×××××××　　编制:　　日期:20××年××月××日
项目决算基准日:20××年××月××日　　　　复核:　　日期:20××年××月××日

序号	借款项目	未审数	账项调整		重分类调整		审定数	索引号
			借方	贷方	借方	贷方		
合计								

审核说明:

提示:基建借款应分投资计划款源及各年度审定,并逐年逐款源填列至资金到位情况表债务资金部分。

审核调整分录:

审核结论:

示例6-41:基建借款明细表(见表6-45)。

表 6-45　　　　　　　　　　基建借款明细表

索引号：

被审核单位及建设项目名称：××××××××　　编制：　　日期：20××年××月××日
项目决算基准日：20××年××月××日　　　　复核：　　日期：20××年××月××日

序号	贷款银行	借款日	约定还款日	年利率	增加		归还		决算日余额	借款条件	抵/质押情况	借款用途	借款合同索引号	备注
					本金	利息调整	小计	日期	本金					
1														
2														
3														
……														
	合计													

审核说明：

审核结论：

提示：在编制本底稿时，外币基建借款应列明原币金额及折合汇率；本底稿按基建借款的每一贷款明细列入。

示例 6-42：基建借款应计利息审核表（见表 6-46）。

表 6-46　　　　　　　　　基建借款应计利息审核表

索引号：

被审核单位及建设项目名称：××××××××　　编制：　　日期：20××年××月××日
项目决算基准日：20××年××月××日　　　　复核：　　日期：20××年××月××日

债权人	本期无变化余额	借款日	到期日	计息天数	年利率	应计利息	实计利息	差额	资本化金额
小计									

续表

债权人	本期增加借款	借款日	到期日	计息天数	年利率	应计利息	实计利息	差额	资本化金额
小计									

债权人	本期减少借款	借款日	到期日	计息天数	年利率	应计利息	实计利息	差额	资本化金额
小计									
合计									

审核说明：

审核结论：

提示：本底稿是基建借款审定表的附表，按年度分本期增加、本期减少及本期无变化三类填写。

示例 6-43：利息分配情况检查表（见表 6-47）。

表 6-47　　　　　　　　利息分配情况检查表

索引号：

被审核单位及建设项目名称：×××××××　　编制：　　日期：20××年××月××日
项目决算基准日：20××年××月××日　　　　复核：　　日期：20××年××月××日

项目名称	利息金额	利息分配数				差异	核对是否正确	差异原因
		本项目资本化金额	财务费用	……	合计			
合计								

续表

审核说明:
审核调整分录:
审核结论:

提示:同一个建设单位同时或前后期建设多个项目,借款无法直接确认为哪个项目,基建借款利息需要在项目间和单位经营间进行分配,需要注册会计师编制利息分配检查表,以确认本项目利息资本化金额是否正确。

示例6-44:基建借款检查表(见表6-48)。

表6-48　　　　　　　　　　基建借款检查表

索引号:

被审核单位及建设项目名称:××××××××　　编制:　　日期:20××年××月××日

项目决算基准日:20××年××月××日　　复核:　　日期:20××年××月××日

日期	凭证种类	凭证编号	业务内容	明细科目	对方科目	金额		核对内容								备注
						借方	贷方	1	2	3	4	5	6	7	8	

核对内容说明:

1. 原始凭证是否齐全;2. 记账凭证与原始凭证是否相符;3. 是否经授批准;4. 账务处理是否正确;5. ……。

审核说明:

提示:对基建借款逐笔进行检查。

续表

审核调整分录：
审核结论：

（七）基本建设项目资金来源应付款科目的审核

基本建设项目资金来源应付款科目一般有"应付工程款""应付设备款""应付票据""应付工资及福利费""其他应付款"等。

应付款科目中，"应付工程款"和"其他应付款"科目核算内容与非基本建设会计核算差异较大。注册会计师在审核时需关注科目使用是否正确，应付工程款核算的内容是否主要为建设单位按照基本建设工程价款结算办法和工程合同的有关规定，与工程承包单位办理各期工程价款计量支付时，应付给承包单位的工程款；其他应付款核算内容是否主要为建设单位应付、暂收其他单位和个人的款项，包括应付的各种赔款，罚款，职工未按期领取的工资，应付、暂收其他单位的款项等，如根据合同约定对施工单位收取的违约罚款等计入其他应付款。

注册会计师在进行基本建设项目应付款类科目审核时，需要重点审核"应付工程款""其他应付款"科目，查看各期工程款支付是否符合合同条件，各类保证金如质保金等扣款，是否符合合同扣款比例，赔款、罚款等是否有文件依据，账务处理是否正确，支付时手续是否完备齐全，是否达到合同支付条件等。除上述重点审核事项外，还需要执行函证、检查等审核程序，这些程序及底稿与年报审计底稿要求和格式类似，可以套用。

在审核实践中，注册会计师需要编制的审核工作底稿参见示例 6-45 至示例 6-47。

示例 6-45：应付款审核程序（见表 6-49）。

表 6-49　　　　　　　　　　　应付款审核程序

索引号：

被审核单位及建设项目名称：××××××××　　编制：　日期：20××年××月××日

项目决算基准日：20××年××月××日　　　　　复核：　日期：20××年××月××日

审核目标：

1. 项目竣工财务决算表中记录的应付款（含应付工程款、应付设备款、应付票据、应付工资及福利费、其他应付款）是存在的。　　　　　　　　　　　　　　　　存在
2. 所有应当记录的应付款均已记录。　　　　　　　　　　　　　　　　　　完整性
3. 项目竣工财务决算表中记录的应付款是被审核单位应当履行的现时义务。　权利和义务
4. 应付款以恰当的金额包括在项目竣工财务决算表中，与之相关的计价调整已恰当记录。　计价和分摊
5. 应付款已按照基本建设项目竣工财务决算管理的规定在项目竣工财务决算表中作出恰当列报。

列报

项目	项目竣工财务决算表的认定				
	存在	完整性	权利和义务	计价和分摊	列报
1　评估的重大错报风险水平					
2　控制测试结果是否支持风险评估结论					
3　需从实质性程序获取的保证程度					
计划实施的实质性程序	索引号	执行人			
1　获取或编制各类应付款明细表： （1）复核加计正确，并与报表数、总账数和明细账合计数核对是否相符； （2）检查非记账本位币应付款的折算汇率及折算是否正确； （3）分析出现借方余额的项目，查明原因，必要时，作重分类调整； （4）结合预付账款等往来项目的明细余额，调查有无同时挂账的项目、异常余额或与购货无关的其他款项（如关联方账户或员工账户），如有，应予以记录，必要时作出调整。				√	

续表

序号	计划实施的实质性程序	索引号	执行人				
2	获取被审核单位与其供应商之间的对账单（应为非财务部门，如：采购部门获取），并将对账单和被审核单位记录之间的差异进行调节（如在途款项、在途货物、未记录的负债等），检查有无未入账的应付款，确定应付款金额的准确性。			√		√	
3	检查债务形成的相关原始凭证，如供应商发票、货票或运单、验收记录、施工单位结算资料等，检查有无未及时入账的应付款，确定应付款金额的准确性。			√		√	
4	针对项目竣工财务决算报表日后付款项目，检查银行对账单及有关付款凭证（如银行划款通知、供应商收据等），询问被审核单位内部或外部的知情人员，查找有无未及时入账的应付款。			√			
5	复核截至审核现场工作日的全部未处理的已经办理工程结算发票，并询问是否存在其他未处理的未办理结算发票，确认所有的负债都记录在正确的会计期间内。			√			
6	选择应付款的重要项目（包括零账户）函证其余额和交易条款，对未回函的再次发函或实施替代的检查程序（检查原始凭单，如合同、工程结算、发票、运单、验收交接记录，核实应付款的真实性，此部分可结合合同执行情况检查）。		√		√		
7	针对已偿付的应付款，追查至银行对账单、银行付款单据和其他原始凭证，检查其是否在竣工财务决算基准日前真实偿付。			√			

续表

	计划实施的实质性程序	索引号	执行人				
8	检查竣工财务决算基准日后应付款明细账贷方发生额的相应凭证，关注其购货发票日期，确认其入账时间是否合理。			√	√		
9	结合工程物资监盘程序，检查被审核单位在项目竣工财务决算报表日前后的工程物资入库资料（验收报告或入库单），检查是否有大额料到单未到的情况，确认相关负债是否计入正确的会计期间。			√	√		
10	根据评估的舞弊风险等因素增加的审核程序。			√	√	√	√
11	检查应付款是否已按照基本建设项目竣工财务决算管理的规定在财务报表中作出恰当列报。						

示例6-46：应付款审定表（见表6-50）。

表6-50　　　　　　　　应付款审定表

索引号：

被审核单位及建设项目名称：××××××××　　编制：　　日期：20××年××月××日
项目决算基准日：20××年××月××日　　　　　复核：　　日期：20××年××月××日

序号	项目名称	对应合同或费用名称	未审数	账项调整	重分类调整	审定数	索引号
	应付工程款小计						
	应付设备款小计						
	应付票据小计						
	应付工资及福利费小计						
	其他应付款小计						

续表

序号	项目名称	对应合同或费用名称	未审数	账项调整	重分类调整	审定数	索引号
合计							

审核说明：

审核调整分录：

审核结论：

示例 6-47：应付款明细表（见表 6-51）。

表 6-51　　　　　　　　应付款明细表

索引号：

被审核单位及建设项目名称：××××××××　　编制：　　日期：20××年××月××日

项目决算基准日：20××年××月××日　　　　　复核：　　日期：20××年××月××日

序号	项目名称	对应合同或费用名称	对应单位名称	未审数	期末账项调整	期末重分类调整	审定数	索引号
一	应付工程款小计							
1								
2								
3								
……								
二	应付设备款小计							
1								
2								
3								
……								
三	应付票据小计							
1								
2								
3								
……								

续表

序号	项目名称	对应合同或费用名称	对应单位名称	未审数	期末账项调整	期末重分类调整	审定数	索引号
四	应付工资及福利费小计							
1								
2								
3								
……								
五	其他应付款小计							
1								
2								
3								
……								
合计								

审核说明：

审核调整分录：

审核结论：

（八）基本建设项目资金来源未交款科目的审核

基本建设项目资金来源未交款科目一般包括"未交税金""未交结余财政资金""未交基建收入""其他未交款"等。

基本建设项目资金来源未交款科目核算内容及范围与非基本建设项目会计核算差异较大，注册会计师在审核时需关注科目使用是否正确，未交税金是否主要核算建设单位在项目建设中按规定应缴纳的各种税金，如城镇土地使用税、耕地占用税等；未交结余财政资金是否核算建设单位应上交的结余财政资金；未交基建收入是否核算建设单位在建设过程中发生和应上交的各项基建收入，如煤矿、矿山建设中的矿产品收入、电站建设中移交生产前的电费收入、为检验设备安装质量进行负荷试车的纯收入等；其他未交款是否核算除应交税金以外的其他各种应上交的款项。

在执行基本建设项目竣工财务决算审核时，注册会计师一般不会涉及未交基建收入和未交结余财政资金，较常见的为未交税金和其他未交款，这两个科目一般在竣工决算基准日也无余额。在审核过程中，注册会计师应特别关注税金及各项规费是否根据计算标准和适用税率全额缴纳并计入项目投资，以及账务处理是否准确无误。

在审核实践中，注册会计师需要编制的审核工作底稿参见示例6-48至示例6-50。

示例6-48：未交款审核程序（见表6-52）。

表6-52　　　　　　　　　　未交款审核程序

索引号：

被审核单位及建设项目名称：××××××××　　编制：　　日期：20××年××月××日
项目决算基准日：20××年××月××日　　　　复核：　　日期：20××年××月××日

审核目标：

1. 项目竣工财务决算表中的未交款（包括未交税金、未交结余财政资金、未交基建收入、其他未交款）真实存在。　　　　　　　　　　　　　　　　存在
2. 所有应当记录的未交款均已记录。　　　　　　　　　　　　　完整性
3. 记录的未交款是被审核单位应当履行的现时义务。　　　　　权利和义务
4. 未交款以恰当的金额包括在项目竣工财务决算表中，与之相关的计价调整已恰当记录。　　计价和分摊
5. 未交款中项目取得的可抵扣增值税进项税额已按照规定在项目竣工财务决算表中作出恰当列报。

列报

项目	项目竣工财务决算表的认定				
	存在	完整性	权利和义务	计价和分摊	列报
1	评估的重大错报风险水平				
2	控制测试结果是否支持风险评估结论				
3	需从实质性程序获取的保证程度				

续表

	计划实施的实质性程序	索引号	执行人			
1	获取或编制未交款各项目明细表。复核加计是否正确,并与报表数、总账数和明细账合计数核对相符。				√	
2	结合税金审核,复核报表所列未交税金项目是否准确,是否应挂列未交税金项目。			√	√	
3	复核项目是否存在财政结余资金,结余资金是否准确,是否符合相关文件制度的规定。			√	√	√
4	根据合同协议、列账记录,检查其他未交款是否准确、完整,是否准确列报。			√	√	√
5	根据评估的舞弊风险等因素增加的审核程序。			√	√	√
6	确定各项未交款是否已按照规定在项目竣工财务决算表中作出恰当列报。				√	√

示例 6-49：未交款审定表（见表 6-53）。

表 6-53　　　　　　　　　未交款审定表

索引号：

被审核单位及建设项目名称：××××××××　　编制：　　日期：20××年××月××日

项目决算基准日：20××年××月××日　　　　复核：　　日期：20××年××月××日

序号	项目名称	未审数	账项调整	重分类调整	审定数
	未交税金小计				
	未交结余财政资金小计				
	未交基建收入小计				
	其他未交款小计				
合计					

续表

审核说明：
审核调整分录：
审核结论：

示例 6-50：未交款明细表（见表 6-54）。

表 6-54   未交款明细表

索引号：

被审核单位及建设项目名称：××××××××　　编制：　　日期：20××年××月××日

项目决算基准日：20××年××月××日　　　　复核：　　日期：20××年××月××日

序号	项目名称	未审数	期末账项调整	期末重分类调整	审定数	索引号
一	未交税金小计					
1						
2						
3						
……						
二	未交结余财政资金小计					
1						
2						
3						
……						
三	未交基建收入小计					
1						
2						
3						
……						

续表

序号	项目名称	未审数	期末账项调整	期末重分类调整	审定数	索引号
四	其他未交款小计					
1						
2						
3						
……						
合计						

审核说明：

审核调整分录：

审核结论：

三、尾工工程和预留费用审核

项目尾工工程指的是在项目总体工程已经依照概算批复的内容和标准建设完毕之后，由于设计变更、征地拆迁等外部因素导致无法与主体工程同步完成的零星工程。在不影响项目整体使用和功能发挥的前提下，这些工程在编制竣工财务决算时可以将其作为尾工工程处理。依据财政部《基本建设财务规则》的规定，一般情况下，项目不得预留尾工工程，但若确有必要预留，尾工工程的投资额不得超过项目概算或预算总投资的5%。在审核尾工工程和预留费用时，应重点关注其是否是概算批复内容或控制在概算所确定的范围内，以及预留的金额和比例是否恰当。

尾工工程和预留费用在编制竣工财务决算时一并计入项目总投资，作为项目完成总投资的一部分。尾工工程和预留费用实施或支付完成后是否需专门审核，各部门和各地方要求不一致，可根据项目实际要求进行尾工工程和预留费用专项审核。

在审核实践中,注册会计师在执行尾工工程和预留费用审核时,需要执行的审核程序参见示例6-51。

示例6-51:基本建设项目尾工工程和预留费用审核程序(见表6-55)。

表6-55   基本建设项目尾工工程和预留费用审核程序

索引号:

被审核单位及建设项目名称:××××××××   编制: 日期:20××年××月××日

项目决算基准日:20××年××月××日   复核: 日期:20××年××月××日

审核目标:

1. 竣工财务决算报表中记录的尾工工程和预留费用是存在的。   存在
2. 所有应记录的尾工工程和预留费用均已记录。   完整性
3. 记录的尾工工程和预留费用均为本建设项目内容。   权利和义务
4. 尾工工程和预留费用以恰当的金额包括在报表中,与之相关的调整已恰当记录。   计价和分摊
5. 尾工工程和预留费用已按照规定在报表中作出恰当列报。   列报

	项目	竣工财务决算报表的认定				
		存在	完整性	权利和义务	计价和分摊	列报
1	评估的重大错报风险水平					
2	控制测试结果是否支持风险评估结论					
3	需从实质性程序获取的保证程度					
计划实施的实质性程序		索引号	执行人			
1	取得建设项目尾工工程和预留费用明细表,复核加计正确。				√	
2	获取尾工工程和预留费用相关合同协议,检查尾工工程和预留费用的真实性、费用计列的准确性以及预计完工日期的合理性。	√	√		√	√
3	获取与尾工工程和预留费用相关的概算或预算,检查费用及费用类别计列的准确性。		√	√	√	
4	获取已完成投资的验工计价资料,复核加计正确。		√	√	√	

续表

	计划实施的实质性程序	索引号	执行人			
5	核实已完成投资费用及费用列报计列的准确性。		√	√		√
6	核实尾工程和预留费用具体负责部门,获取相关记录资料,确定尾工程和预留费用真实存在。			√		
7	获取相关变更、会议纪要等资料,核实是否存在将不实施或不需全部实施的尾工工程计列的情况。			√	√	√
8	根据评估的舞弊风险等因素增加的审核程序,如访谈、了解建设项目会议纪要等资料,判断是否存在虚报或瞒报尾工程和预留费用的情况。			√	√	√
9	检查尾工程和预留费用是否已按照规定在项目竣工财务决算表中作出恰当列报。					√

尾工工程和预留费用已部分实施或支付的,还需对已完成投资和支付部分进行检查,编制的审核底稿参见示例6–52。

示例6–52:××项目尾工工程和预留费用已完成投资检查表(见表6–56)。

表6–56　　　　××项目尾工工程和预留费用已完成投资检查表

索引号:

被审核单位及建设项目名称:××××××××　　编制:　　日期:20××年××月××日

项目决算基准日:20××年××月××日　　　　复核:　　日期:20××年××月××日

序号	凭证号			列支内容	列支金额	重点检查内容						备注
	年	月	编号			是否有合同	是否有验工计价	是否有结算发票	是否有验收记录	是否有成果资料	列支科目是否正确	

续表

审核说明：
审核结论：

在审核实践中，注册会计师对尾工工程和预留费用已实施和未实施或部分支付的项目，需汇总编制尾工工程和预留费用审核底稿，参见示例6-53。

示例6-53：尾工工程和预留费用审核底稿（见表6-57）。

表6-57　　　　　　　　尾工工程和预留费用审核底稿

索引号：

被审核单位及建设项目名称：××××××××　　编制：　　日期：20××年××月××日

项目决算基准日：20××年××月××日　　　　复核：　　日期：20××年××月××日

序号	单项工程项目、内容	批准概算	已完成投资额				尚需完成投资额				预计完成时间	合同协议	备注
			小计	建筑安装工程费	设备费	其他费	小计	建筑安装工程费	设备费	其他费			
1	（据实填列）												
2													
3													
	……												
	合计												

审核说明：
审核调整分录：
审核结论：

提示：本表单项工程项目、内容按尾工工程项目、内容填列；已完成投资额栏，填列尾工项目已完成的投资支出（已有相应的验工计价），尚未实施的尾工项目或已实施但尚未计价项目（一般应建议在竣工财务决算基准日将已实施完成部分办理验工计价）不需填列；尚需完成投资额栏，填列尚未实施的尾工项目预计支出或尾工项目尚未完成部分预计支出金额（必须是概算内项目且费用额在批复的概算金额内，建议分别列示）；预计完成时间栏，填列相应项目计划完工时间（至少应细化到月）；批准概算栏，按列示的工程项目内容对应概算填列，如相应章中涉及的尾工项目较多，所填列数据应等于相应章中有明确项目概算的各项尾工对应概算的加计金额。

四、项目概(预)算执行情况审核

在项目建设过程中,两阶段设计项目较为普遍。在审核这类项目的竣工财务决算时,应依据批复的概算来控制项目的分项投资和总投资,并据此评估项目的投资执行情况与概算的符合程度。对于那些设计复杂、技术要求较高的项目,通常采用三阶段设计方法,在技术设计阶段会修正概算。在这种情况下,应以修正后的设计概算为基准进行比较。至于那些投资规模较小或属于抢险救灾应急性质的项目,通常只进行一阶段的施工图设计,即仅有施工图预算的批复。在审核这类项目的竣工财务决算时,应以批复的施工图预算为依据,进行执行情况的对比评价。

在审核概(预)算执行情况时,应重点关注项目是否依照批准的内容和标准进行建设,各项建设成本支出是否已得到妥善记录并反映在报表中,对应项目是否符合概算批复内容及口径,以及预备费用的使用是否获得了相应的批准。对于超出概算金额或比例较大的项目,需重点进行深入的分析和审核。

在审核实践中,注册会计师需要编制的基本建设项目概算执行情况审核程序、项目概(预)算汇总表、项目其他费核对统计表、项目概算执行情况审核表等审核底稿参见示例6-54至示例6-57。

示例6-54:基本建设项目概算执行情况审核程序(见表6-58)。

表6-58　　　　　基本建设项目概算执行情况审核程序

索引号:

被审核单位及建设项目名称:××××××××　　编制:　　日期:20××年××月××日
项目决算基准日:20××年××月××日　　　　复核:　　日期:20××年××月××日

审核目标:

1. 竣工财务决算报表中记录的概算内容是存在的。	存在
2. 所有应记录的概算项目均已记录。	完整性
3. 记录的概算项目及基建支出均为本建设项目内容。	权利和义务
4. 概算内容及基建支出以恰当的金额包括在报表中,与之相关的调整已恰当记录。	计价和分摊
5. 项目概算内容及基建支出已按照规定在报表中作出恰当列报。	列报

续表

项目		竣工财务决算报表的认定				
		存在	完整性	权利和义务	计价和分摊	列报
1	评估的重大错报风险水平					
2	控制测试结果是否支持风险评估结论					
3	需从实质性程序获取的保证程度					
计划实施的实质性程序		索引号	执行人			
1	阅读项目立项、可研批复文件，在了解经批准的投资估算及主要批复意见的基础上，认真研读项目初步设计批复文件、施工图预算批复文件等，对项目初设概算批复情况进行较全面的了解。				√	√
2	了解初步设计概算是否控制在可研批复的投资估算内，施工图预算总额是否在经批复的项目概算总额之内，初设及施工图预算中的静态投资是否超过可研批复静态投资的10%（如存在超10%情况的，是否重新按规定权限报批可研）。					√
3	测算概算的征地拆迁补偿费用中与施工措施有关的费用项目及金额分配是否正确		√	√	√	
4	核实其他费用项目中计列的具有建筑工程费属性（如配合辅助工程费）、具有设备工器具费属性（如生产准备费中的工器具及生产家具购置费、办公和生活家具购置费等）概算项目是否已清晰列示。		√	√	√	
5	核实地方或其他单位等承担出资的项目是否与合作建设合同或协议书等文件、出资合同或协议等主要规定或条款一致。		√	√		
6	检查初设招标或施工图招标不同情况下，建设项目分费用类别分章节列示的概算内容及金额是否准确、是否合理。		√	√	√	

续表

	计划实施的实质性程序	索引号	执行人				
7	检查预备费的使用情况是否按概算批复内容规范列示。					√	√
8	检查分费用列示的汇总项目概算表是否总体合理,可抵扣增值税进项税额是否恰当反映。					√	√

示例 6-55: 项目概(预)算汇总表(见表 6-59)。

表 6-59　　　　　　　　项目概(预)算汇总表

索引号:

被审核单位及建设项目名称: ×××××××　　编制:　　日期: 20××年××月××日

项目决算基准日: 20××年××月××日　　复核:　　日期: 20××年××月××日

章	工程项目及费用名称	初步设计概算批复	施工图预算批复	其他批复调整	备注
	概(预)算总额				

提示: 表中"工程项目及费用名称"栏,按批复概(预)算表进行填列。

示例 6-56: 项目其他费核对统计表(见表 6-60)。

表 6-60　　　　　　　　项目其他费核对统计表

索引号:

被审核单位及建设项目名称: ×××××××　　编制:　　日期: 20××年××月××日

项目决算基准日: 20××年××月××日　　复核:　　日期: 20××年××月××日

序号	费用名称	概(预)算批复金额	……	相关费用调整批复	合计	备注
1	建设单位管理费					
2	勘察设计费					

续表

序号	费用名称	概(预)算批复金额	……	相关费用调整批复	合计	备注
3	设计咨询服务费					
4	工程监理费					
5	可行性研究费					
6	环境影响报告编制评估费					
7	水保方案报告编制评估费					
8	地质灾害危险性评估费					
9	地震安全性评估费					
10	压覆矿藏评估费					
11	文物保护费					
12	生产职工培训费					
	……					

提示：因工程建设其他费较工程费合同多，涉及项目繁杂，有的明细支出并未在批复概（预）算表中单独列示，需要查阅设计文件，与概算对比时通常需要多个合同或费用项目合并填列，因此我们需要单独编制工程其他费核对底稿。

示例6-57：项目概算执行情况审核表（见表6-61）。

表6-61　　　　　　　　项目概算执行情况审核表

索引号：

被审核单位及建设项目名称：××××××××　　编制：　　日期：20××年××月××日

项目决算基准日：20××年××月××日　　　　复核：　　日期：20××年××月××日

章别或费用别	工程项目及费用名称	批准概算	基建支出	尾工工程或预留费用	项目完成总投资	概算节(+)、超(-)	概算节超比例(%)	备注
一	按批复概（预）算表填列							
二								
三								
四								
五								
六								
……								
	总计							

续表

审核说明：
审核结论：

提示：此审核表重点关注概算执行情况，对超节概算金额较大或比例较高项目，要分析原因及其合理性，进一步获取审核证据，并在审核报告中披露。

五、基本建设项目资产形成及交付审核

基本建设项目投资所形成的资产，从投资成本角度可以划分为建筑安装工程投资、设备投资、待摊投资以及其他投资。而从资产的形态和产权归属来看，可以分为待核销基建支出、转出投资以及交付使用资产，后者包括固定资产、流动资产、无形资产、公共基础设施等。

（一）资产内涵及注册会计师审核重点

1. 待核销基建支出

注册会计师在审核待核销基建支出时，需审核待核销基建支出内容是否正确，即是否为非经营项目发生的不能形成资产部分的财政投资支出和直接用于家庭或个人的财政补助支出。不能形成资产部分的财政投资支出通常有江河清障、航道清淤、飞播造林、退耕还林（草）、封山（沙）育林（草）、水土保持、城市绿化、毁损道路修复、护坡及清理、取消项目可行性研究费、项目报废等项目。直接用于家庭或个人的财政补助支出，包括补助群众造林、户用沼气工程、户用饮水工程、农村危房改造工程、垦区及林区棚户区改造等项目，这些项目的产权归属家庭或者个人。

在审核实践中，注册会计师需在确认待核销基建支出内容准确无误的前提下，着重审核待核销基建支出的依据是否充分、是否合理合规，以及

是否单独编制了待核销基建支出明细表。同时，还需核实待核销基建支出及其分摊的待摊投资是否准确无误。

2. 转出投资

转出投资是项目建设内容的一部分，相关支出由项目承担，但是最终形成的资产不是项目资产，这笔支出最终不会计入项目的交付使用资产价值，需移交给其他单位，形成接收单位的资产或权益。注册会计师在审核转出投资时，应确认转出投资内容的准确性。具体而言，转出投资必须有明确的依据，如国家规定、地方政策、项目批复文件、与接收单位签订的协议或合同等，以及是否为项目配套建设的专用设施，例如，专用道路、通信设施、电力设施、地下管道等。此外，产权不归属本单位的，以及移民安置补偿中由项目建设单位负责建设并形成的实物资产，其产权归属集体或者单位的资产也作为转出投资处理。

在审核实践中，注册会计师在确定转出投资内容无误的前提下，应重点审核转出投资是否有充分依据、是否已落实接收单位和移交手续的完备性，以及是否单独编制了转出投资明细表。同时，还需核实转出投资支出和待摊投资的分摊是否准确。

3. 交付使用资产

在审核交付使用资产时，注册会计师应审核交付使用资产内容是否正确，即是否为项目投资支出形成的且资产产权归属本单位的资产。建设单位使用基本建设资金购置的在建设期间自用的资产，并且在项目竣工财务决算时，不进行清理变现的，也应被视为交付使用资产进行交付。

交付使用资产，从其形态上可以划分为固定资产、流动资产、无形资产以及公共基础设施等类别。

在审核实践中，注册会计师在确定交付使用资产内容无误的前提下，应重点审核交付使用资产的真实性、准确性和完整性，同时检查计价的正确性；确保资产按照正确的类别进行划分；验证交付使用资产实际成本是否完整以及待摊投资的分摊是否恰当；确认资产是否满足交付条件，并检查移交手续是否完备。重点审核程序主要包括对工程进行实地抽样盘点、核对交付使用资产的目录清单以及复核待摊投资分摊的准确性。

（1）核对交付使用资产明细表目录清单时应重点关注：

①编制的交付使用资产明细表中的单项工程应具有独立的使用价值，即具有较完整的使用功能，能够按照设计的要求独立发挥作用。

②若行业有固定资产目录，竣工交付使用资产需与各专业清单项目及资产项目名称对应，与资产项目名称一致或相类似的清单项目，按相应资产项目名称填列；个别在资产目录中找不到的项目，分析应归入的大类或大项，并以清单项目或设备实际名称填列。

③对行业固定资产分类目录中明确的资产项目内容不能漏项和合并。

④折旧率不一样的资产项目不能合并。

（2）审核复算待摊投资分摊是否恰当时，注册会计师应依据如下标准进行：

①待摊投资支出按合理比例分摊计入交付使用资产、转出投资和待核销基建支出。

②能够确定由某项资产或某项支出负担的待摊投资，应直接计入。不能确定负担对象的待摊投资，应分摊计入受益的交付使用资产成本或待核销基建支出及转出投资。

③构成交付使用资产的无须安装的设备投资不分摊待摊投资。

④项目建设单位应根据不同情况，分别选择概算分配率或实际分配率分摊待摊投资。分配计算方法如下：

概算分配率的计算公式如下：

概算分配率 =（概算中各待摊投资的合计数 - 其中可直接分配部分）÷（概算中建筑工程、安装工程、需安装设备投资和待核销基建支出合计）× 100%

实际分配率的计算公式如下：

实际分配率 =（待摊投资明细科目余额 - 其中可直接分配部分）÷（建筑工程明细科目余额 + 安装工程明细科目余额 + 需安装设备投资明细科目余额 + 待核销基建支出科目余额）× 100%

(二) 审核工作底稿编制示例

在审核实践中,由于不同行业固定资产目录的差异性,编制的固定资产明细表中工程项目名称可能存在显著差异。为了更直观地理解交付使用资产明细表的审核流程,我们以交通运输业中的铁路建设项目为例,对审核程序和所需编制的审核工作底稿进行示例。这些底稿通常包括基本建设项目交付使用资产审核程序、铁路基本建设项目施工标段结算审核汇总表、铁路基本建设项目待摊投资支出分摊核对表、铁路基本建设项目资产交付工程数量审核底稿等。

在审核实践中,注册会计师需根据项目所处行业和项目建设规模的大小、复杂程度等实施适当的审核程序,增减、调整、编制相应的审核工作底稿。铁路基本建设项目审核底稿编制参见示例6-58至示例6-62。

示例6-58:基本建设项目交付使用资产审核程序(见表6-62)。

表6-62　　　　　基本建设项目交付使用资产审核程序

索引号:

被审核单位及建设项目名称:××××××××　　编制:　日期:20××年××月××日

项目决算基准日:20××年××月××日　　　　复核:　日期:20××年××月××日

审核目标:

1. 项目交付使用资产均已实际完成。　　　　　　　　　　　　存在
2. 项目交付使用资产均已办理资产交付。　　　　　　　　　　完整性
3. 项目交付使用资产均为本建设项目概算范围。　　　　　　　权利和义务
4. 项目交付使用资产均已经各参建、接收单位准确核实。　　　计价和分摊
5. 项目交付使用资产的名称、类别、计量单位、价值等均符合固定资产管理的规定。　列报

	项目	竣工财务决算报表的认定				
		存在	完整性	权利和义务	计价和分摊	列报
1	评估的重大错报风险水平					
2	控制测试结果是否支持风险评估结论					
3	需从实质性程序获取的保证程度					

续表

计划实施的实质性程序		索引号	执行人				
1	获取或编制各标段结算汇总表、交付使用资产基础表。复核加计是否正确，并与各标段竣工资产验收交接记录核对相符。					√	
2	审核涉及资产价值的汇总、还原、分摊、分类及分析过程是否符合财政部、上级主管部门等有关竣工财务决算编制及资产交付管理的规定。			√	√		
3	(1) 审核汇总过程是否完整、复算还原待摊投资分摊方法是否合理。 (2) 本着"力求合理""谁受益、谁承担"的原则进行。针对每一项费用进行分摊时，要确定受益对象，存在确指的受益对象时直接进行分配，没有确指的受益对象时采取合理的方法分摊计入受益的各单项工程项目。 (3) 应针对不同的费用项目采取直接分配或共同分摊的方式逐次进行，当逐次进行不可行或不需要时可采取一次性分摊方式，分摊标段费用的基数仅包括还原表中的建筑工程费、安装工程费、需安装设备费金额（即非安装设备不分摊任何费用）。			√	√	√	
4	核实费用类别划分是否准确，即将分摊后的结算汇总按建筑工程、安装工程、安装设备、不需安装设备及其他费用进行分类。			√	√	√	
5	确定差异分析是否及时并进行处理。			√	√	√	
6	通过现场盘点清查竣工交付数量，确认是否与竣工图数量及验工计价清单数量一致，保证竣工交付资产的真实、完整。			√	√	√	
7	根据评估的舞弊风险等因素增加的审核程序。			√	√	√	

续表

计划实施的实质性程序	索引号	执行人				
8	确定项目竣工交付资产数量是否已按照规定在竣工财务决算报表中作出恰当列报;确定项目交付使用资产明细表及总表是否已按照规定在竣工财务决算报表中作出恰当列报。			√	√	√

示例 6-59:基本建设项目交付使用资产总表审核表(见表 6-63)。

表 6-63　　　　　基本建设项目交付使用资产总表审核表

索引号:

被审核单位及建设项目名称:×××××××　　　编制:　　日期:20××年××月××日

项目决算基准日:20××年××月××日　　　　　复核:　　日期:20××年××月××日

序号	工程项目名称	未审数						审核调整数						审定数					
		总计	固定资产				流动资产	无形资产	总计	固定资产				流动资产	无形资产	总计	固定资产				流动资产	无形资产
			合计	建安物及构筑物	设备	其他				合计	建安物及构筑物	设备	其他				合计	建安物及构筑物	设备	其他		
1	路基																					
2	隧道																					
3	桥梁																					
4	涵洞																					
5	轨道																					
6	房屋及建筑物																					
7	通信工程																					
8	信号工程																					
9	信息工程																					
10	防灾工程																					
11	电力工程																					
12	电气化工程																					

续表

序号	工程项目名称	未审数					审核调整数					审定数				
		总计	固定资产				流动资产	无形资产	总计	固定资产				流动资产	无形资产
			合计	建安物及构筑物	设备	其他				合计	建安物及构筑物	设备	其他		

（表头重复：总计｜合计｜建安物及构筑物｜设备｜其他｜流动资产｜无形资产）

序号	工程项目名称
13	给排水工程
14	其他设备
15	机车车辆设备
16	无形资产
17	流动资产
	合计

审核说明：

审核调整分录：

审核结论：

示例 6-60：铁路基本建设项目施工标段结算审核汇总表（见表 6-64）。

表 6-64　　　　　铁路基本建设项目施工标段结算审核汇总表

索引号：

被审核单位及建设项目名称：×××××××　　编制：　　日期：20××年××月××日

项目决算基准日：20××年××月××日　　复核：　　日期：20××年××月××日

章	工程及费用名称	××标		××标		……		合计		其中：建安工程费		设备购置费		备注
		不含税支出	进项税额	不含税支出	进项税额	不含税支出	进项税额	不含税支出	进项税额	不含税支出	进项税额	不含税支出	进项税额	
一	拆迁及征地费用													
二	路基													
三	桥涵													
四	隧道及明洞													
五	轨道													
六	通信及信号													
七	电力及电力牵引供电													
八	房屋													
九	其他运营生产设备及建筑物													
十	大临和过渡工程													
十一	其他费用													
十二	基本预备费													
	1. 总承包风险费													
	2. 风险包干外Ⅱ类变更设计及新增工程													
	3. 其他（Ⅰ类变更设计）													
	总计													

审核说明：

审核结论：

示例 6－61：铁路基本建设项目待摊投资支出分摊核对表（见表 6－65）。

表 6－65　　　　　铁路基本建设项目待摊投资支出分摊核对表

索引号：

被审核单位及建设项目名称：××××××××　　　编制：　　日期：20××年××月××日
项目决算基准日：20××年××月××日　　　　　复核：　　日期：20××年××月××日

序号	项目名称	基础价值（元）			计算的分摊待摊投资						资产表分摊待摊投资	差异金额	备注
		建安工程	设备投资	合计	征地拆迁费用	公铁立交桥	安全生产费	岩溶处理	……	间接分摊费用	合计			
1	路基													
2	隧道													
3	桥梁													
4	涵洞													
5	轨道													
6	房屋及建筑物													
7	通信工程													
8	信号工程													
9	信息工程													
10	防灾工程													
11	电力工程													
12	电气化工程													
13	给排水工程													
14	其他设备													
15	机车车辆设备													
16	……													
	总计													

审核说明：

审核调整分录：

审核结论：

示例 6-62：铁路基本建设项目资产交付工程数量审核底稿（见表 6-66）。

表 6-66　　　　铁路基本建设项目资产交付工程数量审核底稿

索引号：

被审核单位及建设项目名称：××××××××　　　编制：　　日期：20××年××月××日

项目决算基准日：20××年××月××日　　　　　复核：　　日期：20××年××月××日

序号	资产项目（依据项目分章节实际填列）	计量单位	资产交付数量	审核调整数	审定数量	备注
	区间路基土石方	立方米				
	站场路基土石方	立方米				
	抗滑桩	圬工方				
	浆砌石	圬工方				
	……					
	特大桥	延长米				
	大桥	延长米				
	中桥	延长米				
	小桥	延长米				
	铁路公限高架	个				
	涵洞	横延米				
	L>4km 的隧道	延长米				
	3km<L≤4km 的隧道	延长米				
	2km<L≤3km 的隧道	延长米				
	1km<L≤2km 的隧道	延长米				
	L≤1km 的隧道	延长米				
	隧道设备	台、套				
	……					
	正线钢轨	铺轨公里				
	道床	立方米				
	站线钢轨	铺轨公里				
	道床	立方米				
	×号单开道岔	组				
	……					

续表

序号	资产项目 （依据项目分章节实际填列）	计量单位	资产 交付数量	审核 调整数	审定数量	备注
	特种道岔（某型号）	组				
	……					
	长途干线光缆	皮长公里				
	长途干线电缆	皮长公里				
	地区及站场光、电缆	皮长公里				
	通信设备	台、套				
	……					
	列车调度指挥系统（TDCs）	站				
	调度集中系统（CTC）	站				
	自动站间闭塞	公里				
	计算机联锁	道岔组				
	……					
	其他信号设备	台、套				
	……					
	计算机网络设备	台、套				
	……					
	公用基础信息设备	台、套				
	……					
	车站旅客服务系统设备	台、套				
	……					
	其他信息系统备	台、套				
	……					
	高压架空线路	公里				
	低压架空线路	公里				
	……					
	高压干线电缆线路	公里				
	……					
	电源线路	公里				
	……					
	高压变电所、站	座				

续表

序号	资产项目 (依据项目分章节实际填列)	计量单位	资产交付数量	审核调整数	审定数量	备注
	低压变电所、站	座				
	配电所	座				
	……					
	箱式变电站	座				
	……					
	其他电力设备	台、套				
	……					
	接触导线	条公里				
	供电线	条公里				
	……					
	回流线	条公里				
	……					
	分区亭	座				
	开闭所	座				
	自耦所	座				
	电力调度所	座				
	……					
	供电设备	台、套				
	……					
	旅客站房	座				
	客货运房屋	座				
	……					
	其他生产房屋	座				
	……					
	居住房屋	座				
	……					
	站台面	平方米				
	……					
	地道	平方米				
	……					

续表

序号	资产项目（依据项目分章节实际填列）	计量单位	资产交付数量	审核调整数	审定数量	备注
	雨棚	平方米				
	……					
	围墙	米				
	道路	平方米				
	硬化面	平方米				
	……					
	绿化	平方米或株				
	……					
	给水管道	米				
	……					
	蓄水池	座				
	……					
	给水设备	台				
	……					
	排水管道	米				
	……					
	排水沟	米				
	……					
	化粪池	个				
	……					
	排水设备	台				
	……					
	其他设备（机务、车辆、动车、站场、工务、其他）	台、套				
	……					
	机车	台				
	客车	辆				
	……					
	货车	辆				

续表

序号	资产项目 （依据项目分章节实际填列）	计量单位	资产 交付数量	审核 调整数	审定数量	备注
	……					
	动车组	辆				
	……					
	大型养路机械	台				
	……					
	接触网检测车	辆				
	……					
审核说明：						
审核调整原因及调整情况概述：						
审核结论：						

六、利用专家的工作

注册会计师从事基本建设项目竣工财务决算审核时需要注意的是，由于建设项目投资额大、建设周期长，建设内容千差万别，建设模式错综复杂，形成的资产也是林林总总各式各样，并且在全球基础设施建设的新趋势下，产生了 PPP[①]、BOT[②] 等各种新兴模式，审核时会涉及工程、财务、法律、投融资、资产管理等多领域专业知识。对于上述情况，注册会计师应对所涉及的事项所具备的专业知识和经验进行判断，并根据所涉及事项

---

① PPP 模式，指的是 Public – Private Partnership，即"政府与社会资本合作"进行项目建设。
② BOT 模式，指的是 Build – Operate – Transfer，即政府授权企业投资、建设、运营公共基础设施（如公路、电厂、水厂），特许经营期结束后无偿移交给政府。

的性质、复杂程度和重要性，以及预期获取的其他审计证据的数量和质量来初步确定可能产生重大错报风险的程度。由于注册会计师专业的限制，为降低审计风险，此时注册会计师有必要按照《中国注册会计师审计准则第1421号——利用专家的工作》，借助外部专家的工作以提高审核效率和准确性。可以考虑在涉及工程造价、工程监理、技术评估等非财务专业时，利用专家意见作为专业领域的补充；对于复杂项目（如EPC总承包、PPP模式等）可以考虑利用专家工作协助识别合同风险、工程变更合理性等。通过专家意见弥补审核人员在技术领域的局限，从而提高审核效率，降低审核风险。

(一) 在编制审核计划时对专家工作利用的考虑

在审核实践中，制定总体审核策略之前需要先了解被审核单位及建设项目的基本情况，以及工程建设过程聘请专业公司如设计公司、监理公司以及造价咨询公司等有关情况。根据了解的项目情况及各专业机构的服务情况，研判其他专业公司工作成果的可利用程度，在制定总体审计策略时对利用专家的领域、专家类型、专案的主要职责及范围以及利用专家工作的原因进行详细描述。

1. 专家利用领域的考虑

如果被审核单位在项目建设过程中已聘请工程造价、工程监理、技术评估等专业公司，注册会计师可以考虑从工程预算编制开始直至项目完工结算，利用造价咨询公司的工作成果文件，比如对工程量清单进行核对，按结算审核报告金额确定单项或单位工程投资额，对被审核单位提供的资产清单进行核实比对等；对于监理公司，可利用监理日志等基础性资料对隐蔽工程验收真实性进行验证，对项目合规性进行判断等。

2. 专家类型

专家类型包括工程类专家，如造价工程师、监理工程师等；技术专家，如结构工程师等；资产评估专家，如资产评估师等；法律方面的专家，如律师等。

3. 专家主要职责及范围

（1）造价工程师：主要审核工程量清单、结算单价及总价、变更签证的合理性。

（2）监理工程师：主要核实工程进度、质量验收记录的真实性。

（3）结构工程师：主要评估设计变更、施工方案的合规性。

（4）资产评估师：对特殊设备、土地使用权等非货币性资产进行价值评估。

（5）律师：审查合同条款合法性、招投标程序合规性、征地拆迁补偿或合同纠纷等。

在总体审核策略中，对专家工作的利用可参考表6–67。

表6–67　　　　　　　　　对专家工作的利用

利用领域	专家类型	主要职责及范围	利用专家工作的原因
项目投资	造价工程师	审核工程量清单、结算单价及总价、变更签证等	核实工程量和投资额的准确性和合理性
工程质量	监理工程师	检查工程进度、质量验收记录等	核实工程进度和质量真实性
施工方案	结构工程师	评估设计变更、施工方案	核实设计变更、施工方案的合规性
资产评估	资产评估师	对特殊设备、土地使用权等非货币性资产进行价值评估	核实非货币性资产价值的准确性和合理性
合同管理	律师	审查合同条款合法性、招投标程序合规性、征地拆迁补偿纠纷或合同等	核实项目合同的合法性、招投标程序的合规性等
……			

在审核实践中，注册会计师在确定是否需要利用专家的工作时，需要执行的审核程序参见示例6–63。

示例6–63：利用专家的工作审核程序（见表6–68）。

表 6-68　　　　　　　　　利用专家的工作审核程序

索引号：

被审核单位及建设项目名称：×××××××　　编制：　　日期：20××年××月××日
项目决算基准日：20××年××月××日　　　　复核：　　日期：20××年××月××日

审核程序	是否适用	索引号
一、审核目标		
1. 确定是否利用专家工作；		
2. 如果利用专家工作，确定专家的工作是否足以实现审核目的。		
二、可供选择的审核程序		
1. 考虑下列因素，以确定是否利用专家工作：		
1.1 管理层在编制基本建设项目竣工财务决算报表时是否利用了专家工作；		
1.2 项目组成员对所涉及事项具有的知识和经验；		
1.3 根据所涉及事项的性质、复杂程度和重要性确定的重大错报风险；		
1.4 预期获取的其他审核证据的数量和质量。		
2. 注册会计师在执行下列工作时可能需要利用专家的工作：		
2.1 了解被审核单位及其环境；		
2.2 识别和评估重大错报风险；		
2.3 针对评估的基本建设项目竣工财务决算报表层次风险，确定并实施总体应对措施；		
2.4 针对评估的认定层次风险，设计和实施进一步审核程序，包括控制测试和实质性程序；		
2.5 在对基本建设项目竣工财务决算报表形成审核意见时，评价已获取的审核证据的充分性和适当性。		
3. 如果计划利用专家工作，考虑下列因素，对专家的胜任能力、专业素质和客观性进行评价，并考虑专家的工作范围是否可以满足审核的需要：		
3.1 专家是否具有相关职业团体授予的专业资格或执业许可证，或是相关职业团体的会员；		
3.2 在注册会计师寻求审核证据的领域中专家的经验和声望；		
3.3 询问是否存在可能影响专家客观性的任何已知的利益或关系（包括经济利益、商业关系和私人关系、专家提供的其他服务）；		

续表

审核程序	是否适用	索引号
3.4 与专家讨论各种适用的防范措施（包括适用于专家的职业规范），评价这些防范措施是否足以将不利影响降至可接受的水平；		
3.5 针对专家已知的、与被审核单位存在的任何利益或关系，注册会计师应从专家获取书面声明。		
4. 了解专家的专长领域：		
4.1 与审核相关的、管理层的专家专长领域的进一步细分信息；		
4.2 职业准则或其他准则以及法律法规是否适用；		
4.3 专家使用哪些假设和方法（包括专家使用的模型，如适用），及其在专长领域是否得到普遍认可，对实现财务报告目的是否恰当；		
4.4 专家使用的内外部数据或信息的性质。		
5. 注册会计师应当评价专家的工作是否足以实现审核目的，即评价专家工作的适当性：		
5.1 专家的工作结果或结论的相关性和合理性，以及与其他审核证据的一致性；		
5.2 如果专家的工作涉及使用重要的假设和方法，这些假设和方法在具体情况下的相关性和合理性；		
5.3 如果专家的工作涉及使用重要的原始数据，这些原始数据的相关性、完整性和准确性。		
6. 如果确定专家的工作不足以实现审核目的，注册会计师应当采取下列措施：		
6.1 就专家拟执行的进一步工作的性质和范围，与专家达成一致意见；		
6.2 根据具体情况，实施追加的审核程序，包括聘请其他专家；		
6.3 通过 6.1 和 6.2 审核程序，仍没有获取充分、适当的审核证据，应出具非无保留意见的审核报告。		

提示：1. 如果执行第 1 项程序后，确定不利用专家的工作，则不再执行第 2 项及以后各项程序。

2. 利用管理层的专家的工作属于《中国注册会计师审计准则第 1301 号——审计证据》及其应用指南规范。

（二）利用专家工作的流程

利用专家工作的流程通常涉及多个阶段，从需求确认到成果验收，需要系统化的管理以确保高效协作和专业成果。以下是详细的流程：

1. 需求分析与确认

明确目标：确定需要专家介入的具体问题或任务，例如，识别审核中的技术难点，如材料价格波动对结算的影响等；明确预期成果文件，如结算报告、咨询方案、评估意见等。

界定范围：定义工作边界、时间节点、预算限制以及相关约束条件，如数据保密性、合规要求等。

内部沟通：与团队或管理层对齐需求，确保专家的工作方向与项目整体目标一致。

2. 选择专家

（1）专家的来源。首先，需考虑内部专家，优先考虑组织内部资源，比如与会计师事务所同一法定代表人控制的造价咨询公司、评估公司。其次，考虑外部专家，比如行业协会、学术机构、专业平台等推荐的某一领域的高级专家。

（2）专家的评估。对专家的评估标准包括：专业能力：包括教育背景、行业经验、过往成功案例等。信誉度：包括同行评价、客户反馈、是否有利益冲突等。协作能力：包括沟通效率、响应速度、团队适配性等。

（3）专家的筛选。对于专家的选聘需进行多方对比，可通过初步访谈或提案筛选3—5名候选专家，进行资质和能力的对比。

资质审查：确保专家具备相关执业资格，如注册造价师、监理工程师、资产评估师、律师资格等。

独立性评估：排除与项目存在利益关联的专家，如曾参与项目设计或施工单位。

3. 明确工作范围

可与专家签订书面协议，约定专家工作的目标、工作内容、完成工作的时间节点以及需要提交的成果形式，比如需要出具的报告或提出的专业鉴定意见等。注册会计师应当获取充分、适当的审核证据，以确信专家的工作范围可以满足审核的需要。

如果专家受雇于被审核单位，注册会计师可以通过查阅被审核单位对专家的职责范围作出规定的书面文件，以获取相关审核证据。该书面文件通常包括下列内容：专家工作的目标和范围；对专家报告所涵盖的特定事项的概述；专家工作的预定用途，包括可能向第三方告知专家的身份和参与程度；专家接触适当记录和文件的范围；专家与被审核单位之间存在关系的说明；对信息保密的要求；专家拟使用的假设和方法及其与以前期间的一致性。如果书面文件中未明确说明上述内容，注册会计师应当直接与专家沟通，以获取相关审核证据。

4. 沟通与监督

在专家开展工作期间，应及时向专家提供必要的审核资料，如合同、结算书、验收记录等。另外，注册会计师还应定期与专家进行沟通，跟踪专家的工作进度及开展情况，及时协调并解决专家工作中遇到的问题，为专家工作提供必要支持和配合，保证专家可以按时高质量完成工作，最终形成可靠的专业意见或鉴定结果。

5. 整合专家意见

在将专家工作结果作为审核证据时，注册会计师还应当评价专家工作的适当性，包括评价专家工作结果是否在决算报表中得到适当的反映或支持相关认定，比如对专家使用的原始数据、假设和方法及其与以前期间的一致性、工作的结果与注册会计师对被审核单位的了解和实施其他审核程序得到的结果是否相符。也就是说，注册会计师应对专家结论进行逻辑性复核，并将专家结论与财务数据进行交叉验证，形成完整的审核证据链。比如，可以通过利用造价咨询公司出具的工程结算审核报告验证工程成本是否合理，并结合付款凭证核查资金的流向及金额是否适当。

总之，利用专家工作是提升基建项目审核质量的重要手段，但需通过严格的流程控制、独立性审查和结论复核，确保专家意见的客观性和可靠性。注册会计师应始终保持职业怀疑态度，将专家工作与财务数据、内控测试相结合，形成完整的审核结论。

(三) 利用专家工作应注意的事项

1. 审核责任划分

在利用专家工作时应注意专家责任和审核人员责任的划分，专家对其专业领域内的结论负责，比如工程项目的造价准确性、技术合规性等。而审核人员应对整体的审核意见负责，在采用专家结果时需评估专家工作的适当性，切不可盲目采纳结论。

如果专家工作结果未能提供充分、适当的审核证据，或专家工作结果与其他审核证据不一致，如发现专家意见与账面数据矛盾，此时，注册会计师会对专家结论存疑，注册会计师应当考虑与被审核单位和专家讨论有关事项，或追加审核程序，包括重新聘请其他专家。如果通过采取进一步审计程序和措施后仍无法达到预定审核目的，注册会计师应考虑出具非无保留意见的审计报告。

2. 其他注意事项

首先，在选聘专家时，应注意防范利益冲突，一定要避免选择与建设单位或施工单位存在关联关系的专家，注意保持专家的独立性。其次，应注意证据留存，保留专家工作底稿、沟通记录及结论文件，作为审计底稿的一部分。再次，应注意成本效益的平衡，对于小型项目或简单问题，优先通过审核团队内部解决，避免对专家的过度依赖。最后，若专家意见与审核发现出现冲突或争议，如结算金额相差巨大，可考虑通过多方会审予以解决，如解决不成还可考虑经济仲裁机制处理。

(四) 在审核报告中提及专家的工作

在出具项目财务决算审核报告时，注册会计师一般会在审核报告中提及或描述对专家工作成果的应用，比如，在审核报告中会描述工程价款的结算情况，对工程结算审核的造价公司名称、出具的报告以及报告的主要内容进行描述性披露。

如果专家工作结果致使注册会计师出具非无保留意见的审核报告，注册会计师应当考虑在审核报告中提及或描述专家的工作，包括专家的身份和专家的参与程度等。在这种情况下，注册会计师应当征得专家的同意。如果专家不同意而注册会计师认为有必要提及，注册会计师应当征询法律意见。

在审核实践中，注册会计师在执行利用专家工作审核程序时，需要编制的审核工作底稿参见示例6-64至示例6-66。

示例6-64：是否利用专家工作调查审核表（见表6-69）。

表6-69　　　　　　　　是否利用专家工作调查审核表

索引号：

被审核单位及建设项目名称：×××××××　　　编制：　　日期：20××年××月××日
项目决算基准日：20××年××月××日　　　　复核：　　日期：20××年××月××日

主要内容	重点关注	审核情况	备注
一、确定是否利用专家工作	1. 管理层在编制基本建设项目竣工财务决算报表时是否利用了专家工作；	是（ ）　否（ ）　不适用（ ）	
	2. 项目组成员对所涉及事项具有的知识和经验是否充分；	是（ ）　否（ ）　不适用（ ）	
	3. 根据所涉及事项的性质、复杂程度和重要性，确定重大错报风险是否存在；	是（ ）　否（ ）　不适用（ ）	
	4. 预期是否能够获取充分的其他审核证据，数量和质量是否符合要求。	是（ ）　否（ ）　不适用（ ）	
二、可能需要利用专家工作的领域	1. 在了解被审核单位及其环境阶段是否需要利用专家工作；	是（ ）　否（ ）　不适用（ ）	
	2. 在识别和评估重大错报风险方面是否需要利用专家工作；	是（ ）　否（ ）　不适用（ ）	
	3. 针对评估的基本建设项目竣工财务决算报表层次风险，确定并实施总体应对措施时是否需要利用专家工作；	是（ ）　否（ ）　不适用（ ）	

续表

主要内容	重点关注	审核情况	备注
二、可能需要利用专家工作的领域	4. 针对评估的认定层次风险，设计和实施进一步审核程序，包括控制测试和实质性程序，是否需要利用专家工作：	是（ ） 否（ ） 不适用（ ）	
	4.1 在项目投资方面是否需要造价工程师审核工程量清单、结算单价及总价、变更签证等；	是（ ） 否（ ） 不适用（ ）	
	4.2 在工程质量方面是否需要监理工程师审核工程量清单、结算单价及总价、变更签证等；	是（ ） 否（ ） 不适用（ ）	
	4.3 在施工管理方面是否需要结构工程师评估设计变更、施工方案合理性等；	是（ ） 否（ ） 不适用（ ）	
	4.4 在资产估值方面是否需要资产评估师对特殊设备、土地使用权等非货币性资产进行价值评估；	是（ ） 否（ ） 不适用（ ）	
	4.5 在合同管理方面是否需要律师审查合同条款合法性、招投标程序合规性、征地拆迁补偿纠纷或合同等。	是（ ） 否（ ） 不适用（ ）	
	5. 在对基本建设项目竣工财务决算报表形成审核意见时，评价已获取的审核证据的充分性和适当性时是否需要利用专家工作。	是（ ） 否（ ） 不适用（ ）	

审核说明：

审核结论：

示例 6-65：对拟利用工作专家的情况调查审核表（见表 6-70）。

表 6-70　　对拟利用工作专家的情况调查审核表

索引号：

被审核单位及建设项目名称：×××××××　　编制：　　日期：20××年××月××日

项目决算基准日：20××年××月××日　　　　复核：　　日期：20××年××月××日

主要内容	重点关注	审核情况	备注
一、对专家的胜任能力、专业素质和客观性进行评价	1. 专家是否具有相关职业团体授予的专业资格或执业许可证，或是相关职业团体的会员；	1. 团体会员资格（　　　　　） 　　执业资格证书（　　　　　） 2. 个人会员资格 2.1 造价工程师（　　） 2.2 监理工程师（　　） 2.3 结构工程师（　　） 2.4 资产评估师（　　） 2.5 其他资格	
	2. 在注册会计师寻求审核证据的领域中，专家所具有的经验和声望情况；	专业能力：高（　）一般（　）低（　） 信誉度：高（　）一般（　）低（　） 协作能力：好（　）一般（　）差（　）	
	3. 询问是否存在可能影响专家客观性的任何已知的利益或关系（包括经济利益、商业关系和私人关系、专家提供的其他服务）；	存在（　）　　不存在（　）	
	4. 与专家讨论各种适用的防范措施（包括适用于专家的职业规范），评价这些防范措施是否足以将不利影响降至可接受的水平；	是（　）　否（　）　不适用（　）	
	5. 针对专家已知的、与被审核单位存在的任何利益或关系，注册会计师应从专家获取书面声明。	是（　）　否（　）	

续表

主要内容	重点关注	审核情况	备注
二、专家的专长领域	1. 与审核相关的、管理层的专家专长领域的进一步细分信息；	（提示：详述专家专长领域）	
	2. 职业准则或其他准则以及法律法规是否适用；	是（ ） 否（ ） 不适用（ ）	
	3. 专家使用哪些假设和方法（包括专家使用的模型，如适用），及其在专长领域是否得到普遍认可，对实现财务报告目的是否恰当；	是（ ） 否（ ） 不适用（ ）	
	4. 专家使用的内外部数据或信息的性质。	（提示：详述数据或信息的情况）	
审核说明：			
审核结论：			

示例6-66：对利用专家工作结果的情况审核表（见表6-71）。

表6-71　　　对利用专家工作结果的情况审核表

索引号：

被审核单位及建设项目名称：××××××××　　编制：　　日期：20××年××月××日

项目决算基准日：20××年××月××日　　　　复核：　　日期：20××年××月××日

主要内容	重点关注	审核情况	备注
一、对专家工作的适当性进行评价	1. 专家的工作结果或结论是否具有相关性和合理性，是否与其他审核证据一致；	是（ ） 否（ ） 不适用（ ）	
	2. 如果专家的工作涉及使用重要的假设和方法，这些假设和方法在具体情况下是否具有相关性和合理性；	是（ ） 否（ ） 不适用（ ）	
	3. 如果专家的工作涉及使用重要的原始数据，这些原始数据是否具有相关性、完整性和准确性。	是（ ） 否（ ） 不适用（ ）	

续表

主要内容	重点关注	审核情况	备注
二、专家工作不足以实现审计目的时，注册会计师采取的措施	1. 就专家拟执行的进一步工作的性质和范围，与专家达成一致意见；	（提示：详述有关情况）	
	2. 根据具体情况，实施追加的审核程序，包括聘请其他专家；	（提示：详述有关情况）	
	3. 通过上述1和2审核程序，仍没有获取充分、适当的审核证据，应出具非无保留意见的审核报告；	（提示：详述有关情况）	
	4. 如果无法出具非无保留意见的审核报告，需进一步判断对审核结果的影响程度，考虑拒绝出具审核报告并协商解除业务约定。	（提示：详述有关情况）	
审核说明：			
审核结论：			

| 第七章 |

完成审核工作

完成审核工作后，需深入细致地分析对基本建设项目执行的审核程序是否恰当，确保其遵循既定的规范和标准。包括是否获取充分且适当的审核证据，这些证据是评估项目执行情况的关键。此外，还需要对收集到的审核证据进行复核和评价，确保它们的真实性和可靠性。通过这一系列的步骤，能够得出一个准确的审核结论，为发表审核意见、出具专项审核报告打下坚实的基础。

一、业务完成阶段实施的审核程序

完成审核工作阶段主要包括整理和评估审核证据，整理并复核审核工作底稿，在此基础上，注册会计师将评价审核结果，并与委托人及被审核单位进行意见交换。之后，编制基本建设项目竣工财务决算审核表，以及草拟审核报告及其附表；根据事务所复核政策复核审核报告，对报告进行必要的修改和完善，并最终出具审核报告，将其提交给委托人。主要实施的程序和步骤如下：

1. 召开项目组会议，汇总审核过程中发现的审核差异，根据错报的重要性确定建议被审核单位调整的事项，编制账项调整分录汇总表、未更正错报汇总表以及调整科目余额对比表。

2. 与项目建设单位召开总结会，就下列事项进行沟通，形成总结会会议纪要并经双方签字认可：

（1）账项调整分录汇总表、调整科目余额对比表；

（2）对完善内部控制的建议；

（3）执行该项审核业务的注册会计师的独立性。

3. 对竣工财务决算报告进行总体复核，评价竣工财务决算报告总体合理性。如果识别出以前未识别的重大错报风险，应重新考虑对全部或部分交易、账户余额、列报评估的风险是否恰当，并在此基础上重新评价之前实施的审核程序是否充分，是否有必要追加审核程序。

4. 将项目组成员间意见分歧的解决过程记录于专业意见分歧解决表中。汇总重大事项，编制重大事项概要。

5. 评价审核结果，形成审核意见，并草拟审核报告和审核表：

（1）对重要性和审核风险进行最终评价，确定是否需要追加审核程序或提请被审核单位作出必要调整：①按竣工财务决算报告项目确定可能的错报金额；②确定竣工财务决算报告项目可能错报金额的汇总数（即可能错报总额）对竣工财务决算报告层次重要性水平的影响程度。

（2）对项目已审核竣工财务决算报告形成审核意见和审核表并草拟审核报告。

6. 根据事务所的复核政策，实施底稿复核。

7. 向适当的高级管理人员获取经签署的专项声明书，并确定其日期不得晚于报告出具日期。

8. 撰写审核小结。

9. 完成审核工作完成情况核对表。

10. 完成业务复核核对表。

11. 按照事务所报告签发流程，签发审核报告。

12. 在规定时间内，对项目审核档案进行归档。

在审核实践中，注册会计师在完成审核工作阶段需要执行的审核程序参见示例7-1。

示例 7-1：业务完成阶段审核工作（见表 7-1）。

表 7-1　　　　　　　　　业务完成阶段审核工作

索引号：

被审核单位及建设项目名称：×××××××　　编制：　　日期：20××年××月××日
项目决算基准日：20××年××月××日　　　　复核：　　日期：20××年××月××日

审核工作	索引号	执行人
1. 召开项目组会议，汇总审核过程中发现的审核差异，根据错报的重要性确定建议被审核单位调整的事项，编制账项调整分录汇总表、未更正错报汇总表以及调整科目余额对比表。		
2. 与项目建设单位召开总结会，就下列事项进行沟通，形成总结会会议纪要并经双方签字认可：		
（1）账项调整分录汇总表、调整科目余额对比表；		
（2）对完善内部控制的建议；		
（3）执行该项审核业务的注册会计师的独立性。		
3. 对竣工财务决算报告进行总体复核，评价竣工财务决算报告总体合理性。如果识别出以前未识别的重大错报风险，应重新考虑对全部或部分交易、账户余额、列报评估的风险是否恰当，并在此基础上重新评价之前实施的审核程序是否充分，是否有必要追加审核程序。		
4. 将项目组成员间意见分歧的解决过程记录于专业意见分歧解决表中。汇总重大事项，编制重大事项概要。		
5. 评价审核结果，形成审核意见，并草拟审核报告和审核表：		
（1）对重要性和审核风险进行最终评价，确定是否需要追加审核程序或提请被审核单位作出必要调整；		
①按竣工财务决算报告项目确定可能的错报金额；		
②确定竣工财务决算报告项目可能错报金额的汇总数（即可能错报总额）对竣工财务决算报告层次重要性水平的影响程度。		
（2）对项目已审核竣工财务决算报告形成审核意见和审核表并草拟审核报告。		
6. 由项目负责经理复核工作底稿。		
7. 项目组进行工作底稿二级复核。		
8. 由项目负责合伙人复核工作底稿。		
9. 必要时，实施项目质量控制复核。		

续表

审核工作	索引号	执行人
10. 向适当的高级管理人员获取经签署的专项声明书，并确定其日期不得晚于报告出具日期。		
11. 撰写审核总结。		
12. 完成审核工作完成情况核对表。		
13. 完成业务复核核对表。		
14. 正式签发审核报告。		

二、整理、评价审核证据

根据《中国注册会计师审计准则第1301号——审计证据》规定，注册会计师应当根据具体情况设计和实施恰当的审计程序，以获取充分、适当的审计证据。在形成审计意见的过程中，注册会计师的大部分工作是获取和评价审计证据。

审计证据是注册会计师为了得出审计结论和形成审计意见而使用的信息。基本建设项目审核证据包括被审核项目财务会计核算资料，基本建设申请、批复文件，基本建设程序执行资料，基本建设项目实施过程中计量、支付、设计变更、签证等资料，一般跨度时间长、涉及内容类别多，评价审核证据时需要注册会计师具有多方面的专业知识积累。

在复核和评价审核证据时，注册会计师需根据已获取的审核证据，评价是否已对所审核项目的基本建设程序执行情况、资金来源与使用及结余情况、项目投资实际完成情况、资产形成与交付情况进行了充分的审核，确保不存在重大错报。同时，确保竣工财务决算报表真实、全面、准确反映项目建设情况获取了合理保证。这种评价包括：

1. 是否已获取充分、适当的审核证据，项目竣工财务决算是否依照国家政策及法律法规编制。

2. 项目财务收支活动是否合法、真实，项目投资是否合法、合规。

3. 项目竣工财务决算报表填列的数据是否完整、准确，表间勾稽关系是否清晰，以及竣工财务决算报告和报表数据是否一致。

4. 已识别但尚未更正的错报的影响。需要特别指出的是，注册会计师在审核实践中，除了建设单位管理费在重要性水平以下的非合同费用支出并且导致的累计错报金额在重要性水平以下的错报可以不进行调整外，其余发现的错报通常都需要进行调整。

在复核、评价审核证据是否充分、适当时，需要考虑已确定审核程序是否按照计划全部得以实施。如果认为获取的证据不足以确定竣工财务决算是否存在重大不符合编报规定的情况，注册会计师应当追加必要的审核程序。

在完成审核工作前，注册会计师还应当按照《中国注册会计师审计准则第1341号——书面声明》的要求，获取建设单位对项目竣工财务决算报表有重大影响的事项作出的书面声明。

三、整理、复核审核工作底稿

（一）审核工作底稿的作用

审核工作底稿是注册会计师对制订的审核计划、实施的审核程序、获取的相关审核证据，以及得出的审核结论做出的记录。审核工作底稿能够为注册会计师得出实现总体目标结论的基础提供证据，能够证明注册会计师按照审计准则和相关法律法规的规定计划和执行了审核工作。审核工作底稿还有助于项目组计划和执行审核工作，有助于负责督导的项目组成员按照《中国注册会计师审计准则第1121号——对财务报表审计实施的质量管理》的规定，履行指导、监督与复核审核工作的责任；便于项目组说明其执行审核工作的情况；便于会计师事务所实施项目质量复核、其他类型的项目复核以及质量管理体系中的监控活动；便于监管机构和注册会计师协会根据相关法律法规或其他相关要求，对会计师事务所实施执业质量检查等。

(二) 审核工作底稿的编制要求

注册会计师应当按照《中国注册会计师审计准则第 1131 号——审计工作底稿》的要求及时编制审核工作底稿，记录实施的审核程序和获取的审核证据。注册会计师编制的审核工作底稿，应当使未曾接触该项审核工作的有经验的专业人士清楚了解：按照审计准则和相关法律法规的规定实施的审核程序的性质、时间安排和范围；实施审核程序的结果和获取的审核证据；审核中遇到的重大事项和得出的结论，以及在得出结论时做出的重大职业判断。

注册会计师在实施基本建设项目竣工财务决算审核时，通常需要对项目财务核算内容进行较详细测试，并在底稿中记录所核查具体项目或事项的识别特征。除用于佐证审核中发现问题及需要审核调整事项外，注册会计师通常无需复印被审核项目的记账凭证等资料。但是对于项目基本建设程序执行及批复，尤其是批复性质文件以及签署的项目勘察设计、监理、施工、采购等合同需要作为审核证据复印。在记录已实施审核程序的性质、时间安排和范围时，注册会计师应当记录：测试的具体项目或事项的识别特征；审核工作的执行人员及完成审核工作的日期；审核工作的复核人员及复核日期和范围等。

(三) 审核工作底稿编制示例

1. 完成审核工作总结阶段底稿

在审核实践中，注册会计师在完成审核工作总结阶段需要编制的底稿，一般有调整事项汇总表、调整报表项目对比表、项目竣工财务决算试算平衡表、项目审核工作总结会会议纪要、与治理层沟通函、重大事项概要汇总表等。参见示例 7-2 至示例 7-7。

示例 7-2：调整事项汇总表 (见表 7-2)。

表 7-2　　　　　　　　　调整事项汇总表

索引号：

被审核单位及建设项目名称：××××××××　　编制：　　日期：20××年××月××日

项目决算基准日：20××年××月××日　　　　　复核：　　日期：20××年××月××日

序号	组号	索引号	调整原因	科目代码	科目名称	借方金额	贷方金额	被审核单位调整情况	备注
合计									

审核说明：

审核结论：

示例 7-3：调整报表项目对比表（见表 7-3）。

表 7-3　　　　　　　　　调整报表项目对比表

索引号：

被审核单位及建设项目名称：××××××××　　编制：　　日期：20××年××月××日

项目决算基准日：20××年××月××日　　　　　复核：　　日期：20××年××月××日

基准日科目余额表			调整事项			调整后科目余额表		备注
会计科目	借贷方向	金额	调整事项编号	借方金额	贷方金额	借贷方向	金额	

审核说明：
提示：逐笔详细说明调整事项。

审核结论：

示例 7-4：项目竣工财务决算试算平衡表（见表 7-4）。

表 7-4　　　　　　　　　　**项目竣工财务决算试算平衡表**

索引号：

被审核单位及建设项目名称：××××××××　　　编制：　　日期：20××年××月××日

项目决算基准日：20××年××月××日　　　　　复核：　　日期：20××年××月××日

项目	送审数	审核调整数	审定数	项目	送审数	审核调整数	审定数
一、基建拨款				一、基本建设支出			
1. 中央财政资金				（一）交付使用资产			
其中：一般公共预算资金				1. 固定资产			
中央基建投资				2. 流动资产			
财政专项资金				3. 无形资产			
政府性基金				（二）在建工程			
国有资本经营预算安排的基建项目资金				1. 建筑安装工程投资			
2. 地方财政资金				2. 设备投资			
其中：一般公共预算资金				3. 待摊投资			
地方基建投资				4. 其他投资			
财政专项资金				（三）待核销基建支出			
政府性基金				（四）转出投资			
国有资本经营预算安排的基建项目资金				二、货币资金合计			
二、部门自筹资金（非负债性资金）				其中：银行存款			
三、项目资本				财政应返还额度			
1. 国家资本				其中：直接支付			
2. 法人资本				授权支付			
3. 个人资本				现金			
4. 外商资本				有价证券			
四、项目资本公积				三、预付及应收款合计			
五、基建借款				1. 预付备料款			
其中：企业债券资金				2. 预付工程款			
六、待冲基建支出				3. 预付设备款			
七、应付款合计				4. 应收票据			
1. 应付工程款				5. 其他应收款			
2. 应付设备款				四、固定资产合计			

续表

项目	送审数	审核调整	审定数	项目	送审数	审核调整	审定数
3. 应付票据				固定资产原价			
4. 应付工资及福利费							
5. 其他应付款							
八、未交款合计							
1. 未交税金							
2. 未交结余财政资金							
3. 未交基建收入							
4. 其他未交款							
合　计				合　计			

补充资料：基建借款期末余额：　　　　　　　　　　　　基建结余资金：

示例 7-5：项目审核工作总结会会议纪要（见表 7-5）。

表 7-5　　　　　　　　项目审核工作总结会会议纪要

　　　　　　　　　　　　　　　　　　　　　　　　索引号：

被审核单位及建设项目名称：××××××××　　编制：　　日期：20××年××月××日

项目决算基准日：20××年××月××日　　　　　　复核：　　日期：20××年××月××日

会议地点：
会议时间：
会议组织者：
参加会议者：
记录员：
会议议题：
会议内容：

示例 7-6：与治理层的沟通函（见表 7-6）。

表 7-6　　　　　　　　　　　与治理层的沟通函

索引号：

被审核单位及建设项目名称：××××××××　　编制：　　日期：20××年××月××日
项目决算基准日：20××年××月××日　　　　复核：　　日期：20××年××月××日

××××（项目建设单位全称）：

必须特别强调的是，除法律法规和审计准则另有规定的情形之外，这份书面沟通文件仅供贵单位治理层使用，我们对第三方不承担任何责任，未经我们事先书面同意，沟通文件不得被引用、提及或向其他人披露。

一、独立性问题

现就独立性问题声明如下：

（一）参与本项目审核工作的项目组成员、本会计师事务所其他相关人员以及本会计师事务所，按照法律法规和职业道德规范的规定保持了独立性；

（二）根据职业判断，我们认为本会计师事务所与贵单位之间不存在可能影响独立性的关系和事项；

（三）我们已经根据法律法规和职业道德规范的规定采取了必要的防护措施，以防止可能出现的对独立性的威胁。

二、重大事项

以下内容是与我们对贵单位×××基本建设项目进行审核相关的、按规定应予沟通的重大事项：

……

三、其他事项

……

　　　　　　　　　　　　　　　　　　　　　××会计师事务所（盖章）

　　　　　　　　　　　　　　　　　　　　中国注册会计师：（签名并盖章）
　　　　　　　　　　　　　　　　　　　　　　　二〇××年×月×日

贵单位的意见：

结论：
同意/不同意上述本所就独立性问题所作的声明以及就上述重大事项所作的说明。

贵单位授权代表签字：　　　　　　　　　　　日期：

示例 7-7：重大事项概要汇总表（见表 7-7）。

表 7-7　　　　　　　　　　重大事项概要汇总表

索引号：

被审核单位及建设项目名称：××××××××　　编制：　　日期：20××年××月××日
项目决算基准日：20××年××月××日　　　　复核：　　日期：20××年××月××日

一、引起特别风险的事项
1. 审核目标：
2. 重大审核风险评估结果及得出评估结果的理由：
3. 总体方案和发现：
采用＿＿＿＿＿＿方案（综合性或实质性方案），具体审核程序包括：
有关具体审核程序的详细内容，见审核工作底稿……
审核发现：

审核结论：

二、实施审核程序的结果
1. 修正以前对重大审核风险的评估和针对这些风险拟采取的应对措施：
（1）对以前重大审核风险评估结果的修正及原因：

（2）对修正后的重大审核风险评估结果的应对措施：

（3）对进一步审核程序的总体方案的重大更改：

（4）对拟实施的进一步审核程序的重大更改：

（5）审核目标：

2. 未更正错报汇总：

三、导致难以实施必要审核程序的情形
1. 审核目标：
2. 导致难以实施必要审核程序的情形及其解决方法：

四、其他
提示：按事项及解决方法分项填写。

通常意义上来讲，注册会计师在审核中的重大事项包括：

（1）引起特别风险的事项；

（2）实施鉴证程序的过程和结果，该结果表明鉴证对象信息可能存在重大错报，或需要修正以前对重大错报风险的评估和针对这些风险拟采取的应对措施；

（3）导致注册会计师难以实施必要程序的情形。

注册会计师需要运用职业判断的所有重大事项，注册会计师应当记录推理过程和相关结论。如果对某些事项难以进行判断，注册会计师还应当记录得出结论时已知悉的有关事实。

审核中出现以上事项时，注册会计师除了在审核过程中编制相应底稿或在相应底稿记录外，还需要编制上述重大事项概要汇总表。

2. 完成审核工作交换意见阶段底稿

（1）期后事项。注册会计师需要对被审核项目在竣工决算基准日之后出具报告之前发生的重要期后事项进行审核，并编制期后事项底稿，参见示例7－8。

示例7－8：期后事项（见表7－8）。

表7－8　　　　　　　　　　期后事项

索引号：

被审核单位及建设项目名称：××××××××　　编制：　　日期：20××年××月××日
项目决算基准日：20××年××月××日　　　　　复核：　　日期：20××年××月××日

一、注册会计师的目标
（1）获取充分、适当的审核证据，以确定竣工财务决算报表日至审核报告日之间发生的、需要在竣工财务决算报表中调整或披露的事项是否已经按照适当的财务报告编制基础在竣工财务决算报表中得以恰当反映；
（2）恰当应对在审核报告日后注册会计师知悉的且如果在审核报告日知悉可能导致注册会计师修改审核报告的事实。
二、审核程序

可供选择的审核程序	索引号	执行人
（一）竣工财务决算报表日至审核报告日之间发生的事项		

续表

可供选择的审核程序	索引号	执行人
1. 了解管理层为确保识别期后事项而建立的程序。		
2. 询问管理层和治理层（如适用），确定是否已发生可能影响竣工财务决算报表的期后事项，包括但不限于： （1）根据初步或尚无定论的数据作出会计处理的项目的现状； （2）是否已作出或考虑作出异常的会计调整； （3）是否发生影响竣工财务决算上报审批的影响事项。		
3. 查阅被审核单位的所有者、管理层和治理层在竣工财务决算报表日后举行的会议的纪要并在不能获取的情况下，询问此类会议讨论的事项。		
4. 在尽量接近审核报告日时，查阅股东会、董事会或类似机构的会议纪要，并在不能获取会议纪要时询问会议讨论的事项。		
5. 获取涵盖特定期后事项的书面声明。		
（二）审核报告日后至竣工财务决算报表报出日前知悉的事实		
6. 在审核报告日后至竣工财务决算报表报出日前，如果知悉了某事实，且若在审核报告日知悉可能导致修改审核报告： （1）与管理层讨论； （2）确定考虑是否需要修改竣工财务决算报表； （3）如果需要修改，与管理层讨论如何在竣工财务决算报表中处理。		
7. 如果管理层修改竣工财务决算报表： （1）根据具体情况对有关修改实施必要的审核程序； （2）将程序2至程序5延伸至新的审核报告日。		
审核说明：		
审核结论：		

（2）审核交换意见记录。基本建设项目审核工作完成且审核报告初稿编制完成后，需要就审核报告内容及竣工财务决算表、竣工财务决算审核表与项目建设单位或委托人交换意见。需要交换意见的主要内容和底稿格式参见示例7-9。

示例 7-9：××项目竣工财务决算审核交换意见记录。

××项目竣工财务决算审核交换意见记录

××××（委托方或建设单位全称）：

我们接受××××（委托方或建设单位）委托，对××基本建设项目（以下简称"××项目"）的竣工财务决算进行了审核。现将我们在审核中发现的问题或关注到的有关事项及处理建议与贵单位交换意见如下：

一、审核中发现的问题或关注到的事项

（一）基本建设程序方面

1. 根据协议约定，××省自然资源厅"在开通一年之内完成土地确权及登记发证工作"，截至20××年××月××日，该项工作尚未完成（已开通一年多时间）。

……

（二）概算执行方面

1. ××项目概算执行情况总体较好，但个别费用项目存在概算内调剂情况，如勘察设计费实际支出超概算……。

……

（三）债权债务清理

1. 截至竣工决算基准日20××年××月××日，××项目尚需支付的工程款、设计费、监理费、咨询服务费等款项金额较大。

建议贵单位抓紧与相关单位完备相关支付手续，尽快偿付上述债务。

……

（四）××项目尾工工程及预留费用金额较大

建议贵单位应采取有效措施，积极推进收尾工程实施，尽快完工，及早发挥尾工工程的投资效益并为本项目正式验收做好准备。

（五）审核认为需要调整的账项

在审核过程中，我们已经根据××项目审定结算、日常计量支付及列账情况，按财政部及××（行业主管部门）建设成本列支相关规定对部分列账费用进行了调整，并按调整后的分费用类别支出审定竣工财务决算。为保持账表相符，提请贵单位对该项目部分支出科目进行调整（具体见《××项目需调整支出科目的费用明细》）。

二、其他说明事项

（1）应贵单位要求，本所审核人员对该项目竣工财务决算审核介入较早，在其启动该项目竣工财务决算编制工作、办理结算审核及编制全过程中，同步分阶段实施了相应审核程序，在审核过程中及时沟通审核情况，提请认真整改有关问题，按规定调整有关项目列报与披露。并在项目竣工财务决算报告定稿时全面完成审核工作，因而项目投资支出总额及分章、分费用类别的概算金额、投资支出金额、各专业交付使用资产价值等送审数与审核结果一致。

（2）在出具正式审核报告前，请贵单位向审核组提供下述审核资料：

①装订成册的且签字盖章齐全的竣工财务决算报告（上报的正式稿）1份。

②经签章的交换意见稿、××项目竣工财务决算审核专项声明书、审核报告征求意见工作底稿。

③相关记账凭证及附件复印或扫描件（具体由审核人员与贵单位有关财务人员联系）。

……

××会计师事务所（事务所全称）
20××年××月××日

××项目单位回复意见（可另加附页）：

××项目单位：（公章）
20××年××月××日

（3）专项声明书。签署审核报告前，需要取得项目建设单位就竣工财务决算编制、期后事项、涉及诉讼等重大事项出具的专项声明书。声明书格式与内容参见示例7-10。

示例7-10：××项目竣工财务决算审核专项声明书。

××项目竣工财务决算审核专项声明书

致××会计师事务所并×××、×××注册会计师：

本单位已委托贵事务所对本单位20××年××月至20××年××月组织建设的××基本建设项目的竣工财务决算进行审核，并发表审核意见，以确定××工程的建设程序是否符合国家有关规定并按照批准的概算内容完成，竣工财务决算是否按照国家有关规定、基本建设财务规则以及相关要求编制,是否真实、完整地反映了该建设项目资金来源、支出及结余情况以及该建设项目概算执行情况及竣工资产交付使用情况。

尽我们所知,并在作出了必要的查询和了解后,我们确认:

一、竣工财务决算编制

1. 建立健全内部控制制度,按照××准则以及国家、××行业基本建设财务管理与竣工财务决算编报的规定和要求编制并充分披露竣工财务决算,保证竣工财务决算及相关资料的真实、合法、完整是本单位的责任。

2. 本项目已经相关单位进行质量评定,验收质量合格;并已完成与竣工财务决算编制相关的各项工作,具备编报竣工财务决算的条件。

3. 本单位承诺:与该项目工程价款结算,履行基本建设程序情况,项目资金来源、到位及管理使用情况,项目概算执行情况,项目招标履行及合同管理情况,项目尾工工程及预留费用情况,竣工交付资产,历次审计、核查、稽查及整改情况等与竣工财务决算的真实、合规性有关的资料均已完整提供,并对所提供资料的真实性、合法性、完整性负责。

4. 与本项目有关的资金收支、投资支出、竣工资产交付、尾工工程及预留费用等所有经济业务均已按规定进行了账务处理,所有需要调整的事项均已进行了调整或披露,不存在账外(或未予反映)资产或未计负债。

二、提供的信息

1. 我们已向你们提供下列工作条件:

(1) 允许接触我们注意到的、与竣工财务决算编制相关的所有信息(如记录、文件和其他事项);

(2) 提供你们基于审核目的要求我们提供的其他信息;

(3) 允许在获取审核证据时不受限制地接触你们认为必要的本单位内部人员和其他相关人员。

2. 我们已向你们披露了我们注意到的、可能影响本单位的与舞弊或舞弊嫌疑相关的所有信息,本单位已采取必要措施防止或发现舞弊及其他违反法规行为,未发现:

(1) 涉及建设管理工作的任何舞弊行为或舞弊嫌疑信息;

(2) 涉及重要的工程管理人员的任何舞弊行为或舞弊嫌疑信息;

(3) 在建工程进度、工程质量及招标、投标活动等重要方面存在弄虚作假问题。

3. 我们严格遵守了合同规定的条款,不存在因未履行合同而对竣工财务决算报表产生重大影响的事项。

4. 本单位确信:我们向你们提供全部或有事项的相关资料。

(1) 除竣工财务决算报表及其说明书中披露的承诺事项外，我们不存在其他应披露而未披露的承诺事项；我们不存在未披露的影响竣工财务决算报表公允性的重大不确定事项。

(2) 我们已提供上述竣工财务决算报表日后事项的相关资料，除竣工财务决算报表及其说明书中披露的日后事项外，我们不存在其他应披露而未披露的重大日后事项。

(3) 除竣工财务决算报表及其说明书中披露的事项外，本单位不存在其他应披露而未披露的与本工程项目相关的诉讼、赔偿、承兑、担保等或有事项；无税务纠纷。

(4) 除已提供给贵事务所的资料外，没有未予提供的工程质量、环保、水保等监管部门的任何形式的整改通知。

××××（项目建设管理单位盖章）
单位负责人：（签名并盖章）
财务负责人：（签名并盖章）
20××年××月××日

(4) 审核小结。审核工作基本完成后，注册会计师需编制审核小结。在审核实践中，审核小结格式与包括的主要内容，参见示例7-11。

示例7-11：审核小结。

关于××项目
竣工财务决算审核小结
（项目以公司制组织建设为例）

根据与××××（委托方或建设单位全称）（以下简称××）签订的审计业务约定书及××项目竣工财务决算审核方案（以下简称"审核方案"），本所派出审核项目组，采取提前介入方式，分两大阶段对该项目竣工财务决算进行了审核。主要审核情况如下：

一、进行了较充分的审前调查

对该项审核业务的审前调查中，项目负责人、现场负责人采用与××××（项目建设管理单位）相关人员电话沟通、提前获取主要审核资料及现场调查了解的方式，多次与××××（项目建设管理单位）进行了较充分沟通，并收集各项主要资料进行研究分析，应××××要求并在其协调下，就项目竣工交付资产基础表编制事宜对参建的施工单位相关人员进行了专门培训，在正式启动审核工作前，与各施工标段相关编制人员进行了初步对接，审前进行了较充分的调查。

二、审核工作实施情况

总体上，审核工作基本按照审核方案实施，根据该项目建设管理的分工，审核组审核工作实施主要情况如下：

（一）根据××××（项目建设管理单位）对该项目自筹建至20××年××月末的会计业务在单独设置的基建账套内核算，20××年××月起在运营账套内设置相应明细科目核算（原在基建账套内发生的与该项目相关的资金拨付、投资支出等一并转入运营账套内）的实际，对项目资金管理与使用及投资支出的审核，采用详细检查会计凭证及相关资料的方式进行。

（二）在对该项目结算及竣工交付资产的审核中，主要履行了以下审核程序：

1. 全面核对了合同及相应的结算审核报告，以及结算审核单位和人员资质等。
2. 采用较全面抽核竣工图的方法并实施现场察看，对主要工程项目实际完成情况进行了抽查。
3. 检查合同主要约定的实际履行情况，进行了合规性审查。
4. 对成本列支及待摊投资分摊进行了全面审核，审查了成本列支及竣工交付资产费用分摊的合规性。

（三）对其他重点审核内容，严格按审核方案执行了相应的审核程序。

（四）审核组于20××年××月××日进点实施现场审核，于××月××日结束现场审核工作，××月××日向××××（委托方或项目建设管理单位）报送审核报告初稿，××月××日出具审核报告。

三、审核结果

1. 该项目竣工财务决算的编制基准日为20××年××月××日，在项目竣工财务决算定稿前，××××（项目建设管理单位）根据审核意见，对分章并分费用类别的概算及相应的投资支出进行了相应调整。竣工交付资产明细等非会计信息数据也按审核意见进行了相应调整。不存在未调整事项。

2. 审核发现的问题及关注的重要事项（过程中已根据审核要求调整账项或整改的问题除外）：

……

3. 审核结果。

截至20××年××月××日，××项目按照批准的资金来源渠道、最终批复概算及基建投资计划、实际支出与结算支付情况等，筹集到位的项目建设资金共计××万元，其中中央预算内资金××万元、地方出资××万元。该工程经批准的概算总额××万元，基建支出××万元，尾工工程及预留费用××万元，概算节余××万元，无结余资金。交付使用资产××万元（含作为流动资产交付的可抵扣增值税进项税额××万元）。

4. 审核意见。

××项目的建设程序符合国家有关规定并按照批准的概算内容完成，竣工财务决算按照国家有关规定及基本建设财务会计制度编制，真实、完整反映了××项目资金来源、支出及结余情况，全面、完整反映了该项目概算执行情况及竣工资产交付情况。

20××年××月××日

（四）整理审核工作底稿

此处所提及的整理审核工作底稿，指的是注册会计师在确立审核质量和审核证据的充分性与有效性方面，于形成审核结论和出具审核报告之前，对所收集和编制的审核工作底稿进行的完整性、一致性、可理解性等方面进行的检查与整理。

整理审核工作底稿应遵循标准化、系统化的原则，以确保审核质量和效率。整理审核工作底稿的过程中，应注意以下几个关键点：

1. 确保完整性。即工作底稿应涵盖审核工作的所有关键方面，确保记录内容全面无遗。审核人员应执行的所有审核程序、观察到的事项以及获取的所有重要证据都应被详尽记录；确认工作底稿包含了所有相关的审核证据、审核程序的执行情况以及审核结论和建议，确保对每一个审核目标，都有相应的底稿证据作为支撑。

2. 维护明确性和可理解性。即每份工作底稿已经清晰记录了审核程序、审核发现、证据收集和分析过程，以便其他经验相当的审核人员理解审核工作的性质、时间安排、范围、执行程序，以及如何和为何得出最终的审核结论；已经使用了清晰、专业的语言，避免不必要的术语或缩写，或者为常用的术语和缩写提供了定义和解释；为每份底稿明确标注编制人、审核人、编制和审核的日期。

3. 保证组织性和系统性。即按照审核计划和底稿索引结构和逻辑、层次分明地组织底稿，并采用一致的格式模板和系统编号。

4. 确保一致性。即工作底稿应按照事先设定的格式和标准编制，以保证不同审核人员的工作底稿间的比较和一致。

5. 保证简洁性。审核工作底稿内容应简明扼要、突出重点，力求突出对审核结论有重大影响的内容。

6. 保证相关性。审核中应根据确定的审核目标实施完整的审核程序，索取相关审核证据后明确表达专业判断意见。

7. 及时更新和整理。即在审核过程中发现的所有重要信息或变更，都应当及时更新工作底稿；在审核过程的各个阶段，都要对底稿进行定期回顾和整理。

8. 确保保密性和安全性。即采取适当措施保护工作底稿的机密性和安全性，防止未授权访问，正确存档电子和纸质底稿，制定相应的访问权限和管理策略。

审核工作底稿通常包括初步业务承接、风险评估及控制测试程序、总体审核策略、具体审核计划、分析表、问题备忘录、重大事项概要、询证函回函、管理层专项声明书、建设程序审核底稿、建设成本审核等实质性审核底稿及调整记录、资产形成及交付审核底稿、有关重大事项的往来函件，以及对被审核项目文件记录的摘要或复印件以及电子版资料等。

审核工作底稿通常不包括已被取代的审核工作底稿的草稿或财务报表的草稿、对不全面或初步思考的记录、存在印刷错误或其他错误而作废的文本，以及重复的文件记录等。

（五）审核工作底稿的复核

会计师事务所应当按照《会计师事务所质量管理准则第 5101 号——业务质量管理》和《会计师事务所质量管理准则第 5102 号——项目质量复核》的要求，委派符合相关资质要求的项目质量复核人员，对审核项目组做出的重大判断和据此得出的结论做出客观评价。

项目质量复核人员应在项目的各个阶段（如计划阶段、执行阶段和报告阶段）及时复核业务工作底稿，使相关问题能够在报告日或报告日之前得到迅速、满意的解决。例如，项目质量复核人员可以在计划阶段完成时，针对项目的总体策略和具体计划实施复核程序。及时实施项目质量复核，也可以强化项目组在计划和执行项目的过程中对职业判断和职业怀疑的运用。

在实施项目质量复核时，项目质量复核人员可能会注意到一些原本预期项目组会做出重大判断，而项目组未做出重大判断的其他领域，项目质量复核人员可能需要针对项目组实施的程序和得出的结论获取进一步信息。在这种情况下，项目组在与项目质量复核人员进行讨论后，可能认为需要实施额外的程序。

根据《会计师事务所质量管理准则第 5102 号——项目质量复核》应用指南的规定，项目质量复核的实施和已完成的通知可以采用多种方式在工作底稿中记录。例如，项目质量复核人员可以在业务执行所使用的信息技术应用程序中以电子形式记录对业务工作底稿的复核，也可以采用备忘录的形式记录复核情况。项目质量复核人员实施的复核程序也可以采用其他方式进行记录，例如，在项目质量复核人员出席的项目组讨论会纪要中进行记录等。

在审核实践中，一般需要经过三级复核。复核工作底稿阶段需要编制的工作底稿主要包括以下内容。

1. 签字注册会计师复核声明书，参见示例 7-12。

示例 7-12：签字注册会计师复核声明书（见表 7-9）。

表 7-9　　　　　　　　签字注册会计师复核声明书

索引号：

被审核单位及建设项目名称：××××××××
项目决算基准日：20××年××月××日

本人已按照本所的复核政策对审核工作底稿进行了复核，本人所有的复核意见已经得到解决，××公司××项目竣工财务决算说明及报表已获得批准和签署。

本人认为审核工作底稿支持我们得出的结论和拟出具的审核报告。

签名：

日期：

续表

> 附件：签字注册会计师复核事项（至少应当包括下列内容）：
> 1. 总体审核方案和具体审核计划，包括在审核过程中对总体审核方案和具体审核计划作出的更新和修改。
> 2. 重要的竣工财务决算报表项目工作底稿。
> 3. 错报更正及评价工作底稿。
> 4. 各种书面声明，股东会、董事会相关会议纪要，与客户的沟通记录及重要会谈记录，律师询证函复函。
> 5. 审核总结。
> 6. 已审核竣工财务决算报表和拟出具的审核报告、审核表及附表等。

2. 项目负责人复核声明书，参见示例7–13。

示例7–13：项目负责人复核声明书（见表7–10）。

表7–10 项目负责人复核声明书

索引号：

被审核单位及建设项目名称：××××××××
项目决算基准日：20××年××月××日

> 本人已按照本所的复核政策和程序与项目组进行了讨论，对审核工作底稿进行了复核，所有复核意见均已得到解决。本人认为审核工作底稿支持我们得出的结论和拟出具的审核报告。
> 本人已询问项目组所有成员，没有注意到任何影响本所独立性的事项。
>
> 签名：
> 日期：
>
> 附件：项目负责人复核事项（至少应当包括下列内容）：
> 1. 总体审核策略和具体审核计划，包括在审核过程中对总体审核策略和具体审核计划作出的更新和修改。
> 2. 存在特别风险的审核项目工作底稿。
> 3. 需要做出重大判断的审核项目工作底稿。
> 4. 错报更正及评价工作底稿，审定基本建设项目竣工财务决算报表。
> 5. 书面声明，股东会、董事会相关会议纪要，与客户的沟通记录及重要会谈记录，律师询证函复函。
> 6. 审核总结。
> 7. 已审核基本建设项目竣工财务决算报表和拟出具的审核报告、审核表及附表等。

3. 项目质量复核人复核声明书,参见示例 7 – 14。

示例 7 – 14：项目质量复核人复核声明书（见表 7 – 11）。

表 7 – 11　　　　　　　　项目质量复核人复核声明书

索引号：

被审核单位及建设项目名称：××××××××

项目决算基准日：20××年××月××日

本人已按照本所的复核政策和程序与项目组进行了讨论,对审核工作底稿进行了复核,所有复核意见均已得到解决。本人认为审核工作底稿支持我们得出的结论和拟出具的审核报告。

签名：

日期：

附件：项目质量复核人复核事项（至少应当包括下列内容）：

1. 项目质量复核人之前提出的复核意见的解决情况。

2. 项目组针对本业务对独立性做出的评价。

3. 项目组在审核过程中识别出的特别风险以及采取的应对措施,包括项目组对舞弊风险的评估及采取的应对措施。

4. 项目组做出的重大判断,包括关于重要性和特别风险的判断。

5. 项目组就存在的意见分歧、其他疑难问题或争议事项进行咨询后获取的咨询意见。

6. 项目组与管理层和治理层沟通的记录以及拟与其沟通的事项。

7. 已审核竣工财务决算报表和拟出具的审核报告、审核表及附表等。

---

4. 项目组一级复核记录,参见示例 7 – 15。

示例 7 – 15：项目组一级复核记录（见表 7 – 12）。

表 7-12　　　　　　　　　项目组一级复核记录

索引号：

被审核单位及建设项目名称：××××××××

项目决算基准日：20××年××月××日　　　复核：　　　日期：20××年××月××日

一、复核事项及复核核对		
复核事项	是/否/不适用	备注
1. 是否对项目组成员编制的审核工作底稿进行了逐页的详细复核？		
2. 实施上述复核后，是否可以确定下列事项：		
(1) 所有报表项目和特殊交易或事项均已编写工作底稿，并使得未曾接触该项审核工作的有经验的专业人士清楚了解：按照审计准则的规定实施的审核程序的性质、时间和范围，实施审核程序的结果和获取的审核证据及就重大事项得出的结论；		
(2) 具体审核计划已经实施，完成的工作底稿已与具体审核计划进行交叉索引；		
(3) 工作底稿在形式上做到要素齐全、格式规范、标识一致、记录清晰；在内容上做到资料翔实、重点突出、繁简得当、结论明确。测试的特定项目或事项的识别特征已完整、清晰地记录在工作底稿中；		
(4) 所有报表项目和特殊交易或事项的审核结论均有充分、适当的审核证据的支持，即所有重要或异常的数据已有适当的解释及相关证据；		
(5) 所有审核程序的改变和其他项目合伙人关注的重大事项都已在审核总结中予以列示；		
(6) 已审报表已正确、完整地编制，且每一项数据对应底稿记录正确无误，审核报告及竣工财务决算审核表相关的数据也与工作底稿一致。		
二、重大事件复核意见处理结果					
复核项目	复核意见	处理说明	索引	完成人	日期

5. 项目组二级复核记录，参见示例7-16。

示例7-16：项目组二级复核记录（见表7-13）。

表7-13　　　　　　　　　项目组二级复核记录

索引号：

被审核单位及建设项目名称：××××××××

项目决算基准日：20××年××月××日　　　　复核：　　　日期：20××年××月××日

一、复核事项及复核核对		
复核事项	是/否/不适用	备注
1. 确定一级复核人员已经按照规定完成了对项目组成员编制的工作底稿的逐页详细复核，对一级复核的结果是否满意？		
2. 是否已复核已完成的审核计划，以及导致对审核计划作出重大修改的事项？		
3. 是否已复核重要的报表项目？		
4. 是否已复核重大事项概要？		
5. 是否已复核建议调整事项？		
6. 是否已复核专项声明书、股东会、董事会或类似机构相关会议纪要，与客户的沟通记录及重要会谈记录，律师询证函复函？		
7. 是否已复核审核总结？		
8. 是否已复核已审报表和拟出具的审核报告？		
9. 实施上述复核后，是否可以确定下列事项：		
（1）审核工作底稿提供了充分、适当的记录，可作为审核报告的基础？		
（2）是否已按照中国注册会计师审计准则的规定执行了审核工作？		
（3）对重大错报风险的评估及采取的应对措施是否恰当，是否针对存在特别风险的审核领域，设计并实施了针对性的审核程序，且得出了恰当的审核结论？		
（4）做出的重大判断是否恰当合理？		
（5）提出的建议调整事项是否恰当，相关调整分录是否正确？		
（6）未更正错报无论是单独还是汇总起来对财务报表整体是否均不具有重大影响？		
（7）是否已复核已审报表及报告，认为工程项目的建设程序符合国家有关规定并按照批准的概算内容完成，竣工财务决算按照国家有关规定及基本建设财务会计制度编制，真实、完整反映了工程项目资金来源、支出及结余情况，真实、完整反映了该项目概算执行情况及竣工资产交付情况？		
（8）拟出具的审核报告是否措辞恰当，是否已按照中国注册会计师审计准则的规定发表了恰当的审核意见？		

续表

二、重大事件复核意见处理结果					
复核项目	复核意见	处理说明	索引	完成人	日期

6. 项目负责合伙人复核记录，参见示例 7-17。

示例 7-17：项目负责合伙人复核记录（见表 7-14）。

表 7-14　　　　　　　项目负责合伙人复核记录

索引号：

被审核单位及建设项目名称：××××××××

项目决算基准日：20××年××月××日　　　复核：　　日期：20××年××月××日

一、复核事项及复核核对		
复核事项	是/否/不适用	备注
1. 确定二级复核人员已经按照规定完成了相关工作底稿的复核，对二级复核的结果是否满意？		
2. 是否已复核已完成的审核计划，以及导致对审核计划做出重大修改的事项？		
3. 是否已复核重大事项概要？		
4. 是否已复核存在特别风险的审核领域，以及项目组采取的应对措施？		
5. 是否已复核项目组做出的重大判断？		
6. 是否已复核建议调整事项？		
7. 是否已复核专项声明书，股东会、董事会或类似机构相关会议纪要，与客户的沟通记录及重要会谈记录，律师询证函复函？		
8. 是否已复核审核总结？		
9. 是否已复核已审报表和拟出具的审核报告及竣工财务决算审核表？		
10. 实施上述复核后，是否可以确定：		
（1）对重大错报风险的评估及采取的应对措施是恰当的，针对存在特别风险的审核领域，设计并实施了针对性的审核程序，且得出了恰当的审核结论？		

续表

复核事项	是/否/不适用	备注
(2) 项目组做出的重大判断恰当合理？		
(3) 项目组提出的建议调整事项是否恰当合理，是否已取得被审核单位管理层的书面确认？		
(4) 未更正错报无论是单独还是汇总起来对报表整体均不具有重大影响？		
(5) 是否已复核已审报表及报告，认为工程项目的建设程序符合国家有关规定并按照批准的概算内容完成，竣工财务决算按照国家有关规定及基本建设财务会计制度编制，真实、完整反映了工程项目资金来源、支出及结余情况，真实、完整反映了该项目概算执行情况及竣工资产交付情况？		
(6) 拟出具的审核报告措辞恰当，已按照中国注册会计师审计准则的规定发表了恰当的审核意见？		

二、重大事件复核意见处理结果

复核项目	复核意见	处理说明	索引	完成人	日期

7. 审核工作完成情况核对表，参见示例 7-18。

示例 7-18：审核工作完成情况核对表（见表 7-15）。

表 7-15　　　　审核工作完成情况核对表

索引号：

被审核单位及建设项目名称：××××××××　　编制：　　日期：20××年××月××日

项目决算基准日：20××年××月××日　　　　复核：　　日期：20××年××月××日

审核工作	是/否/不适用	备注	索引号
1. 是否执行业务承接或保持的相关程序？			
2. 是否签订审核业务约定书？			
3. 是否制定总体审核策略？			
4. 审核计划制订过程中，是否了解被审核单位及其环境并评估重大风险，包括舞弊风险？			

续表

审核工作	是/否/不适用	备注	索引号
5. 是否召开项目组会议？			
6. 审核计划是否经适当人员批准？			
7. 是否与被审核单位就审核计划进行沟通？			
8. 计划的审核程序是否得到较好执行，对计划的修改是否得到记录？			
9. 是否已获取所有必要的来自银行、律师、债权人、债务人等外部机构的询证函回函或确认函？			
10. 所有重要竣工交付资产是否实施盘点？			
11. 当涉及利用其他专家的工作时，对其他专家的工作结果是否满意？			
12. 计划执行的各项审核程序是否全部执行完毕？			
13. 审核范围是否受到限制？			
14. 计划确定的重大风险，包括舞弊导致的重大风险是否仍旧恰当，是否需要追加审核程序？			
15. 是否恰当应对在审核过程中识别的舞弊导致的重大错报风险？			
16. 是否在审核结束时或临近结束时对竣工财务决算审核报告进行总体复核？			
17. 是否召开项目组会议，并确定建议调整事项和决算报表草表？			
18. 是否编制重大事项概要，是否所有重大事项均已得到满意解决？			
19. 是否与被审核项目单位或委托人召开总结会，就建议调整事项进行沟通，形成总结会会议纪要，并经被审核项目单位确认？			
20. 是否获取被审核单位对所有调整事项的确认？			
21. 是否存在未更正错报？			
22. 未更正错报汇总表是否最终经被审核项目单位确认？			
23. 项目负责经理是否已复核工作底稿？			
24. 项目负责合伙人是否已复核工作底稿？			
25. 是否已完成项目质量控制复核（必要时）？			
26. 是否已取得经签署的专项声明书原件，并确定其签署日期不晚于审核报告日期或一致？			
27. 项目建设单位或委托人是否接受已审核竣工财务决算审核报告及附件？			
28. 是否完成审核小结？			

四、编制和出具审核报告

注册会计师进行基本建设项目竣工财务决算审核出具的审核报告，报告内容应当做到真实、客观、完整，文字精炼准确、全面反映项目建设过程以及建设成果。

（一）审核报告的基本格式

基本建设项目竣工财务决算审核报告要素一般包括标题、收件人、被审核单位的责任、注册会计师的责任、审核依据、正文、审核结论、审核报告附表、审核报告附送竣工财务决算报表、签章、报告日期。

1. 审核报告的标题。审核报告标题一般统一规范为"××项目竣工财务决算审核报告"。

2. 审核报告的收件人。审核报告收件人一般为委托方，委托方可能为项目建设管理单位也可能为上级单位或主管部门。

3. 审核报告正文。审核报告正文主要包括项目基本情况，审核依据，项目建设组织实施情况，工程完成投资审核情况，竣工财务决算审核情况，项目概（预）算执行情况，审核发现问题、意见和建议，审核结论、其他需要说明事项等。

4. 审核报告的附件。附件是对审核报告正文进行补充说明的文字和数据等支撑性材料。审核报告附件通常有附表，如项目竣工财务决算审核表并附送项目竣工财务决算报表。

5. 审核报告的签章。审核报告需要由注册会计师签名和盖章，载明会计师事务所的名称和地址，并加盖会计师事务所公章。

6. 审核报告的日期。审核报告需要注明报告日期。审核报告日期不应早于注册会计师获取充分、适当的审核证据日期。

7. 其他。审核报告还应当参考公文的一般要求，设有文号等要素。

（二）审核报告的正文

审核报告正文内容应全面反映基本建设项目情况、基本建设程序批复情况，项目执行情况、审核情况以及审核结论。主要内容有：

1. 项目基本情况。一般包括项目建设意义、主要技术指标、主要参建单位等。项目基本情况根据有关批复文件和合同签订内容，对主要内容进行反映。

2. 基本建设程序批复执行及建设管理情况。一般包括项目批复情况，包括项目建议书、可行性研究报告、项目初步设计、项目施工图设计等批复，还有如水土保持方案、环境影响报告等专项批复；项目资金计划、来源批复情况；项目建设工期执行情况；交工验收及专项验收情况，主要按项目单项工程交工验收以及各专项验收，如环境保护验收等情况；工程质量评定情况（这里需要反映项目经有关部门或专业机构对项目进行的最终的质量评定，只有项目质量符合建设要求，才能进行竣工财务决算审计并出具报告）；竣工财务决算编制原则、竣工财务决算基准日以及竣工财务决算编制依据的准则和制度等。

3. 审核依据。一般为项目审核依据的准则和有关法律法规等。

4. 项目建设组织实施情况。一般包括项目法人组建情况或项目实施单位情况；招投标及合同签署情况，反映项目主要合同的招投标及合同签署情况，合同金额等；合同执行及管理情况，简单概括项目建设过程中合同管理执行及管理情况。

5. 工程完成投资审核情况。一般包括工程建筑安装工程投资审核、设备投资审核、其他投资审核、待摊投资审核及其分摊情况等方面，对审核情况和审核结果进行反映。

6. 竣工财务决算审核情况。主要从竣工财务决算报表内容出发，一般包括项目资金计划、到位、使用及结余情况；债权债务情况；尾工工程及预留费用情况；资产形成及交付情况；竣工财务决算报表审核的总体情况。

7. 项目概（预）算执行情况。对项目实际完成投资与概（预）算批复情况进行对比，旨在评价项目是否按批复内容及金额完成项目建设。一般包括项目实际完成投资与概（预）算对比情况，项目节、超概（预）算原因分析。

8. 审核发现问题、意见和建议。反映在项目审核过程中发现的未整改不影响决算金额的问题，或未整改累计金额未超过重要性水平的事项。

9. 审核结论。

10. 其他需要说明的事项。注册会计师认为除了上述审核报告反映的内容外，其他应在报告中反映的不影响审核结论的事项。

在审核实践中，基本建设项目竣工财务决算审核报告可参见示例7-19。

示例7-19：××项目竣工财务决算审核报告。

××项目
竣工财务决算审核报告

（报告文号）

××××（委托方）：

我们接受委托，对贵（单位）组织建设的××项目竣工财务决算进行了审核。建立健全内部控制制度，按照《××制度》《基本建设财务规则》（财政部令第81号）、《基本建设项目竣工财务决算管理暂行办法》（财建〔2016〕503号）、《基本建设项目建设成本管理规定》（财建〔2016〕504号）以及国家有关基本建设财务管理与竣工财务决算编报的规定和要求编制并充分披露竣工财务决算，保证竣工财务决算及相关资料的真实、合法、完整是贵单位的责任；我们的责任是在实施审核工作的基础上对××项目竣工财务决算发表审核意见。

我们的审核是依据中国注册会计师执业准则以及财政部有关基本建设项目竣工财务决算审核要求计划和实施的。在审核过程中，我们结合贵单位及本项目的实际情况，实施了包括抽查会计记录、核对有关决算编制资料等我们认为必要的审核程序。我们相信，我们获取的审核证据是充分、适当的，为发表审核意见提供了合理保证。

一、项目基本概况

（一）项目建设意义

（二）项目概况

(三) 主要技术标准及完成的主要工程数量

1. 主要技术标准

……

2. 完成的主要工程量

……

(四) 主要参建单位

1. 建设单位

2. 勘察设计单位

3. 施工单位

4. 监理单位

5. 质量监督单位

……

二、基本建设程序批复执行及建设管理情况

(一) 项目批复情况

1. 项目建议书批复情况

2. 可行性研究报告批复情况

3. 初步设计批复情况

4. 施工图设计批复情况

5. 环境影响报告书批复情况

6. 水土保持方案批复情况

7. 建设用地批复情况

……

(二) 项目资金计划、来源批复情况

……

(三) 工期执行情况

合同工期：开工日期为：20××年×月×日。

竣工日期为：20××年×月×日。

实际工期：开工日期为：20××年×月×日。

竣工日期为：20××年×月×日。

提示：是否在批复工期内完成。

(四) 交工验收及专项验收情况

1. 项目交工验收情况（分标段）

2. 环境保护验收情况

3. 水土保持验收情况

4. 消防验收情况

5. 项目验收情况（整个项目）

6. 竣工档案验收情况

……

（五）工程质量评定情况

……

（六）竣工财务决算编制原则

本项目自20××年××月××日开始进行试运行，试运行期××年，目前试运行期已经结束，试运行情况良好，（委托方）确定工程竣工财务决算编制基准日即竣工决算基准日为20××年××月××日。

竣工财务决算编制依据《××会计准则》《基本建设财务规则》和《基本建设项目竣工财务决算管理暂行办法》等基本建设项目财务管理制度编制。

三、项目建设组织实施情况

（一）项目法人情况

（提示：根据项目法人实际情况简要叙述）

（二）招投标及合同签署情况

根据国家招标投标法律法规和主管部门有关招标投标管理规定，××××（项目建设管理单位）在项目建设中认真执行了招投标制度，项目施工、监理以及与工程建设有关的重要设备、材料等的采购，均依法合规履行了招投标程序，具体情况如下：

1. 勘察设计招标

2. 工程施工招标

3. 工程监理招标

4. 重要设备招标

……

××项目中标及合同情况

序号	合同段	招标方式	单位名称	中标合同价（元）
1				
2				

续表

序号	合同段	招标方式	单位名称	中标合同价（元）
3				
4				
……				
合计				

（三）合同执行及管理情况

（提示：××××（项目建设管理单位）未设立独立的合同归口管理部门，而是将合同部门的职责分解到各个对口职能部门，在签订合同时，由相应职能部门牵头，××××（项目建设管理单位）有关处室、领导参与，合同决策全过程公开透明，起到了有效的监督制约作用；××××（项目建设管理单位）将批复的概算分解到各个部门，明确了费用控制责任主体，对执行概算、控制投资起到了较好作用，合同的主要约定内容得到了较好的履行，未出现过合同纠纷，未发生过因合同履行原因而影响工程进度与质量的情况。）

四、工程完成投资审核情况

（一）建筑安装工程投资（工程结算）审核情况

本项目建筑安装工程投资暨工程结算我们拟利用造价工程师的审核结果，工程结算经××造价咨询有限公司审核，出具了《××结算审核报告》（×××号），结算送审价×××万元，审定价××万元，审减××万元。我们对工程结算审核工作执行了程序性复核，对专家胜任能力、专业素质和客观性进行了评价，确认工程结算审核结果可以采纳。

建筑安装工程结算审核汇总表

序号	项目标段	送审金额	审定金额	审减/增（金额）	备注

（二）工程设计变更和预留费动用审核情况

1. 工程设计变更

本项目共发生工程设计变更××项，其中，重大设计变更××项，较大设计变更××项，一般设计变更××项，变更情况如下：

(提示：变更类别划分各行业不一致，划分标准请查阅项目行业要求。)

(1) 重大设计变更：

(2) 较大设计变更：

(3) 一般设计变更：

(提示：审核实践中，报告一般从变更名称、变更事由、变成程序是否符合要求、变更结果及涉及的费用增加等方面进行叙述。)

2. 预留费动用情况

本项目概算批复预留费××万元，实际实施中，动用预留费××万元，动用明细情况如下：

(提示：审核实践中，报告一般从预留费动用使用项目、动用批复情况、使用情况等方面进行叙述。)

(三) 设备投资审核情况

(提示：根据项目实际设备投资内容编写。)

(四) 其他投资审核情况

本项目其他投资为发生的办公和生活用家具器具购置费等相关费用，按合同金额××万元计入投资。

(五) 待摊投资审核及其分摊情况

本项目共计发生待摊投资支出××万元，××××（建设单位）在办理项目竣工资产交付、编制竣工财务决算时，根据受益对象，分别以项目建筑安装工程投资支出、需安装设备投资支出总额为基数，采用分项及共同按比例分摊方式，分摊计入各资产价值中。

待摊投资审定明细如下：

项目	金额	项目	金额
1. 勘察费		10. 车船税	
2. 设计费		11. 印花税	
3. 研究试验费		12. 临时设施费	
4. 环境影响评价费		13. 文物保护费	
5. 监理费		14. 森林植被恢复费	
6. 土地征用及迁移补偿费		15. 安全生产费	
7. 土地复垦及补偿费		16. 安全鉴定费	
8. 城镇土地使用税		17. 网络租赁费	
9. 耕地占用税		18. 系统运行维护监理费	

续表

项目	金额	项目	金额
19. 项目建设管理费		34. 国外借款手续费及承诺费	
20. 代建管理费		35. 汇兑损益	
21. 工程保险费		36. 坏账损失	
22. 招投标费		37. 借款利息	
23. 合同公证费		38. 减：存款利息收入	
24. 可行性研究费		39. 减：财政贴息资金	
25. 社会中介机构审计（查）费		40. 企业债券发行费用	
26. 工程检测费		41. 经济合同仲裁费	
27. 设备检验费		42. 诉讼费	
28. 负荷联合试车费		43. 律师代理费	
29. 固定资产损失		44. 航道维护费	
30. 器材处理亏损		45. 航标设施费	
31. 设备盘亏及毁损		46. 航测费	
32. 报废工程损失		47. 其他待摊投资性质支出	
33. （贷款）项目评估费		合　计	

五、竣工财务决算审核情况

（一）项目资金计划、到位、使用及结余情况

1. 项目投资资金计划及来源批复情况

根据可研、设计概算批复文件明确的资金来源，本项目建设实施期间，××共已下达项目基建投资计划××万元。其中：中央预算内资金××万元、地方财政资金××万元、银行贷款××万元。

分年度的基建投资计划如下：

序号	项目	20××年	20××年	20××年	20××年	合计
一	权益性资金小计					
1	中央预算内资金					
2	地方财政资金					
	……					
二	债务性资金小计					
1	银行贷款					
	……					
	合计					

2. 资金到位情况

截至20××年××月××日，本项目建设资金实际到位资金共计××万元。其中：中央预算内资金××万元、地方财政资金××万元，银行贷款××万元。分年度的资金到位情况如下：

序号	项目	20××年	20××年	20××年	20××年	合计
一	权益性资金小计					
1	中央预算内资金					
2	地方财政资金					
	……					
二	债务性资金小计					
1	银行贷款					
	……					
	合计					

3. 资金使用及结余情况

截至20××年××月××日，已经支付工程款和合同款等款项共计××元，尚有××元未支付（已全部支付）。

本项目审定投资××元，已经到位资金××元，资金无结余（或资金结余××元，资金缺口××元）。

（二）债权债务情况

截至竣工决算日20××年××月××日，本项目应收债权……。

截至竣工决算日20××年××月××日，本项目应付债务……。

（提示：债权债务涉及的科目和项目较多时，除了在上述正文中简要描述，还可以编制债权债务明细表，格式如下。）

债权债务明细表

单位：元

应收类					应付类				
序号	科目名称及明细	往来单位名称	金额	备注	序号	科目名称及内容	往来单位名称	金额	备注
一	预付备料款				一	应付工程款			
1					1				
2					2				

续表

应收类					应付类				
序号	科目名称及明细	往来单位名称	金额	备注	序号	科目名称及内容	往来单位名称	金额	备注
二	预付工程款				二	应付设备款			
1					1				
2					2				
三	预付设备款				三	其他应付款			
1					1				
2					2				
四	其他应收款				四	其他未交款			
1					1				
2					2				
债权合计					债务合计				

（三）尾工工程投资及预留费用情况

截至20××年××月××日，本项目尾工工程共计××万元，预留费用合计××万元，尾工工程及预留费用占概算总额××万元的××%。经审核，尾工工程及预留费用均为全面完成该工程项目所必须的支出，相应工程费用控制在最终概算内，具备合规、合理的预留依据，并履行了相应决策程序，明确了具体完成时间及组织实施单位，不存在虚报决算投资情况，且尾工工程不影响项目的正常使用。

具体项目如下：

1. 尾工工程××万元

（提示：按尾工明细列示。）

2. 预留费用××万元

（提示：按预留费用明细列示。当尾工工程和预留费用项目较多时，可以编制项目尾工工程投资及预留费用明细表，格式如下。）

项目尾工工程投资及预留费用明细表　　　　　单位：万元

序号	项目	概算	已完投资	基本建设支出				
				未完投资				
				建筑	安装	设备	其他	合计
一	尾工工程							
1								
2								
3								
……								
二	预留费用							
1								
2								
3								
……								
	合计							

（四）资产形成及交付情况

经审核，本项目实际完成投资××万元，形成资产××万元，其中，形成公共基础设施××万元，形成固定资产××万元，形成流动资产××万元，形成无形资产××万元。

（五）竣工财务决算报表审核

经审核，本项目竣工财务决算报表和竣工财务决算说明书内容完整，数字准确，各表间勾稽关系清晰、正确，未发现缺项、漏项、错报等情况；决算报表的内容和格式符合财政部和主管部门的相关规定。

六、项目概（预）算执行情况

（一）项目实际完成投资与概（预）算对比情况

本项目批复总概（预）算为××万元，实际完成投资××万元，实际完成投资与批复概（预）算相比节约××万元，其中：建筑安装工程费节约××万元，设备及工具、器具购置费节约××万元，工程建设其他费用节约××万元，预备费××万元未动用。具体情况如下：

工程项目名称	批准概（预）算金额	送审金额	审定金额	审定比概（预）算增减	审定比送审增减
第一部分 建筑安装工程费					
临时工程					
……					
第二部分 设备、工具器具及家具购置费					
一、设备购置费					
1. 需安装的设备					
2. 不需安装的设备					
二、办公及生活用家具购置费					
第三部分 工程建设其他费用					
一、土地征用及拆迁补偿费					
二、建设项目管理费					
1. 建设单位（业主）管理费					
2. 工程监理费					
3. 设计文件审查费					
……					
第一、二、三部分费用合计					
预留费用					
概（预）算总金额					

（二）项目节、超概（预）算原因分析

本项目节约××万元或超支××万元，其主要原因分析如下：

建筑安装工程实际投资××万元，比批准概（预）算××万元超支（节约）××万元，其主要原因是：

1. 建筑安装工程投资

(1) 临时工程批复概（预）算××万元，实际发生××万元，节约××万元。

……

2. 设备及工具、器具购置费用

概（预）算批复设备及工具、器具购置费用为××万元，实际设备及工具、器具购置费为××万元，实际发生金额比批复金额节约××万元。

3. 工程建设其他费用分析

概（预）算批复工程建设其他费用为××万元，实际工程建设其他费用为××万元，实际发生金额比批复金额节约或超支××万元，节约或超支的主要原因为：

……

（提示：本部分概（预）算分析，按概算批复项目逐一进行分析。）

七、审核发现问题、意见和建议

（提示：本部分主要反映在项目审核过程中发现的未整改不影响决算金额的问题，或未整改累计金额未超过重要性水平的事项。）

八、审核结论

经审核，我们认为，除"七、审核发现问题、意见和建议"反映的问题外，本项目的建设程序符合国家有关规定并按照批准的投资概算内容完成，项目竣工财务决算按照《××制度》和有关规定编制，公允反映了项目资金来源、支出及结余情况，投资完成情况和资产形成情况。

九、其他需要说明的事项

（提示：本部分内容注册会计师在审核实践中，根据项目情况或有关部门要求自行确定是否需要。）

附表：基本建设项目竣工财务决算审核表

附送：基本建设项目竣工财务决算报表

××会计师事务所（全称）　　　中国注册会计师：×××

　　　（盖章）　　　　　　　　　（签名并盖章）

　　中国·××市　　　　　　　中国注册会计师：×××

　　　　　　　　　　　　　　　　（签名并盖章）

　　　　　　　　　　　　　二〇××年××月××日

（三）基本建设项目竣工财务决算审核表

在完成审核程序后，注册会计师需提请被审核单位对调整事项进行账务调整，并重新编制竣工财务决算报表。随后，注册会计师应编制基本建设项目竣工财务决算审核表，作为审核报告的附件。通常，基本建设项目竣工财务决算审核表一般包括封面、项目竣工财务决算审核汇总表、资金情况审核明细表、待摊投资审核明细表、交付使用资产审核明细表、转出投资审核明细表、待核销基建支出审核明细表等主表。在审核实践中，注册会计师也可以根据项目情况和委托单位要求，增加相应的副表，如尾工工程或预留费用较多的情况下增加项目尾工工程投资及预留费用表，决算基准日应收应付款项较多时，增加往来账款明细表等。

相较于被审核单位编制的竣工财务决算表，资金情况审核明细表、待摊投资审核明细表和待核销基建支出审核明细表在内容与格式上与资金情况明细表、待摊投资明细表、待核销基建支出明细表应保持一致。不过，审核报表中缺少了项目概况表、项目竣工财务决算表和交付使用资产总表，增加了项目竣工财务决算审核汇总表。交付使用资产审核明细表和转出投资审核明细表与相应的交付使用资产明细表、转出投资明细表在内容上基本相同，但需要注意的是，在列示分摊待摊投资的方式上存在差异。

注册会计师需编制的项目竣工财务决算审核汇总表，基于对项目概（预）算执行情况审核结果，在项目投资总额及各项明细投资确定后，才可以编制。

各行业交付使用资产审核明细表格式和内容会略有差别，注册会计师在编制时，应根据行业特点或行业主管部门要求进行适当修改。

根据财政部财建〔2016〕503号文件，报表的基本格式如下。

1. 封面

评审机构名称：	评审项目名称：
评审小组负责人及联系电话：	
基本建设项目竣工财务决算审核表	
委托评审单位及委托文号：	委托评审时间及时限：
实际评审起止时间：	评审报告报送时间：

2. 项目竣工财务决算审核汇总表（见表7-16）

表7-16　　　　　　项目竣工财务决算审核汇总表（2-1）

项目名称：

序号	工程项目及费用名称	批准概算		送审投资		审定投资		审定投资较概算增减额	备注
		数量	金额	数量	金额	数量	金额		
	按批准概算明细口径或单位工程、分部工程填列（以下为示例）								
	总　计								
一	建筑安装工程投资								
	……								
二	设备、工器具								
	……								
三	工程建设其他费用								
	……								
……	……								

项目单位：　　　　　　负责人签字：　　　　　　评审机构：　　　　　　评审负责人签字：

（盖单位公章）　　　　　　　　　　　　　　　（盖单位公章）

　　　　　　　　年　月　日　　　　　　　　　　　　　　　　年　月　日

提示：表中"工程项目及费用名称"依据概（预）算批复明细表中内容填写。

3. 资金情况审核明细表（见表7-17）

表7-17　　　　　　资金情况审核明细表（2-2）

项目名称：　　　　　　　　　　　　　　　　　　　　　　　　　　单位：

资金来源类别	合计		备注
	预算下达或概算批准金额	实际到位金额	需备注预算下达文号
一、财政资金拨款			
1. 中央财政资金			
其中：一般公共预算资金			
中央基建投资			

续表

资金来源类别	合计		备注
	预算下达或概算批准金额	实际到位金额	需备注预算下达文号
财政专项资金			
政府性基金			
国有资本经营预算安排的基建项目资金			
政府统借统还非负债性资金			
2. 地方财政资金			
其中：一般公共预算资金			
地方基建投资			
财政专项资金			
政府性基金			
国有资本经营预算安排的基建项目资金			
行政事业性收费			
政府统借统还非负债性资金			
二、项目资本金			
其中：国家资本			
三、银行贷款			
四、企业债券资金			
五、自筹资金			
六、其他资金			
合　计			

项目单位：　　　　　　　　　　　　评审机构：

负责人签字：　　　　　　　　　　　评审负责人签字：

　　　年　月　日　　　　　　　　　　　年　月　日

4. 待摊投资审核明细表（见表7-18）

表7-18　　　　　　　待摊投资审核明细表（2-3）

项目名称：　　　　　　　　　　　　　　　　　　单位：

项　　目	审定金额	项　　目	审定金额
1. 勘察费		25. 社会中介机构审计（查）费	
2. 设计费		26. 工程检测费	
3. 研究试验费		27. 设备检验费	
4. 环境影响评价费		28. 负荷联合试车费	
5. 监理费		29. 固定资产损失	
6. 土地征用及迁移补偿费		30. 器材处理亏损	
7. 土地复垦及补偿费		31. 设备盘亏及毁损	
8. 城镇土地使用税		32. 报废工程损失	
9. 耕地占用税		33. （贷款）项目评估费	
10. 车船税		34. 国外借款手续费及承诺费	
11. 印花税		35. 汇兑损益	
12. 临时设施费		36. 坏账损失	
13. 文物保护费		37. 借款利息	
14. 森林植被恢复费		38. 减：存款利息收入	
15. 安全生产费		39. 减：财政贴息资金	
16. 安全鉴定费		40. 企业债券发行费用	
17. 网络租赁费		41. 经济合同仲裁费	
18. 系统运行维护监理费		42. 诉讼费	
19. 项目建设管理费		43. 律师代理费	
20. 代建管理费		44. 航道维护费	
21. 工程保险费		45. 航标设施费	
22. 招投标费		46. 航测费	
23. 合同公证费		47. 其他待摊投资性质支出	
24. 可行性研究费		合　计	

项目单位：　　　　　　　　　　　　　评审机构：

负责人签字：　　　　　　　　　　　　评审负责人签字：

　　　年　月　日　　　　　　　　　　　　　年　月　日

5. 交付使用资产审核明细表（见表7-19）

表7-19　　　　　交付使用资产审核明细表（2-4）

项目名称：

序号	单项工程名称	固定资产											流动资产		无形资产	
		建筑物及构筑物				设备　工具　器具　家具										
		结构	面积	未分摊前金额	分摊待摊投资	金额合计	名称	规格型号	单位	数量	未分摊前金额	设备安装费	分摊待摊投资	金额合计	名称	金额	名称	金额
1																		
2																		
3																		
4																		
5																		
6																		
7																		
8																		
9																		
10																		
	合计																	

项目单位：　　负责人签字：　　　　评审机构：　　　评审负责人签字：

　　　　　　　年　月　日　　　　　　　　　　　　　年　月　日

提示：对项目复杂、涉及资产类别多的，可以按资产类别分别编制基本建设项目交付使用资产审核明细表，比如高速公路建设项目，可以划分为路产、养护管理设备、监控系统、收费系统等。

6. 转出投资审核明细表（见表7–20）

表7–20　　　　　转出投资审核明细表（2–5）

项目名称：

序号	单项工程名称	固定资产									流动资产		无形资产	
		建筑物及构筑物					设备							
		结构	面积	未分摊前金额	分摊待摊投资	金额合计	名称	规格型号	单位	数量	金额合计	名称	金额	名称	金额
1															
2															
3															
4															
5															
6															
7															
8															
9															
10															
	合计														

项目单位：　　　负责人签字：　　　评审机构：　　　评审负责人签字：

　　　　　　　　　年　月　日　　　　　　　　　　　　年　月　日

7. 待核销基建支出审核明细表（见表7–21）

表7–21　　　　待核销基建支出审核明细表（2–6）

项目名称：　　　　　　　　　　　　　　　　　　　　　　　　　单位：

不能形成资产部分的财政投资支出				用于家庭或个人的财政补助支出			
支出类别	单位	数量	金额	支出类别	单位	数量	金额
1. 江河清障				1. 补助群众造林			
2. 航道清淤				2. 户用沼气工程			
3. 飞播造林				3. 户用饮水工程			
4. 退耕还林（草）				4. 农村危房改造工程			
5. 封山（沙）育林（草）				5. 垦区及林区棚户区改造			
6. 水土保持				……			

续表

不能形成资产部分的财政投资支出				用于家庭或个人的财政补助支出			
支出类别	单位	数量	金额	支出类别	单位	数量	金额
7. 城市绿化							
8. 毁损道路修复							
9. 护坡及清理							
10. 取消项目可行性研究费							
11. 项目报废							
……							
合　计				合　计			

项目单位：　　　　负责人签字：　　　　评审机构：　　　　评审负责人签字：
　　　　　　　　　年　月　日　　　　　　　　　　　　　年　月　日

（四）基本建设项目竣工财务决算报表

基本建设项目竣工财务决算报表一般由被审核单位编制，包括封面、项目概况表、资金情况明细表、交付使用资产总表、交付使用资产明细表、待摊投资明细表、转出投资明细表、待核销基建支出明细表等主表，项目单位也可以根据项目情况和主管部门要求，增加相应的副表，如尾工工程或预留费用较多的情况下增加项目尾工工程投资及预留费用表等。

根据财政部财建〔2016〕503号文件，报表的基本格式如下：

1. 封面

项目单位：　　　　　　　　　　　建设项目名称：

主管部门：　　　　　　　　　　　建设性质：

基本建设项目竣工财务决算报表

项目单位负责人：　　　　　　　　项目单位财务负责人：

　　　　　　　　　　　　　　　　项目单位联系人及电话：

编报日期：　　　　　　　　　　　决算基准日：

2. 项目概况表（见表7-22）

表7-22　　　　　　　　　　项目概况表（1-1）

建设项目（单项工程）名称			建设地址			项目		概算批准金额	实际完成金额	备注
主要设计单位			主要施工企业			建筑安装工程				
占地面积（m²）	设计	实际	总投资（万元）	设计	实际	基建支出	设备、工具、器具			
							待摊投资			
新增生产能力	能力（效益）名称			设计	实际		其中：项目建设管理费			
							其他投资			
建设起止时间	设计	自　　年　　月　　日					待核销基建支出			
		至　　年　　月　　日								
	实际	自　　年　　月　　日					转出投资			
		至　　年　　月　　日								
概算批准部门及文号						合计				
完成主要工程量	建设规模					设备（台、套、吨）				
	设计		实际			设计		实际		
尾工工程	单项工程项目、内容		批准概算		预计未完部分投资额		已完投资额		预计完成时间	
	小　　计									

3. 资金情况明细表（见表 7-23）

表 7-23　　　　　　　　　资金情况明细表（1-3）

项目名称：　　　　　　　　　　　　　　　　　　　　　　　　单位：

资金来源类别	合　计		备注
	预算下达或概算批准金额	实际到位金额	预算下达文号
一、财政资金拨款			
1. 中央财政资金			
其中：一般公共预算资金			
中央基建投资			
财政专项资金			
政府性基金			
国有资本经营预算安排的基建项目资金			
政府统借统还非负债性资金			
2. 地方财政资金			
其中：一般公共预算资金			
地方基建投资			
财政专项资金			
政府性基金			
国有资本经营预算安排的基建项目资金			
行政事业性收费			
政府统借统还非负债性资金			
二、项目资本金			
其中：国家资本			
三、银行贷款			
四、企业债券资金			
五、自筹资金			
六、其他资金			
合　计			

补充资料：　　　　　　项目缺口资金：

　　　　　　　　　　　缺口资金落实情况：

4. 交付使用资产总表（见表7-24）

表7-24　　　　　交付使用资产总表（1-4）

项目名称：　　　　　　　　　　　　　　　　　　　　　　　　　　单位：

序号	单项工程名称	总计	固定资产				流动资产	无形资产
			合计	建筑物及构筑物	设备	其他		
	合计							

交付单位：　　　　　负责人：　　　　接收单位：　　　　　负责人：
盖　章：　　　　　　年　月　日　　盖　章：　　　　　　年　月　日

5. 交付使用资产明细表（表7-25）

表7-25　　　　　交付使用资产明细表（1-5）

项目名称：　　　　　　　　　　　　　　　　　　　　　　　　　　单位：

序号	单项工程名称	固定资产								流动资产		无形资产	
		建筑工程				设备　工具　器具　家具							
		结构	面积	金额	其中：分摊待摊投资	名称	规格型号	数量	金额	其中：设备安装费	其中：分摊待摊投资	名称	金额	名称	金额
	合计												

交付单位：　　　　　负责人：　　　　接收单位：　　　　　负责人：
盖　章：　　　　　　年　月　日　　盖　章：　　　　　　年　月　日

6. 待摊投资明细表（见表7-26）

表7-26　　　　　　待摊投资明细表（1-6）

项目名称：　　　　　　　　　　　　　　　　　　　单位：

项　　目	金额	项　　目	金额
1. 勘察费		25. 社会中介机构审计（查）费	
2. 设计费		26. 工程检测费	
3. 研究试验费		27. 设备检验费	
4. 环境影响评价费		28. 负荷联合试车费	
5. 监理费		29. 固定资产损失	
6. 土地征用及迁移补偿费		30. 器材处理亏损	
7. 土地复垦及补偿费		31. 设备盘亏及毁损	
8. 城镇土地使用税		32. 报废工程损失	
9. 耕地占用税		33. （贷款）项目评估费	
10. 车船税		34. 国外借款手续费及承诺费	
11. 印花税		35. 汇兑损益	
12. 临时设施费		36. 坏账损失	
13. 文物保护费		37. 借款利息	
14. 森林植被恢复费		38. 减：存款利息收入	
15. 安全生产费		39. 减：财政贴息资金	
16. 安全鉴定费		40. 企业债券发行费用	
17. 网络租赁费		41. 经济合同仲裁费	
18. 系统运行维护监理费		42. 诉讼费	
19. 项目建设管理费		43. 律师代理费	
20. 代建管理费		44. 航道维护费	
21. 工程保险费		45. 航标设施费	
22. 招投标费		46. 航测费	
23. 合同公证费		47. 其他待摊投资性质支出	
24. 可行性研究费		合　计	

7. 待核销基建支出明细表（见表7-27）

表7-27　　　　　　待核销基建支出明细表（1-7）

项目名称：　　　　　　　　　　　　　　　　　　　　　　单位：

不能形成资产部分的财政投资支出				用于家庭或个人的财政补助支出			
支出类别	单位	数量	金额	支出类别	单位	数量	金额
1. 江河清障				1. 补助群众造林			
2. 航道清淤				2. 户用沼气工程			
3. 飞播造林				3. 户用饮水工程			
4. 退耕还林（草）				4. 农村危房改造工程			
5. 封山（沙）育林（草）				5. 垦区及林区棚户区改造			
6. 水土保持				……			
7. 城市绿化				……			
8. 毁损道路修复				……			
9. 护坡及清理				……			
10. 取消项目可行性研究费				……			
11. 项目报废				……			
……				……			
合　计				合　计			

8. 转出投资明细表（见表7-28）

表7-28　　　　　　转出投资明细表（1-8）

项目名称：　　　　　　　　　　　　　　　　　　　　　　单位：

序号	单项工程名称	建筑工程				设备　工具　器具　家具						流动资产		无形资产	
		结构	面积	金额	其中：分摊待摊投资	名称	规格型号	单位	数量	金额	设备安装费	其中：分摊待摊投资	名称	金额	名称	金额
1																
2																
3																
4																
……																
	合计															

交付单位：　　　　　负责人：　　　　　接收单位：　　　　　负责人：

盖章：　　　　　　　年　月　日　　　盖章：　　　　　　　年　月　日

9. 尾工工程投资及预留费用表（见表7-29）

表7-29　　　项目尾工工程投资及预留费用表（1-9）

项目名称：　　　　　　　　　　　　　　　　　　　　　　　　　　　单位：

序号	项目	基本建设支出					
		概算	已完投资	未完投资			
				建筑	安装	设备	其他	合计
一	尾工工程						
1							
2							
3							
4							
……							
二	预留费用						
1							
2							
3							
4							
……							
	合计						

10. 待摊投资分配表（见表7-30）

表7-30　　　项目待摊投资分配表（1-10）

项目名称：　　　　　　　　　　　　　　　　　　　　　　　　　　　单位：

序号	资产名称	直接成本				待摊投资分配			资产价值
		建筑安装工程投资	设备投资	其他投资	小计	直接计入	间接计入	小计	
1									
2									
3									
4									
5									
……									
	合计								

五、项目档案归档

基本建设项目审核工作完成后,根据财政部、国家档案局《关于印发〈会计师事务所审计档案管理办法〉的通知》(财会〔2016〕1号)的规定,按照法律法规和执业准则的要求,应在六十日内将审核业务资料按审核项目整理立卷。事务所档案管理人员应当对接收的审计档案及时进行检查、分类、编号、入库保管,并编制索引目录或建立其他检索工具。

基本建设项目档案一般分为两类,一类为审核实施底稿,另一类为获取的项目建设批复、合同、管理制度等文件资料。在归档时,可以分别整理装订。

在审核实践中,档案归档目录可参见表7-31。

表7-31　　××基本建设项目竣工财务决算审核工作底稿目录

序号	工作底稿名称	索引号	起始页
1	基本建设项目竣工财务决算审核报告		
2	业务完成阶段审计工作		
3	账项调整分录汇总表		
4	审定报表试算平衡表		
5	总结会会议纪要		
6	与治理层沟通函		
7	专业意见分歧解决表		
8	重大事项概要汇总表		
9	期后事项		
10	审计总结		
11	审计工作完成情况核对表		
12	专项声明书		
13	签字注册会计师复核声明书及复核记录		
14	项目负责人复核声明书及复核记录		
15	质量控制复核人复核声明书及复核记录		
16	审核报告征求意见/交换意见记录		

续表

序号	工作底稿名称	索引号	起始页
17	经签章确认的基本建设项目竣工财务决算报告		
18	初步业务活动程序表		
19	业务承接评价表		
20	项目组全体成员独立性声明书		
21	业务约定书		
22	了解被审计单位及其环境（不包括内部控制）		
23	在被审计单位整体层面了解和评价内部控制及各流程		
24	项目组讨论纪要——风险评估		
25	风险评估结果汇总表		
26	总体审计策略		
27	项目重要控制点控制测试		
28	建设程序合规性审核表		
29	基本建设项目概算执行情况审核底稿		
30	基本建设项目尾工工程审核底稿		
31	资金占用报表项目工作底稿		
32	资金来源报表项目工作底稿		
33	基本建设项目工程数量核对表审核底稿		
34	基本建设项目交付使用资产表审核底稿		
35	其他档案		

其他档案主要内容详见表7-32。

表7-32　　　　　××基本建设项目
其他档案清单

序号	工作底稿名称	索引号	页次
1	审核项目管理		
2	被审核单位地址、主要联系人、职业、电话		
3	审核业务约定书原件		
4	建设项目程序性文件		
5	项目立项、可研批复文件		
6	初步设计批复文件		
7	历次变更设计及料差或费用调整批复文件		

续表

序号	工作底稿名称	索引号	页次
8	概算调整批复文件		
9	施工图预算文件		
10	报批的调整概算文件及相应说明资料、概算明细表		
11	建设项目实施过程文件		
12	历年投资计划（各年度最终的调整计划）文件		
13	项目初步验收（交工验收）报告、开工报告及静态验收、动态验收报告；交工验收证书等		
14	成立项目（或公司）筹备组的文件；公司章程、出资协议、合作建设协议、委托代建协议等		
15	与项目建设相关的历次股东会、董事会决议，会议纪要，经批复的财务预算		
16	历次审计、核查、稽查提出的审计报告、结论、决定及整改情况资料		
17	项目设计、施工、监理、甲供物资设备、咨询服务等招投标资料（各项目的中标通知书，其中施工、监理项目包括中标通知书及招标结果报告）		
18	与合同项目结算支付与列账核对表对应的勘察设计、施工、监理、物资设备采购、咨询服务合同及相应的补充合同或协议		
19	末次验工计价表（包括甲供、非甲供设备验工计价表）封面及汇总表		
20	征拆补偿费用、勘察设计费、监理费、咨询服务费等计价结算资料（封面及总表）		
21	征地拆迁及三电管线迁改费用、材料设备价差等项目费用审价报告		
22	变更设计及新增工程审价报告		
23	委托代建项目竣工财务决算报告及相应的审核报告（如有）		
24	工程重大设计变更等项目变更资料		
25	归档的施工单位工程项目竣工数量核对表		
26	施工单位自购物资设备招标采购情况一览表以及相应的中标通知书		
27	其他永久性资料		
28	各项管理制度		
29	资金管理办法		

续表

序号	工作底稿名称	索引号	页次
30	存货管理办法		
31	固定资产管理办法		
32	在建工程管理办法		
33	合同管理办法		
34	费用报销管理办法		
35	会计稽核管理办法		
36	会计电算化管理办法		
37	会计档案管理办法		
38	授权控制制度		
39	其他相关制度文件		
40	重要经济合同或协议		
41	长期借款合同		
42	勘察设计合同		
43	施工监理合同		
44	工程总承包合同		
45	甲供物资设备采购合同		
46	委托代建合同（如有）		
47	其他相关重要的经济合同		
48	重要实物资产		
49	重要土地目录		
50	国有土地使用证		
51	重大拆迁补偿协议		
52	其他重要的合同协议等		
53	会议纪要		
54	与建设项目相关的重要的会议纪要等		

参 考 文 献

1. 王凤波. 科研项目（课题）结题审计操作实务 ［M］. 北京：中国财政经济出版社，2023.05.

2. 王凤波. 行政事业单位领导干部经济责任审计操作实务 ［M］. 北京：中国财政经济出版社，2024.11.

3. 鲍丽华. 高新技术企业认定专项审计操作实务 ［M］. 北京：中国财政经济出版社，2024.06.

4. 第3201号内部审计实务指南——建设项目审计 ［EB/OL］. （2021 – 07 – 05），https：//www.ciia.com.cn/cndetail.html？id＝78621.